CASE STUDY

法学案例研习系列

刑法分论案例研习

吴之欧　吴立欧　编著

法律出版社
LAW PRESS · CHINA

作者简介

吴之欧　浙江泰顺人。法学博士。现为温州大学法政学院副教授、硕士生导师。2000年，毕业于浙江大学国际经济法专业，获法学学士学位；2005年，毕业于复旦大学刑法学专业，获法学硕士学位；2010年，毕业于北京师范大学刑法学专业，获法学博士学位。2013年7月~2014年7月，在美国纽约约翰杰伊刑事司法学院访学。2015年9月~2016年9月，挂职温州市鹿城区人民法院副院长；2017年10月至今，兼任浙江省妇联妇女发展部副部长。主要研究方向为刑法学和刑事政策学。已出版专著一部，参编专业教材两部；独立发表CSSCI索引及以上论文十余篇，其他论文三十多篇。主持教育部等省部级课题五项；作为主要人员参与国家级课题一项，省部级课题四项。

吴立欧　浙江泰顺人。现为温州商学院教师。2010年，毕业于浙江大学光华法学院，获法学学士学位；2013年，毕业于北京师范大学刑事法律科学研究院，获刑法学硕士学位。主要研究方向为经济刑法、刑事政策、金融法。发表《刑法规范变更导致的溯及力问题探讨》《浅论药品安全问题的法律规制及完善》等多篇论文。主持和参与“信息化趋势下社区矫正项目的完善”“大数据背景下社区矫正人员再犯风险评估研究”“社区矫正对象再犯风险评估——基于信息数据技术的应用”等课题。

前　言

我国《刑法》自1979年颁布实施以来，于1997年又进行了全面的修订，至今已先后颁布了十个刑法修正案，刑事立法活跃化的时代已经来临。对《刑法》的修订是我国基于社会主义市场经济条件下刑法保护市场经济健康发展和维护国家社会安定的实际需要作出的，而历经这几十年的立法过程，刑法的体系和结构也在日臻完善和科学。长期以来，高等院校的刑法学课堂主要以法律文本和教科书理论的单向教授为主，这对于法律这门应用学科而言是远远不够的，尤其是当学生们离开学校，步入社会，面对纷繁复杂的具体案情，如何在浩如烟海的理论和法条进行检索，是刑法学教育的重点也是难点。

本书在体例上以我国刑法分则的条文结构为中心分散列举，以最高人民法院颁布的指导案例和各地法院公开的典型案例为切入点，在每个案例开篇以“研读指导”提出问题，激发读者的思考，结合该案涉及的“相关法条”和“案情介绍”进行“案例评析”。每个案例的分析和解读都从“重点示意图”、“疑难点释析”和“知识点梳理”三个部分层层解读，从法院的判案依据、该案的疑难焦点和定罪量刑的依据及标准进行剖析，建立和提高读者对具体案件进行分析的逻辑能力。这种体例有如下几种优势：(1)彰显了刑法典的核心地位；(2)由散而统一；(3)由静态之法而为动态之法。通过这种体例形式在保证刑法典主体性地位的同时，按原有法律文本的体系体现了静态之法的全貌，从而使得法典的适用呈现出动态性。

本书为使用者快速查阅、综合理解和正确运用刑法规范提供了便捷的途径，也为刑法教学人员和学生分析、研究、比较中国刑法提供了颇有价值的案例研习资料，同时还是法律的本科生和参加国家统一司法考试的学生学习的工具书。期望通过编者的辛勤努力和创造性劳动，在保持法典文本完整性，树立法典权威和核心地位的同时，为法律的研习者、使用者省却检索之苦和时间耗费。

目　录

国家安全和公共安全

1 张某某间谍案 3

间谍罪

2 叶朝红等放火案 9

放火罪

3 赖贵勇爆炸案 15

爆炸罪

4 古计明、方振华投放危险物质案 21

投放危险物质

5 李跃等以危险方法危害公共安全案 29

危害公共安全 | “碰瓷”敲诈勒索

6 艾某某某等组织、领导恐怖组织、故意杀人案 38

恐怖组织罪

7 吕某劫持船只、汽车案 44

劫持船只、汽车罪

8 郝林喜、黄国祥破坏公用电信设施案 52

破坏公用电信设施

9 周某某违规制造、销售枪支案 59

违规制造枪支

10 王召成等非法买卖、储存危险物质案 68

非法买卖危险物质

11 郭继东私藏枪支弹药宣告无罪案 77

私藏弹药

12 孔德明非法携带危险物品危及公共安全罪 85

非法携带危险物品

13 胡斌交通肇事案 91

交通肇事

14 谢忠德危险驾驶案 97

危险驾驶

15 杜亚军重大责任事故案 105

重大责任事故

人身权利、民主权利

16 刘祖枝故意杀人案 115

故意杀人 | 帮助自杀

17 姚国英故意杀人案 122

故意杀人 | 家庭暴力

18 张德军故意伤害案 129

见义勇为 | 故意伤害

19 高泳故意伤害案 139

职务行为 | 民事责任

20 王海涛等组织出卖人体器官案 147

出卖人体器官

21 张甲、张乙强奸案 155

强奸 | 轮奸

22 雷小飞等非法拘禁案 162

索债 | 扣押

23 张兴等绑架案 173
致使被绑架人死亡

24 武亚军、关倩倩拐卖儿童案 181
出卖亲生子女

25 朱斌等强迫劳动案 191
强迫劳动

26 邓家文组织未成年人进行违反治安管理活动案 199
组织未成年人进行违反治安管理活动罪

社会管理秩序

27 陈奇妨碍公务案 207
妨碍公务罪

28 马再祥、赵东旭非法获取国家秘密案 215
非法获取国家秘密罪

29 李骏杰等破坏计算机信息系统案 219
破坏计算机信息系统罪

30 余胜利、尤庆波聚众扰乱交通秩序案 224
聚众扰乱交通秩序

31 徐健、冉哲铭聚众斗殴案 231
聚众斗殴罪

32 秦志晖诽谤、寻衅滋事案 237
寻衅滋事罪

33 张宝义等组织、领导、参加黑社会性质组织案 247
组织、领导、参加黑社会性质组织罪

34 周帮权等人赌博案 260
赌博罪

35 吴荣平妨害作证、洪善祥帮助伪造证据案 266

妨害作证罪

36 陶茂桥组织他人偷越国境案 276

组织他人偷越国境罪

37 刘大力倒卖文物罪 281

倒卖文物罪

38 周兆钧非法行医案 287

非法行医罪

39 杨某污染环境案 295

污染环境罪

40 林镇涛、莫品何走私、贩卖、运输、制造毒品案 299

走私、贩卖、运输、制造毒品罪

41 蔡轶等组织卖淫、协助组织卖淫案 308

组织卖淫罪

42 深圳市快播科技有限公司、王欣等传播淫秽物品牟利案 315

制作、复制、贩卖、传播淫秽物品罪

PART 01

国家安全和公共安全

1 Case Study 张某某间谍案

间谍罪

■ 研读指导

1. 间谍罪的犯罪构成及具体表现有哪些？如何定罪量刑？
2. 非主动勾结他国间谍能否作为减轻处罚事由？

■ 相关法条

《中华人民共和国刑法》第五十五条【剥夺政治权利的期限】、第五十六条【剥夺政治权利的适用对象】、第六十四条【犯罪物品的处理】、第六十七条【自首】、第一百一十条【间谍罪】、第一百一十三条【危害国家安全罪适用死刑、没收财产的规定】

■ 近似案例

叶某某间谍案[(2014)鄂刑一终字第00062号]

■ 案情介绍

被告人张某某(英文名Jackzhang)。2014年6月22日因涉嫌犯间谍罪被郑州市国家安全局指定居所监视居住,同年12月17日被刑事拘留,2015年1月22日被逮捕。

辩护人马连,河南正大永信律师事务所律师。

河南省郑州市人民检察院以郑检公一刑诉(2015)48号起诉书指控被告人张某某犯间谍罪,于2015年7月30日向河南省郑州市中级人民法院提起公诉。因涉及国家秘密,法院依法组成合议庭,于2015年10月8日不公开开庭审理了本案。郑州市人民检察院指派检察员王留建、刘远荣出庭支持公诉,被告人张某某及其辩护人马连到庭参加诉讼。现已审理终结。

针对上述指控事实,公诉机关向法院提供了被告人张某某的供述、辨认笔录、搜查笔录及扣押物品清单、指认笔录、物证、书证、鉴定意见及证人证言等证据,认为被告人张某某的行为已构成间谍罪,提请依法判处。

被告人张某某辩解称,其未主动勾结间谍,行为危害不大,且如实供述,认罪悔罪。

辩护人辩护称,张某某不构成间谍罪,而构成为境外窃取、刺探、收买、非法提供国家秘密、情报罪;没有造成严重危害;系初犯、偶犯。

经审理查明,上述事实,有经法庭查证属实的下列证据证明:(1)接受刑事案件登记表、立案决定书。(2)国家安全机关依法扣押了被告人张某某使用的黑色手机一部,并对张某某办公室和住处依法进行了搜查。(3)被告人张某某归案后,向国家安全机关如实供述。(4)经国家安全部确认,某国某机构系某国间谍组织;M和K系该间谍组织人员,系某国间谍组织代理人。(5)经对张某某在国外提供的军工科研领域情报鉴定,确认含机密级国家秘密4大项共9条,秘密级国家秘密6项,属于情报范畴的内部资料5份;经对张某某在国内搜集的军工科研领域情报鉴定,确认含机密级国家秘密2份,属于情报范畴的内部资料1份。(6)远程勘验笔录、固定电子数据清单证明,案发后,国家安全机关根据张某某提供的账号和密码,进入张某某的网上银行,发现张某某某国某银行账户余额为10,323.49美元。(7)证人严某的证言。其指认了M赠送的徽章,并对M辨认无误。证人刘某亦对M辨认无误。证人严某、刘某、王某所证部分内容与被告人张某某的供述相互印证。(8)证人马某的证言。(9)证人罗某的证言。(10)证人古某的证言。(11)证人吴某的证言。

另有被告人张某某的户籍证明和照片、到案经过等证据在卷佐证。

河南省郑州市中级人民法院认为,被告人张某某多次接受某国间谍组织及其代理人的任务,搜集、提供大量涉及我国国家秘密的情报资料,危害国家安全,其行为已构成间谍罪。郑州市人民检察院指控张某某携带手机进入涉密场所并拍照的事实，因张某某并不知情手机被植入间谍软件，后果也无法评估，不予认定；犯间谍罪的其他事实清楚，证据确实、充分，罪名成立，法院予以支持。

关于辩解、辩护意见，经查：(1)危害评估意见确认，张某某提供给某国间谍组织及其代理人的机密级国家秘密、部分秘密级国家机密，既对我国今后的技术研究、交流、合作产生影响，也将对参研人员的安全构成一定威胁，危害严重；其他秘密级国家秘密及情报也会对国家安全造成危害，并非危害不大或没有造成严重危害。(2)张某某多次为间谍组织及其代理人搜集、提供国家秘密及情报，不属初犯、偶犯。(3)张某某多次接受间谍组织及其代理人的任务，为其搜集、提供大量涉及我国国家秘密的情报资料，危害国家安全，其行为已构成间谍罪；虽不是主动勾结某国间谍，但不应据此对其从轻处罚。相应的辩解、辩护意见不予支持。

被告人张某某接受间谍组织及其代理人的任务，为其搜集、提供大量涉及我国国家秘密的情报资料，应在“十年以上有期徒刑或者无期徒刑”的法定刑幅度内判处刑罚。考虑被告人张某某能如实供述自己的罪行，认罪、悔罪，可以从轻处罚。相应的辩解、辩护意见予以采纳。

依照《刑法》第一百一十条第(一)项、第一百一十三条第二款、第五十五条第一款、第五十六条第一款、第六十四条、第六十七条第三款之规定，判决如下：(1)被告人张某某犯间谍罪，判处有期徒刑15年，剥夺政治权利5年，并处没收个人财产10万元(刑期从判决执行之日起计算。判决执行以前指定居所监视居住的，监视居住2日，折抵刑期1日；先行羁押的，羁押1日折抵刑期1日，即自2014年6月22日起至2029年3月24日止)。(2)违法所得黑色手机一部、徽章一枚、手机包装盒等(均扣押于郑州市国家安全局)予以没收，对相关银行卡内的资金予以追缴，上缴国库。

■ 案例评析

□ 重点示意图

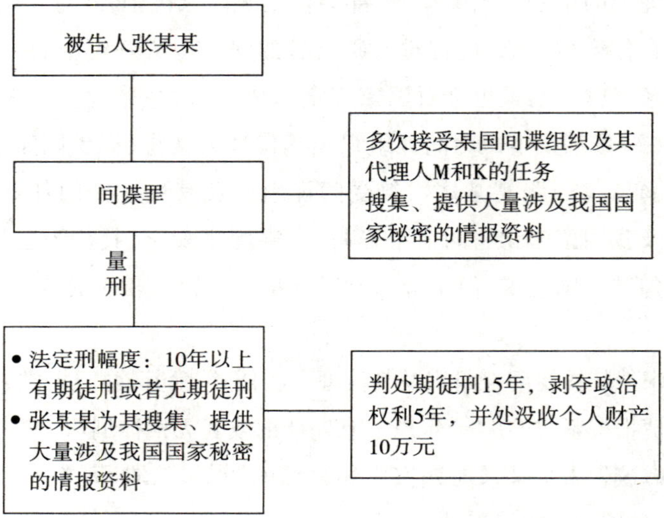

■ 知识点梳理

根据《刑法》第一百一十条的规定，间谍罪，是指参加间谍组织或者接受间谍组织及其代理人的任务，或者为敌人指示轰击目标的行为。根据《刑法》的规定，间谍罪是行为犯，并不以实际上发生法定的危害结果作为犯罪成立的要件，只要实施了间谍行为，即构成本罪。

本罪所侵害的客体，是中华人民共和国的国家安全，即人民民主专政的国家政权和社会主义制度。只要行为人的行为危害或可能危害到国家机关、国家秘密、各类情报、国家工作人员等具体对象，就可认定其行为侵害了我国国家安全。

本罪在客观方面表现为参加间谍组织或接受间谍组织及其代理人的任务，或者为敌人指示轰击目标的行为。具体表现为以下三种情形：

1. 参加间谍组织，成为间谍组织的成员，充当间谍

所谓间谍组织，主要是指外国政府建立的旨在策反我国公职人员、人民群众、商业组织等向我国国家机构和各种组织进行渗透、窃取、刺探、收买、非法提供国家秘密和情报，进行颠覆和破坏活动的组织。参加间谍组织，是指行为人履行一定的加入手续（如挑选、登记、专门训练等），或者在非常情况下虽未按常规正式加入，但事实上已作为该间谍组织的成员进行活动。

2. 接受间谍组织及其代理人的任务

根据《国家安全法实施细则》的规定，间谍组织的代理人，是指受间谍组织或者其成员的指使、委托、资助，进行或者授意、指使他人进行危害中华人民共和国国家安全活动的人，例如，某国记者，虽在组织上不隶属于该国间谍组织，但其接受了该国间谍组织搜集情报的任务，在此情况下，该记者可视为间谍组织的代理人。这里的代理人应是广义的，既可以是自然人，也可以是法人。在实践中，由于间谍组织代理人的情况比较复杂，根据《国家安全法实施细则》的规定，间谍组织代理人由中华人民共和国国家安全部确认。接受间谍组织及其代理人的任务，是指行为人受间谍组织（无论其是否正式加入）及其代理人的命令、派遣、指使、委托为间谍组织服务，进行危害国家安全的活动。实践中，境外间谍组织既有直接在我国境内秘密设立活动网点，直接派遣间谍从事相关活动，又有大量通过境外其他机构如公司、记者站、商会等在境内设立分支机构或办事处，安插或委托具有合法身份的人作为其代理人进行活动。接受间谍组织代理人的任务，虽不是直接从间谍组织处受领任务，实际上与接受间谍组织的任务毫无两样，只是多了一个中间环节，这正是间谍活动隐蔽性的体现。参加间谍组织或者接受间谍组织及其代理人的任务的行为人只要实施了接受间谍组织或者代理人任务的行为，便满足了间谍罪的构成且既遂的要件。至于行为人是否实施了接受的任务或完成程度如何，对间谍罪的成立且既遂不存在影响。而且，这种行为不需要行为人一定具有间谍的身份，即行为人是否参加间谍组织，不影响该罪的构成。

3. 为敌人指示轰击目标

为敌人指示轰击目标，是指为军事侵略我国国家的敌国提供攸关我国安全的重大车班设施、建设项目、城市等目标的行为。行为方式是在战时用画图、文字、使用信号、标记等手段向敌人明示所要轰击的我方目标。这里所谓的敌人，不是指国

内暗藏的个别敌对分子，而是指军事侵略我国的敌国和武装力量。这种行为不以行为人是否参加间谍组织或是否接受间谍组织及其代理人的任务为限。行为人只要实施为敌人指示轰击目标的行为，就构成间谍罪。

行为人只要实施了上述三种行为之一，即可构成本罪，不要求三者同时具备。

本罪的犯罪主体，是达到刑事责任年龄，具有刑事责任能力的自然人，既可以是中国公民，也可以是外国人或无国籍人。法人也可以成为间谍罪的犯罪主体。根据《反间谍法》第二十七条的规定，境外机构、组织、个人，与境外机构、组织、个人相勾结的境内组织、个人实施间谍行为，构成犯罪的，依法追究刑事责任。

本罪在主观方面表现为故意，其故意的内容表现为行为人明知是间谍组织，或者明知是间谍组织及其代理人任务等而参加或者予以接受。至于行为人的动机，可以是多种多样的，有的出于图财，有的出于贪恋美色，有的出于出国或探亲方便，有的出于贪生怕死，有的出于推翻人民民主专政的政权和社会主义制度的阴谋等。无论行为人出于何种动机和目的，都不影响该罪的构成。

2
Case Study

叶朝红等放火案

放火罪

■ 研读指导

1. 如何界定放火罪与失火罪、故意杀人罪等罪的界限?
2. 以盗窃为目的放火烧毁货物列车的行为如何定性?
3. 放火罪与其他罪发生竞合的情况应如何处理?

■ 相关法条

《**中华人民共和国刑法**》第十七条【刑事责任年龄】、第二十五条【共同犯罪】、第二十六条【主犯】、第二十七条【从犯】、第六十五条【一般累犯】、第六十九条【判决宣告前一人犯数罪的并罚】、第一百一十四条【放火罪、决水罪、爆炸罪、投放危险物质罪、以危险方法危害公共安全罪】、第二百六十四条【盗窃罪】

■ 近似案例

李旭东抢劫、盗窃案[(2004)二中刑初字第01615号]
王新生等放火案(最高人民法院指导性案例150号)

■ 案情介绍

被告人叶朝红,男,33岁,汉族,农民。1995年10月16日因盗窃罪被判处有期徒刑四年,1998年9月29日刑满释放。因涉嫌犯放火罪,于2001年10月10日被逮捕。

被告人刘佩猛,男,17岁,汉族,农民。因涉嫌犯放火罪,于2001年10月10日被逮捕。

被告人石累,男,19岁,汉族,农民。因涉嫌犯放火罪,于2001年10月24日被逮捕。

南昌铁路运输检察院以被告人叶朝红、刘佩猛、石累犯放火罪、被告人刘佩猛、石累还构成盗窃罪,应数罪并罚,向南昌铁路运输法院提起公诉。

因被告人刘佩猛开庭审判时仍系未成年人,南昌铁路运输法院经不公开审理查明:

被告人叶朝红、刘佩猛、石累伙同李晓阳(在逃)于2001年8月6日16时,携带打火机、编织袋等作案工具,伺机在景德镇火车站停靠的货物列车上,采取用明火烧货物外包装袋的方法盗窃铁路运输物资。当四人行至停靠在该站六道的25,023次货物列车时,叶朝红、刘佩猛发现该次列车P64A3428560号棚车有可盗窃物品,遂由石累望风,叶朝红、刘佩猛钻入该车车底,点燃货物外包装袋,因该棚车装载可挥发性聚苯乙烯,遇火燃烧并向车外蔓延,三人见状立即逃离现场,致使火势进一步扩大,P64A3428560号棚车及并列停靠的P613062585号棚车先后着火。造成P64A3428560号棚车装载的聚苯乙烯烧损133袋,烧损货物价值人民币26,600元;该棚车烧损面积达53.27平方米,占车厢内部总面积的30.88%,构成大破[1];相邻的P613062585号棚车烧损面积达33.6平方米;景德镇火车站六道2根25米钢轨报废,报废材料价值人民币8750元。

刘佩猛、石累还于2001年8月31日在一录像厅内盗窃彩电1台,价值人民币1500元。

刘佩猛的辩护人辩称刘佩猛不构成放火罪,仅构成失火罪;其在共同犯罪中作用较小,属从犯,且犯罪时未满18周岁,请求从轻处罚。

南昌铁路运输法院经审理认为,被告人叶朝红、刘佩猛、石累共同预谋以点火方式盗窃货物列车上的货物,导致火灾的发生,足以使公共安全处于危险状态,其行为已经构成放火罪。被告人刘佩猛、石累还构成盗窃罪,依法应数罪并罚。南昌

---

[1]　车辆按破损程度可分为:报废、大破、中破和小破四种。

铁路运输检察院指控的事实清楚、证据充分、定性准确，应予认定。刘佩猛的辩护人关于本案构成失火罪的辩护意见，于法无据，不予支持。叶朝红、刘佩猛系主犯，石累系从犯，可从轻处罚；叶朝红系累犯，依法应从重处罚。刘佩猛、石累犯罪时未满 18 周岁，予以从轻处罚。依照《刑法》第一百一十四条，第二百六十四条，第二十五条第一款，第六十五条第一款，第二十六条第一、四款，第二十七条，第六十五条，第十七条第一、三款，第六十九条的规定判决：(1) 被告人叶朝红犯放火罪，判处有期徒刑 8 年，剥夺政治权利 1 年。(2) 被告人刘佩猛犯放火罪，判处有期徒刑 5 年，犯盗窃罪，单处罚金 500 元；决定执行有期徒刑 5 年，并处罚金 500 元。(3) 被告人石累犯放火罪，判处有期徒刑 3 年 6 个月，犯盗窃罪，单处罚金 500 元；决定执行有期徒刑 3 年 6 个月，并处罚金 500 元。

■ 案例评析

□ 重点示意图

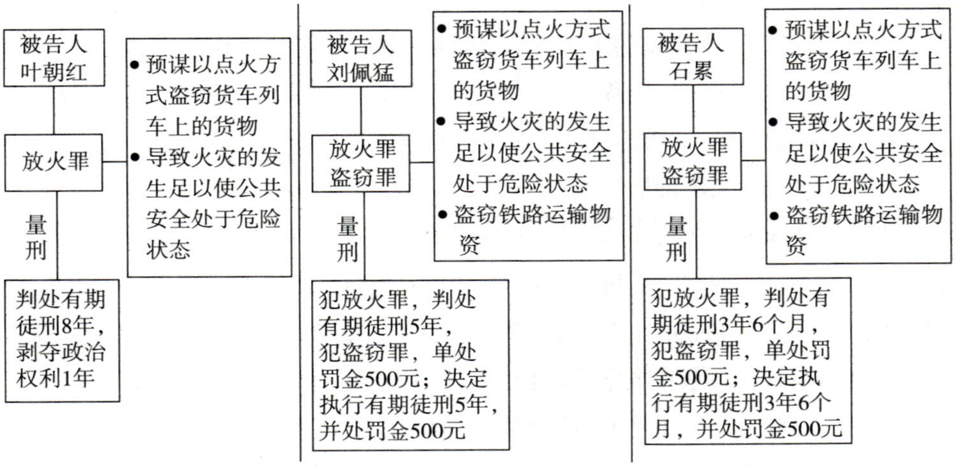

□ 疑难点释析

本案涉及的疑难点主要集中在两点：一是对行为人犯罪性质的认定，二是对三位被告人的量刑。

1. 本案的定性

对本案行为人犯罪性质的认定关键在于其放火行为是否足以危及公共安全。本案中,行为人以盗窃为目的,放火烧毁货物列车的行为,与放火罪的客观表现极为相似。如果行为人主观上明知在火车站放火会危及公共安全,客观上又以放火的方法破坏正在使用中的公共交通工具,并足以使该交通工具发生倾覆、毁坏危险的,在这种情况下,行为人既具备放火罪的犯罪构成,又同时具备破坏交通工具罪的犯罪构成,形成两罪的竞合,即一行为触犯两罪名。目前我国刑法理论界和司法实务界对竞合犯的处断原则均主张"从一重处断",即按照该行为所触犯的数罪名中法定刑最重的那个罪名论处。但这一竞合的特殊性在于二罪的法定刑完全相同,那么如何选择本案的适用罪名呢?笔者认为,在这种情况下,应从行为人的主观目的着手:一般来说,以放火手段破坏交通工具,行为人主观上应当积极追求交通工具损坏的结果,其犯罪目的直接指向交通工具本身。而本案行为人实施放火行为的目的是盗窃,直接指向的是货物列车上所装载的物而非列车本身,且行为人能够预见到其行为足以危及公共安全却仍放任这种结果的发生,故符合(间接故意)放火罪的犯罪构成。

综上所述,行为人实施的放火行为,虽也存在造成交通工具毁坏的危险,且客观上也造成了交通工具一定程度的毁坏,但不符合破坏交通工具罪的直接故意特征,故认定为放火罪而非破坏交通工具罪更符合本案的行为特点。

2. 对三位被告人的量刑

本案中盗窃罪和放火罪的法定刑幅度都是3年以上10年以下有期徒刑,不同的是三位被告有不同的量刑情节。其中,被告刘佩猛作案时不满18周岁,根据《刑法》第十七条第三款的规定:"已满十四周岁不满十八周岁的人犯罪,应当从轻或者减轻处罚";被告石累在本案中担任望风的工作,属于从犯,根据《刑法》第二十七条第二款的规定:"对于从犯,应当从轻、减轻处罚或者免除处罚。"被告人叶朝红属于主犯且系累犯,根据《刑法》第二十六条第一款、第六十五条第一款的规定:"组织、领导犯罪集团进行犯罪活动的或者在共同犯罪中起主要作用的,是主犯""……是累犯,应当从重处罚,但是过失犯罪和不满十八周岁的人犯罪的除外。"综上,南昌铁路运输法院对被告人叶朝红从重处罚,对被告人刘佩猛、石累从轻处罚的判罚是正确的。

■ 知识点梳理

根据《刑法》第一百一十四条的规定,放火罪是危害公共安全罪的具体罪名之一,是指故意放火焚烧公私财物,危害公共安全的行为。

从构成要件上看,放火罪是一种故意犯罪,其侵犯的客体是公共安全,即不特定的多数人的生命、健康或者重大公私财产的安全。放火行为一经实施,就可能造成不特定多数人的伤亡或者使不特定的公私财产遭受难以预料的重大损失,犯罪后果的广泛性、严重性都难以预料的,甚至是行为人自己也难以控制的。需要注意的是,并非所有的以放火方法实施的犯罪行为都构成放火罪,关键是要看放火行为是否足以危害公共安全。如果行为人实施放火行为,但将火势有效地控制在较小的范围内,没有危害也不足以危害不特定多数人的生命、健康和重大公私财产的安全,就不构成放火罪,而应根据案件具体情节,定故意毁坏公私财物罪或故意杀人罪、故意伤害罪等。

据此,放火危害公共安全,主要包括三种情况:(1)危及不特定的多数人的生命、健康的安全;(2)危及重大公私财产的安全;(3)既危及不特定的多数人的生命、健康安全,同时又危及重大公私财产的安全。总之,放火行为必须足以危害公共安全。如果行为人虽然实施了放火行为,但从放火焚烧的对象、时间、地点、环境等方面考察,确实不足以危害公共安全、不存在危害公共安全的危险性的,不构成放火罪。如果情节严重,需要刑罚处罚的,构成什么罪就定什么罪。

放火罪的客观方面表现为实施放火焚烧公私财物,危及公共安全的行为。司法实践中,"放火"是指行为人使用各种导火材料,点燃目的物;或者利用既存的火种,即可以引起火灾的危险因素,引起公私财物的燃烧,制造火灾的行为。放火的行为方式,可以是作为,即用各种引火物,直接把公私财物点燃;也可以是不作为,即故意不履行自己防止火灾发生的义务,放任火灾的发生。(1)以作为方式实施的放火行为,必须具备三个条件:要有火种;要有目的物,即要烧毁的对象物;要让火种与目的物接触。在这三个条件已经具备的情况下,行为人使火种开始起火,就是放火行为的实行;目的物一旦着火,即使将火种撤离或者扑灭,目的物仍可独立继续燃烧的,放火行为仍被视为实行终了。(2)以不作为的方式实施的放火罪,行为人必须负有防止火灾发生的特定义务，而且能够履行这种特定义务而不履行，以致发生火灾。其特点主要有：第一，行为人必须是负有特定作为义务的人；第二，根据主客观条件，行为人有能力履行这种特定的作为义务；第三，行为人客观上必须有不履行这种特定作为义务的事实。从义务的来源看，一是法律所规定的义务，二是职务或业务上所要求的义务，如油区防火员就负有消除火灾隐患，防止火灾发生的义务；三是行为人的先前行为所引起的义务，如行为人随手把烟头丢在窗帘上，引起窗帘着火，行为人就负有阻止窗帘燃烧的义务。从司法实践来看，行为人的特定义务，主要是后两种情况。

本罪侵犯的对象，主要是公私建筑物或者是其他公私财物，包括工厂、矿山、油田、港口、仓库、住宅、森林、农场、牧场、重要管道、公共建筑物或者其他公私财物。这里所说的其他公私财物是指上述公私财物以外的，但性质与其相似的，比较重大的公私财物，而不是指上述公私财物以外的一切公私财物。因为只有燃烧这些公私财物，方可能危及公共安全。有些放火案件，从表面上看，是燃烧衣物、家具、农具等价值较小的财物，实际上是以衣服、家具、农具等作为引火物，意图通过燃烧衣物、家具、农具等引起上述重大公私财物的燃烧，这种情况应以放火罪论处。但是，如果行为人放火焚毁自己的房屋或其他财物，确实不足以危害公共安全的，则不构成放火罪。因此，在认定放火罪时，要注意发火物、引火物和目的物即放火行为的侵害对象的区分。

本罪的主体为一般主体。放火罪的社会危害性很大，根据《刑法》第十七条第二款的规定，已满14周岁不满16周岁的人犯放火罪的，应当负刑事责任。

3
Case Study

赖贵勇爆炸案

爆炸罪

■ 研读指导

1. 爆炸行为的实施可能构成哪些罪名?
2. 爆炸罪的成立条件是什么?
3. 以报复特定人为目的而实施的爆炸行为如何定性?
4. 爆炸罪和其他罪名竞合时如何处理?

■ 相关法条

《中华人民共和国刑法》第五十七条【对死刑、无期徒刑罪犯剥夺政治权利的适用】、第一百一十五条【爆炸罪】、第二百三十二条【故意杀人罪】

《中华人民共和国刑事诉讼法》(1996年修正版)第一百八十九条[1]【二审对一审判决的处理】

■ 近似案例

张显辉、张显明、李彦波、李彦斌爆炸、故意杀人、抢劫案(最高人民检察院公报2003年)

---

〔1〕 本条对应《中华人民共和国刑事诉讼法》(2018年修正版)第二百三十六条。

■ 案情介绍

1999年10月,被告人赖贵勇经人介绍与堆龙德庆县古荣乡吉布村扎西家德保姆普布卓玛按当地风俗举行结婚仪式后同居(未办理结婚登记手续)。后因双方生活方式不和,普布卓玛于1999年年底回到扎西家。赖贵勇数次到扎西家劝普布卓玛回家,遭普布卓玛拒绝。2000年4月中旬,赖贵勇又到扎西家,劝普布卓玛回家未果,便向扎西提出退还礼金500元人民币的要求,扎西不从。赖贵勇恼羞成怒,怀恨在心,产生报复扎西一家的念头。

同年5月16日晚10时许,赖贵勇留下遗书后,携带事先自制的炸药包、炸药瓶等爆炸物至扎西家北侧房顶潜伏。次日凌晨3时40分许,赖贵勇用细线将一炸药瓶吊至扎西家南侧的厨房天窗内,并随即引爆,致使扎西之子扎西尼玛因房屋倒塌窒息死亡,扎西、普布卓玛、尼珍(扎西之妻)受轻微伤。同月30日,公安人员将潜逃的赖贵勇抓获归案,并从其身上缴获未引爆的爆炸物两枚。

拉萨市人民检察院以被告人赖贵勇犯爆炸罪,向拉萨市中级人民法院提起公诉。

一审拉萨市中级人民法院审理后认为,被告人赖贵勇因生活琐事与他人发生纠纷后,为报复他人自制爆炸物,采用爆炸手段故意杀害他人的行为,已构成故意杀人罪,应依法从严惩处。公诉机关指控的事实清楚,但指控赖贵勇犯有爆炸罪不当。依照《刑法》第二百三十二条、第五十七条第一款的规定,于2001年2月1日判决如下:被告人赖贵勇犯故意杀人罪,判处死刑,剥夺政治权利终身。

一审宣判后,被告人赖贵勇以没有故意杀人目的,自己的行为构成过失致人死亡为由,向西藏自治区高级人民法院提出上诉。

二审西藏自治区高级人民法院经审理认为,上诉人赖贵勇因生活琐事与他人产生纠纷后,为泄愤报复他人,自制爆炸物并有预谋、有目的地实施爆炸,虽然目的是致扎西、普布卓玛死亡,但对客观上危害不特定人尼珍及其婴儿生命健康与左邻右舍的生命财产安全持放任态度的行为,应以爆炸罪论处。被告人赖贵勇的上诉理由不成立,不予采纳。一审法院认定赖贵勇犯故意杀人罪,定性不准,应予纠正。依照《刑事诉讼法》第一百八十九条第(二)项和《刑法》第一百一十五条的规定,判决如下:(1)撤销拉萨市中级人民法院(2000)拉刑初字第72号刑事判决中的定性部分;(2)上诉人(原审被告人)赖贵勇犯爆炸罪,判处死刑,剥夺政治权利终身。

■ 案例评析

□ 重点示意图

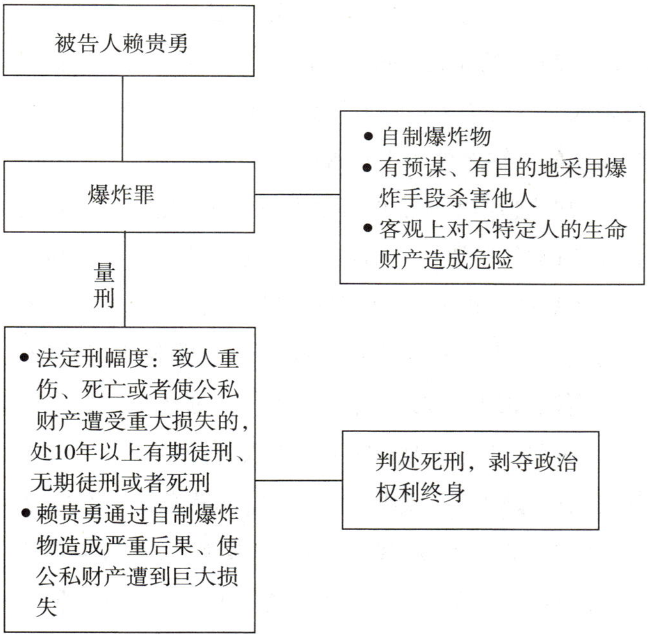

□ 疑难点释析

对于本案被告人的行为如何定性,一审法院与二审法院明显存在分歧:一审法院定故意杀人罪,二审法院则改判爆炸罪。赖贵勇以杀人为目的而实施的爆炸行为构成故意杀人罪还是爆炸罪,是本案争论的焦点。笔者认为,被告人以杀人为目的而实施的爆炸行为危害了公共安全,构成爆炸罪。

爆炸罪属于危害公共安全犯罪,是指行为人故意引爆爆炸物,杀伤不特定多数人或者破坏公私财物,危害公共安全的行为。故意杀人罪是指故意地非法剥夺他人生命的行为，属于侵犯公民民主权利、人身权利犯罪。采用爆炸手段实施的故意杀人罪与爆炸罪在犯罪方法和危害后果方面有相同之处，但两者存在明显区别：(1)侵犯客体不同。爆炸罪侵犯的客体是公共安全，即不特定多数人的生命、健康或者重大公私财产安全；故意杀人罪侵犯的客体则是特定公民的生命权。(2)客观方面不同。爆炸罪的行为人故意引爆爆炸装置制造爆炸，造成或足以造成不特定多数人的伤亡或公私财产的重大损失；故意杀人罪采取的手段较广泛，其中也包括采取爆炸的手段，但针对的只是特定的对象，不造成不特定多数人的伤亡和公私财产的重大损失。(3)主观方面不同。爆炸罪的行为人主观方面具有危害公共安全的故意；故意杀人罪的行为人主观方面仅有非法剥夺特定公民个人生命的故意。由此可见，区分两罪的关键之处在于是否危害公共安全。

本案被告人非常熟悉作案地点的环境状况，知道扎西家附近还居住着其他居民，且其身为石匠，时常使用炸药开山炸石，懂得炸药的性能和威力。被告人在实施爆炸时，为加大爆炸产生的破坏力，有意将爆炸装置用绳子吊进房屋天窗内引爆，故其对爆炸的后果应当是非常清楚的：(1)会炸毁扎西家的房屋，炸死扎西及其家人；(2)爆炸可能会波及扎西家周围的住户及邻居。被告人明知爆炸可能会危及周围住户的生命财产安全，为达到报复杀人的目的，对其行为的严重后果持放任态度，听之任之，置其他人的生命财产于不顾，仍然实施爆炸行为。在主观上，被告人具有危害不特定多数人生命、财产的故意；客观上，其行为造成了被害人扎西家房屋毁损及一死三伤的严重后果，同时还使周围房屋受到不同程度的损坏。被告的行为危害了公共安全，而非局限于特定人的生命权。所以，该行为构成爆炸罪而非故意杀人罪。在实践中，如果行为人以爆炸为手段来杀害特定的人但没有危及公共安全的，构成故意杀人罪；如果行为人以爆炸为手段来杀害特定的人，结果危及或足以危及公共安全的，且行为人对危害公共安全的后果持追求或放任的态度的，就构成爆炸罪。本案属于法条竞合犯，赖贵勇基于一个杀人的故意而实施了爆炸行为，同时触犯了爆炸罪、故意杀人罪两项罪名。根据刑法理论，对法条竞合犯定罪量刑，应当按照特别法优于普通法、复杂法优于简单法、重法优于轻法的原则。从本案来讲，二审法院按照对法条竞合犯的一般处理原则，以爆炸罪定罪处罚是正确的。

■ 知识点梳理

爆炸罪,是指故意以爆炸方法杀伤群众,破坏公私财产,对公共安全造成危害的行为。

(1)本罪侵犯的客体是公共安全,即不特定多数人的生命、健康或者重大公私财产的安全。爆炸罪侵害的对象是本条所列举的工厂、矿场、港口、仓库、住宅、农场、牧场、公共建筑物或者其他公私财产,以及不特定的人的生命安全。如果用爆炸的方法破坏火车、汽车、电车、船只、飞机等交通工具,或者破坏轨道、桥梁、隧道、公路、机场等交通设备,虽然使用的是爆炸的方法,也危害了公共安全,但由于破坏的是特定的危险对象,所以应当分别以破坏交通工具罪或破坏交通设备罪处理。

(2)本罪在客观方面表现为对公私财物或人身实施爆炸,危害公共安全的行为。爆炸物品,包括炸弹、手榴弹、地雷、炸药(包括黄色炸药、黑色炸药和化学炸药)、雷管、导火索、雷汞、雷银等起爆器材和各种自制的爆炸装置(如炸药包、炸药瓶、炸药罐等)。实施爆炸的方式方法包括在室内安装炸药包,在室内或者室外引爆;将爆炸物直接投入室内爆炸;利用技术手段,使锅炉、设备发生爆炸;使用液化气或者其他方法爆炸。实施爆炸的地点主要是在人群集中或者财产集中的公共场所、交通线等处,如将爆炸物放在船只、飞机、汽车、火车上定时爆炸,在商场、车站、影剧院、街道、群众集会的地方制造爆炸事件。

爆炸行为有作为和不作为两种基本方式。如直接点燃爆炸物引发爆炸,就是积极的作为方式,而行为人负有防止爆炸发生的特定义务,并且有能力履行这种特定义务而不履行的,以致发爆炸的,就构成不作为爆炸犯罪。

爆炸罪在客观方面的本质特点在于爆炸行为危害或足以危害不特定多数人的生命、健康或重大公私财产的安全。所谓足以危害公共安全,就是指行为人实施的爆炸行为,由于主观和客观方面的原因,如行为人自动中止爆炸犯罪,炸药的破坏性没有行为人主观想象得那么大,炸药受潮失效,没有将爆炸物投掷到所要求的位置,爆炸物被他人发现而被拆除等,实际上并未造成危害公共安全的结果,但如果排除这些原因,是可能造成危害公共安全的结果的。无论哪种原因存在,只要行为人实施了爆炸行为,足以危害公共安全的,就构成爆炸罪。爆炸罪的成立并不要求发生危害公共安全的实际后果。

行为指向的对象是不特定多数人的生命、健康和重大公私财物。某些爆炸行为，行为人主观上是指向特定的人或者物，但发生在人群密集或者财物集中的公共场所，客观上危害了不特定多人的生命、健康或者重大公私财产的安全，也可以爆炸罪论处。因为在这种场合用爆炸的方法杀人、毁物，对这种行为会危害公共安全不可能没有预见，有预见而放任危害结果的发生，就是一种故意犯罪。

如果行为实施的爆炸行为是指向特定的人或者特定的公私财物，并且有意识地把破坏的范围限制在不危害公共安全的范围，客观上也未发生危害公共安全的结果，则不应定爆炸罪，而应根据实际情况，构成什么罪就定什么罪。

值得注意的是，如果用爆炸的方法炸毁江、河、湖泊、水库的堤坝，造成水流失控，泛滥成灾，危害公共安全的，则应定决水罪。因为本法已对决水罪作了专门规定，而且爆炸只是决水的一种手段，正如用爆炸的方法破坏交通工具、交通设施、电力设备、煤气设备、易燃易爆设备和广播电视设施、公用电信设施，应分别定破坏交通工具罪、破坏交通设施罪、破坏电力设备罪、破坏易燃易爆设备罪和破坏广播电视设施、公用电信设施罪，而不定爆炸罪一样。

(3)本罪的主体为一般主体，即达到法定刑事责任年龄、具有刑事责任能力的人，均可成为本罪的主体。由于爆炸罪严重危害公共安全，破坏社会秩序，所以法律规定这种犯罪处罚年龄的起点较低。根据《刑法》第十七条第二款的规定，已满14周岁不满16周岁的人犯爆炸罪，应当负刑事责任。

(4)本罪在主观方面表现为故意，包括直接故意和间接故意。即行为人明知其行为会引起爆炸，危害不特定多数人的生命、健康或重大公私财产的安全，并且希望或者放任这种危害结果的发生。犯本罪的动机多种多样，如出于报复、嫉妒、怨恨、诬陷等。犯罪动机如何不影响本罪的成立。

4
Case Study

古计明、方振华投放危险物质案

投放危险物质

■ 研读指导

1. 如何界定投放危险物质罪中的危险物质？
2. 利用铱（放射性同位素）射线工业探伤机对人照射的行为如何定罪？
3. 本案对被告人古计明如何适用刑罚？

■ 相关法条

《中华人民共和国刑法》第二十六条【主犯】、第二十七条【从犯】、第四十八条【死刑的适用对象及核准程序】、第五十六条【剥夺政治权利的适用对象】、第五十七条【对死刑、无期徒刑罪犯剥夺政治权利的适用】

《中华人民共和国刑法修正案（三）》第二条【放火罪、决水罪、爆炸罪、投放危险物质罪、以危险方法危害公共安全罪】

《中华人民共和国刑事诉讼法》（1996年修正版）第一百八十九条[1]【二审对一审判决的处理】

■ 近似案例

周德龙投放危险物质罪［（2013）温永刑初字第116号］

江某投放危险物质罪［（2015）丰刑初字第1336号］

---

〔1〕 本条对应《中华人民共和国刑事诉讼法》（2018年修正版）第二百三十六条。

唐祥龙投放危险物质罪[(2015)普刑初字第1350号]

■ 案情介绍

广州市人民检察院以古计明、方振华犯投放危险物质罪,向广州市中级人民法院提起公诉。

广州市中级人民法院经公开审理查明:1997年6月28日,以古计明为法定代表人的广州古今科技发展有限公司与广州军区广州总医院合作建立广州军区广州总医院激光医疗中心。在合作经营期间,古计明与广州军区广州总医院负责该中心的整形外科主任刘春利在内部管理和奖金发放、经济效益等问题上产生矛盾,古计明对刘春利怀恨在心,伺机报复。2002年3月,古计明了解到采用放射性物质照射人体造成伤害的信息,产生采用这一方法伤害刘春利的犯意。

2002年4月下旬,古计明打电话到核仪器厂,查询了购买铱(放射性同位素)射线工业探伤机的价格和手续。随后,古计明化名为马东宁,伪造了一份购买铱射线工业探伤机的准购证,并自行填写了宁夏建邦建筑安装公司的介绍信。同年5月9日下午,古计明到核仪器厂,使用上述伪造的准购证和介绍信,以5.5万元的价格购买了一台铱射线工业探伤机,并于次日携带该探伤机到北京市中国原子能科学研究院反应堆工程研究设计所安装了铱放射源(源强为95居里)。同日,古计明为便于将该机带回广州市,遂打电话通知方振华当晚乘坐飞机到北京市与其会合。在两被告人携带该机乘火车回广州市途中,古计明将该机对人体的危害性以及准备使用该机照射被害人刘春利的情况告知了方振华。同月11日,两人携带该机回到广州军区广州总医院激光医疗中心古计明的办公室。随后,古计明让方振华购买了安装探伤机所需的三角铁架、塑料管等材料、工具,古计明、方振华利用该中心晚上无人上班之机,共同将该机的铅罐安装在古计明办公室内的天花板上,将连接主机的前端管道从天花板上拉到刘春利办公桌上方的天花板上。同年5月15日,古计明为防止探伤机的辐射伤害自己,又到广州市美安健医疗用品有限公司,以5600元的价格购买了X光防护衣一套,存放在其办公室内。

2002年5月中旬至2002年7月19日,古计明、方振华多次共同或单独趁被害人刘春利在办公室工作及中午休息之机,在古计明办公室内的暗室通过驱动探伤机的施源器，将铅罐内的铱放射源输送到刘春利的办公室，利用铱源对刘春利的身体进行照射，致使刘春利及在该中心工作的七十多名医护人员受到放射源的辐射伤害。经法医鉴定，被害人刘春利的损伤构成重伤；被害人江萨、曾东等13人的损伤构成轻伤；被害人李玉莲等61人的损伤构成轻微伤。古计明、方振华的犯罪行为给被害人及广州军区广州总医院造成一定的经济损失。

广州市中级人民法院经审理认为，被告人古计明、方振华为泄私愤而蓄意报复他人，采用投放放射性物质的方法，致1人重伤，13人轻伤，61人轻微伤，其行为均已构成投放危险物质罪。在共同犯罪中，古计明起策划、指挥作用，是主犯；方振华起次要作用，是从犯，依法应当比照主犯从轻处罚。依照《刑法修正案（三）》第二条和《刑法》第二十六条第一款、第二十七条、第四十八条、第五十七条第一款、第五十六条第一款、第六十四条的规定，判决如下：（1）被告人古计明犯投放危险物质罪，判处死刑，缓期2年执行，剥夺政治权利终身。（2）被告人方振华犯投放危险物质罪，判处有期徒刑15年，剥夺政治权利5年。

一审宣判后，多名被害人不服，请求广州市人民检察院提出抗诉，广州市人民检察院以被告人古计明的犯罪行为社会危害性极大，犯罪后果极其严重，依法应当判处其死刑立即执行为由，提起抗诉。

广东省高级人民法院经开庭审理认为，被告人古计明、方振华的犯罪事实清楚，证据确实、充分，一审判决适用法律正确，定罪准确，量刑适当，审判程序合法。依照《刑事诉讼法》第一百八十九条第（一）项的规定，裁定驳回抗诉，维持原判。

■ 案例评析

□ 重点示意图

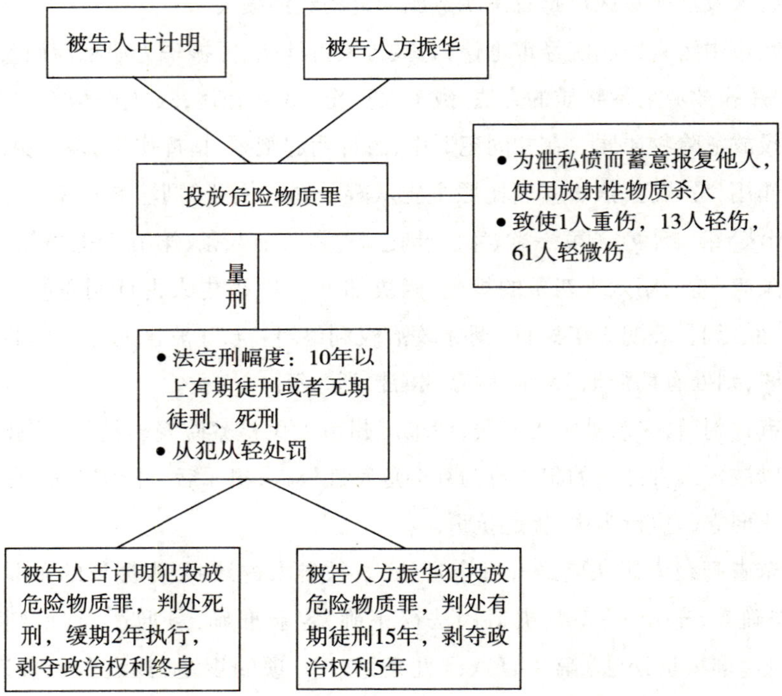

□ 疑难点释析

1. 被告人古计明、方振华的行为是否构成投放危险物质罪

1997 年《刑法》第一百一十四条列举了危害公共安全犯罪中最常见、最有危险的四种犯罪手段，即放火、决水、爆炸、投毒四种手段。随着犯罪形势的变化，立法部门对该条文进行了修正。2001 年 12 月 29 日通过的《刑法修正案(三)》第二条，将《刑法》第一百一十五条第一款修改为："放火、决水、爆炸以及投放毒害性、放射性、传染病病原体等物质或者以其他危险方法致人重伤、死亡或者使公私财产遭受重大损失的，处十年以上有期徒刑、无期徒刑或者死刑。"

本案被告人使用的铱－192放射源是铱元素的放射性同位素，属于中毒组放射性核素，在没有屏蔽的情况下，对人和动物会产生严重辐射危害。案发后，中国人民解放军军事医学科学院放射医学研究所出具的关于刘春利等人受放射源照射物理剂量报告证实，经现场试验测定，放射源为工业探伤机用铱－192放射源，广州军区广州总医院激光医疗中心的四、五、六层均有不同程度的热释光剂量，其中受照射人员刘春利办公室的剂量最高。

被告人古计明因为广州军区广州总医院激光医疗中心的内部管理和奖金等问题与被害人刘春利产生矛盾，出于泄愤的动机，为了报复被害人刘春利，罔顾广大医护人员和就诊病人的人身安危，有预谋地纠合被告人方振华，由其本人出巨资，伪造有关证明手续，购买了铱－192放射源工业探伤机，与方振华将铱射线工业探伤机运回广州军区广州总医院激光医疗中心，共同将该机的铅罐安装在古计明办公室内的天花板上，将连接主机的前端管道从天花板上拉到刘春利办公桌上方的天花板上，对被害人刘春利进行照射，在军区医院内投放放射性物质连续犯罪时间长达两个多月，致被害人刘春利重伤。其次，从犯罪侵害的客体和客观方面看，古计明犯罪的对象是刘春利，但其将工业探伤机放置在军区医院办公室内，当其开机照射被害人刘春利时，不可避免地将照射与被害人刘春利相邻办公室的工作人员及到医院就诊的病人，致13人轻伤、61人轻微伤，古计明等人的犯罪行为侵害了社会的公共安全，即不特定多数人的生命健康，正常的生活、生产、工作的安全和重大公私财产的安全。依照《刑法修正案(三)》第二条，古计明、方振华的行为均已构成投放危险物质罪。

2. 本案应如何适用刑罚

被告人古计明是解剖和影像专业毕业的硕士研究生，利用其学到的专业知识实施新型犯罪，犯罪手段隐蔽，“杀人于无形”。古计明的犯罪行为的危害结果极其严重，致1人重伤，13人轻伤，61人轻微伤。其中两名女性被害人在怀孕期间受照射。此外，核辐射损伤还有远后效应和遗传效应两大显著特点，受害群体历经若干年后一部分人会出现癌症等恶性疾病。案中受害人大部分是未婚未育者，案发后部分被害人体检出现染色体异常，他们的生育能力受到破坏，下一代出现畸形、智障、白血病的概率远高于常人，生理、心理创伤极大，正常工作、生活蒙受极大影响。对这种严重危害社会公共安全的犯罪行为应予以严厉的刑罚制裁。

核辐射损伤的远后效应和遗传效应意味着:对被辐射的群体,远后效应和遗传效应必然在某些人身上出现;对于被辐射的某个人,远后效应和遗传效应则未必会出现。这既与被照射的剂量有关,也与个体身体差异有关。现有医疗水平对放射性损伤会引起的致畸、致癌、致突变等远后效应,尚无法进行确切评价。另外,现行适用的《人体重伤鉴定标准》《人体轻微伤鉴定标准》没有将放射性造成的器官损伤列入其中,只有原则性规定,不能解决本案的重伤、轻伤标准问题。本案被害人伤情的法医鉴定是由广东省公安厅邀请公安部物证鉴定中心、最高人民检察院检察技术信息研究中心、司法部司法鉴定中心、广东省人民检察院、中山大学、广州市公安局等有关专家组成专家组,于 2002 年 10 月 15 日至 20 日在广州市对本案涉及的受照射的 78 人进行检验鉴定,该专家组听取了办案机关的情况介绍,查看现场,会见大部分被害人,调阅了所有被害人的住院、门诊病历及鉴定有关材料,对部分被害人进行医学复检,根据放射病治疗、研究专家作出的诊断鉴定和解放军 307 医院、第一军医大学南方医院、广东省人民医院、广州军区总医院等有关医院的病历资料,参照中华人民共和国国家标准 GB 16388—1996《外照射亚急性放射病诊断标准及处理原则》,并参照《人体重伤鉴定标准》《人体轻伤鉴定标准(试行)》《人体轻微伤的鉴定》联合作出的鉴定结论。被害人刘春利临床诊断为外照射亚急性放射病,受照射后出现多系统、多器官功能严重损伤,属重伤;被害人江萨等 74 人受到放射性照射后机体造血系统、免疫系统、生殖系统等分别出现不同程度的损害,其中江萨等 13 人的损伤为轻伤;李玉莲等 61 人的损伤为轻微伤。对被害人刘春利之所以鉴定为重伤,专家组主要是根据放射性专家的鉴定意见及相关医院的病历,被害人刘春利染色体畸变数多,且变化大,其多系统受损:造血系统、凝血系统、微循环、免疫系统、生殖系统等,同时专家注明:该疾病远后效应潜在危险要比其他类型放射病严重,尤其是今后发生再生障碍性贫血、白血病或恶性肿瘤等可能性比较大,应该长期密切随访。白血病、癌症等疾病现在尚不能攻克,但也不是都无法治愈的,随着整个社会迅猛发展,科学技术的进步,医疗水平也将逐步提高,因被辐射所引起的白血病、癌症等疾病被治愈或将成为可能。

根据《刑法修正案(三)》第二条的规定,“放火、决水、爆炸以及投放毒害性、放射性、传染病病原体等物质或者以其他危险方法致人重伤、死亡或者使公私财产遭受重大损失的,处十年以上有期徒刑、无期徒刑或者死刑”,古计明用工业探伤机对人照射,致1人重伤,13人轻伤,61人轻微伤,量刑幅度应为10年以上有期徒刑、无期徒刑或者死刑。《刑法修正案(三)》第二条与《刑法》第二百三十二条刑期顺序不同,关于故意杀人罪的量刑是由重往轻,《刑法修正案(三)》第二条量刑是由轻往重。根据罪刑法定原则,不应首选死刑立即执行。

鉴于本案目前尚无人死亡,放射性损伤可以引起致畸、致癌、致突变等远后效应,目前医学科学水平尚无法对此进行确切评价,量刑应留有余地。综上,广东省高级人民法院二审核准广州市中级人民法院以投放危险物质罪判处被告人古计明死刑,缓期2年执行,剥夺政治权利终身的刑事判决是正确的。

■ 知识点梳理

投放危险物质罪的外延比投毒罪更为广泛,指故意投放毒害性、腐蚀性、放射性、传染病病原体等物质,危害公共安全的行为。本罪侵犯的直接客体是国家对投放毒害性、腐蚀性、放射性、传染病病原体等物质的禁止性管理秩序及社会公众的人身安全及公私财产安全。

本罪的犯罪对象是毒害性、放射性、传染病病原体等物质。“毒害性”物质指能对肌体发生化学或物理化学作用,因而损害肌体、引起功能障碍、疾病甚至死亡的物质,如氰化物、砒霜及其他各种剧毒品。投放危险物质罪是危害公共安全犯罪中的重罪,近年来呈高发的态势。在司法实践中,鉴于该类案件的特点,证明投毒犯罪的直接证据极少,从证据充分性上去审查认定该类犯罪难度较大,出庭作证则难度更大。有些案件只能从情理与迹象上去分析判断,因此,分析研究该类犯罪具有一定的实践指导意义,也为当前的司法实践所必需。

本罪的主体是一般主体。凡达到刑事责任年龄,具备刑事责任能力的自然人均可成为本罪主体。根据《刑法》第十七条第二款规定,已满14周岁不满16周岁的人犯投毒罪,危害公共安全的,应当负刑事责任。

本罪在主观方面表现为故意。既可以出于直接故意,也可以出于间接故意。所谓故意,也就是行为人明知自己的投毒行为危害公共安全,有可能造成不特定的多人死伤或公私财产的大量损失,并且希望或者放任这种结果的发生。投毒的动机可以是各种各样,但不同的动机并不影响定罪。

本罪在客观方面表现为行为人实施了投放毒害性、放射性、传染病病原体等物质，危害公共安全的行为。具体来说：(1)行为人投放的必须是毒害性、放射性、传染病病原体等危害人的生命、健康或牲畜、禽类、水产养殖物安全的危险物质。其中，毒害性物质是指含有毒性甚至腐蚀性的有机物或者无机物，如砒霜、敌敌畏、氰化钾、西梅脱、硝酸、硫酸、1059剧毒农药等；放射性物质指通过原子核裂变时放出的射线发生伤害作用的物质，如镭、铀、钴等放射性化学元素；传染病病原体是能够引起疾病的微生物和寄生虫的统称，如炭疽、霍乱等传染病病菌和病毒。鸦片、大麻、吗啡等虽然也是毒物，但不属于投毒罪的毒物之中。(2)投放行为必须危害公共安全。即该行为已经对不特定多人的生命、健康或者牲畜和其他财产造成严重威胁或严重损害后果，或者已威胁到不特定多人数的人身和财产的安全。本罪是危险犯，其成立并不需要出现不特定多数人的中毒或重大公私财产遭受毁损的实际结果，只要行为人的行为足以危害公共安全，即有危害公共安全的危险存在即可。(3)投放行为的方式包括但不限于：第一，将危险物质投放于供不特定人食用的食品或饮料中；第二，将毒物投放于供人、畜等饮用的河流、池塘、水井等中；第三，在一些公共场所释放放射性、传染病病原体。

5

Case Study

李跃等以危险方法危害公共安全案

危害公共安全 ｜ “碰瓷”敲诈勒索

■ 研读指导

1. 以危险方法危害公共安全罪的构成要件有哪些?
2. 在城市主干路采用故意驾驶机动车撞击他人车辆制造交通事故的手段勒索钱财的行为如何定罪?
3. 对本案被告人李跃应当如何定罪量刑?

■ 相关法条

《中华人民共和国刑法》第十八条第三款【特殊人员的刑事责任能力】,第二十五条第一款【共同犯罪】,第二十六条第一款【主犯】,第二十七条【从犯】,第五十五条第一款【剥夺政治权利的期限】,第五十六条第一款【剥夺政治权利的适用对象】,第六十四条【犯罪物品的处理】,第六十五条第一款【一般累犯】,第六十七条第一款【自首】,第六十八条第一款【立功】,第六十九条【数罪并罚】,第七十二条第一款【缓刑的条件】,第七十三条第二款、第三款【缓刑考验期限】,第七十七条第一款【缓刑的撤销】,第一百一十四条、第一百一十五条【放火罪、决水罪、爆炸罪、投放危险物质罪、以危险方法危害公共安全罪】

最高人民法院《关于执行〈中华人民共和国刑事诉讼法〉若干问题的解释》[已失效]第二百三十九条【上诉期满撤回上诉】

最高人民法院《关于处理自首和立功具体应用法律若干问题的解释》第五条【立功表现】

■ 近似案例

张小河以危险方法危害公共安全罪[(2014)一中刑终字第3556号]
胡州以危险方法危害公共安全[(2015)沪二中刑终字第1277号]
林海华以危险方法危害公共安全罪[(2015)浙温刑终字第1030号]

■ 案情介绍

被告人李跃,男,1982年2月17日出生,无业。因涉嫌犯敲诈勒索罪于2006年6月30日被逮捕。

(其他被告人略)

北京市朝阳区人民检察院以李跃等31名被告人犯敲诈勒索罪向北京市朝阳区人民法院提起公诉,后公诉机关变更起诉罪名,以以危险方法危害公共安全罪向北京市朝阳区人民法院提起公诉。

被告人李跃等对指控的事实供认不讳;各被告人的辩护人提出的辩护意见主要是:主观上被告人驾车撞击他人车辆,制造交通事故的目的是勒索钱财,并无危害公共安全的主观故意;客观上被告人每次作案针对的对象都是特定的,并没有造成危害不特定多数人人身财产安全的后果,因此,各被告人的行为不构成以危险方法危害公共安全罪。

北京市朝阳区人民法院经公开审理查明:自2004年4月以来,李跃等31人先后纠集在一起,在北京市的二环路、三环路、四环路等城市主干路以及部分高速公路上故意制造了大量的交通事故,并以此向事故的另一方当事人索要钱财。其采用的作案方法主要是,由李跃驾车在道路上寻找外省市进京的中高档小轿车作为目标伺机作案。当前车正常变更车道时,驾车尾随其后的李跃等人突然加速撞向前车的侧后方,造成前车变更车道时未让所借车道内行驶的车辆先行的假象。事故发生以后,李跃、顾荣玉、英大庆组织、安排其他被告人轮流出示驾驶证冒充驾驶人。待到达事故现场的交通民警作出前车负全部责任的认定以后,被告人便以此为要挟甚至采用威胁的方法,向被害人索要钱财。2004年4月至2006年5月,31名被告人先后制造对方负全部责任的事故220余次,非法获利共计51万余元。其中，英大庆共参与作案 77 起，涉案金额为人民币 187,930 元；李跃参与作案 70 起，涉案金额为 149,000 元；顾荣玉参与作案 60 起，涉案金额为 130,980 元。

北京市朝阳区人民法院认为，李跃等人为达到非法占有的犯罪目的，在城市道路上故意制造了大量的交通事故。他们所采用的驾车突然加速撞向正在正常变更车道的其他车辆的方法，有可能使受到撞击的车辆失去控制，进而危及其他不特定多数人的人身、财产安全，按照牵连犯择一重罪处断的原则，本案 31 名被告人的行为均已构成以危险方法危害公共安全罪，依法应予惩处。关于被告人李跃、英大庆等的辩护人所提被告人的犯罪行为侵害的是特定对象以及不足以危害公共安全，因此不构成以危险方法危害公共安全罪的辩护意见，法院认为，被告人李跃等人所采用的是危险的犯罪方法。这种方法之所以危险是由该方法本身及犯罪行为发生时所处的环境决定的。受到撞击的车辆在城市道路上失去控制进而造成不特定多数人的死伤或者公私财产遭受重大损失，是具有现实的可能性的。辩护人只是片面地强调直接侵害对象的特定性，而忽视了被告人主观上对上述可能发生的危险所采取的是一种放任的态度。因此，对以上辩护人提出的关于本案定性的辩护意见不予采纳。关于以危险方法危害公共安全罪的事实认定，公诉机关针对每一起指控的事实提供的被害人陈述及辨认笔录，简易程序处理交通事故认定书及文检鉴定书，还有签署事故认定书的被告人指认同案犯参与该起犯罪的供述等证据，联结在一起以后，已经形成了完整的证据链条，由此可以得出指控的事实存在的结论。根据各被告人犯罪的事实，犯罪的性质、情节和对社会的危害程度，依照《中华人民共和国刑法》第一百一十四条、第二十五条第一款、第二十六条第一款、第二十七条、第十八条第三款、第六十七条第一款、第六十八条第一款、第六十五条第一款、第七十七条第一款、第六十九条、第五十六条第一款、第五十五条第一款、第七十二条第一款、第七十三条第二款、第三款、第六十四条及最高人民法院《关于处理自首和立功具体应用法律若干问题的解释》第五条的规定，判决如下：李跃犯以危险方法危害公共安全罪，判处有期徒刑 8 年 6 个月，剥夺政治权利 1 年。（其他被告人略）

一审宣判后，李跃等提起上诉。在二审审理过程中均申请撤回上诉，北京市第二中级人民法院经审理认为，上诉人李跃等人在法院审理期间申请撤回上诉的要求符合法律规定，依法裁定准许撤回上诉。原判决发生法律效力。

■ 案例评析

□ 重点示意图

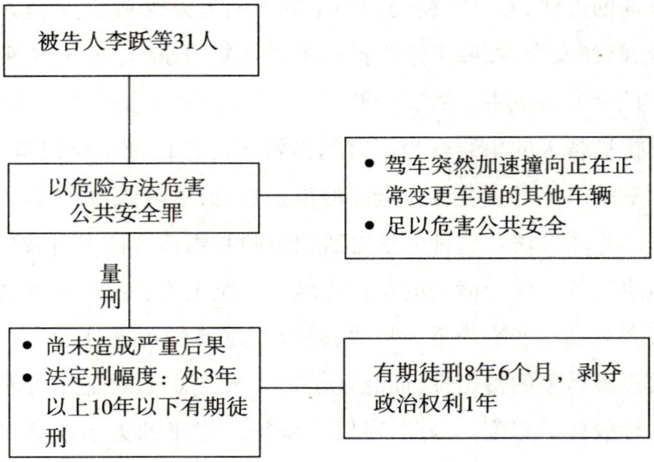

□ 疑难点释析

对于在城市主干路及高速路驾驶机动车“碰瓷”勒索钱财的案件，司法实践中基本上是以敲诈勒索、诈骗罪或保险诈骗罪对行为人定罪处罚的。本案首次以以危险方法危害公共安全罪对此类犯罪定罪处罚，其裁判结论符合法律的规定，也有力地遏制了驾车“碰瓷”案件的高发态势，取得了良好的社会效果。同时也引发了对于此类行为能否成立以危险方法危害公共安全罪的争议。

审理中，对本案的定性有两种不同意见：一种意见认为，李跃等被告人的行为构成敲诈勒索罪；另一种意见认为，李跃等被告人的行为构成以危险方法危害公共安全罪。

敲诈勒索罪，是指以非法占有为目的，对被害人实施威胁或者要挟的方法，强行索取数额较大的公私财物的行为。以危险方法危害公共安全罪，是指使用除放火、决水、爆炸、投放危险物质以外的其他方法，危害公共安全的行为。本案中，李跃等被告人驾车在城市主干道及部分高速公路上故意撞击他人车辆，制造交通事故，并采用要挟甚至威胁的方法，向被害人索要钱财，符合敲诈勒索罪的构成特征；同时，李跃等被告人驾车故意撞击他人车辆，制造交通事故的手段行为，也符合以危险方法危害公共安全罪的构成要件。具体理由如下：

（1）从客观方面看，被告人在城市主干道及部分高速公路上驾车"碰瓷"足以危害到公共安全。这里的"公共安全"指不特定多数人的生命、健康和重大公私财产的安全。这里的"不特定"是相对其他犯罪后果的"特定"而言的，例如侵犯公民人身权利和侵犯财产的犯罪也会造成多人、多物的损害，但由于犯罪侵害的对象是针对某个或某几个特定的人或者某种特定的财产，可能造成的危害后果的范围有一定局限性，并且多是可以预料、可以控制的。但以危险方法危害公共安全罪，侵害的对象往往具有不特定性或者虽然对象特定但造成的危害后果具有不特定性。据此，行为是否具有危及不特定人的生命、健康和重大公私财产安全的现实可能性，应是判定其能否成立危害公共安全罪的关键。

值得注意的是，以危险方法危害公共安全罪的"不特定性"并不否认行为人在实施犯罪行为时有特定的对象，只是犯罪行为所造成或可能造成的危害后果是行为人事先难以预料、难以控制的。因此，就这类犯罪的本质特征而言，不管行为人实施危害行为时主观上有无特定的侵犯对象，只要其行为具有危害或足以危害公共安全的不特定性，即使行为人实施的犯罪对象是明确的，也应当认定此行为属于危害公共安全的犯罪。

本案中，被告人的犯罪行为针对的是特定对象，即每起犯罪均是被告人在众多潜在的被害人中通过精心选择而确定的勒索对象，最终也没有造成危害公共安全的严重后果，但是深入分析行为发生的具体环境和采用的手段，不难看出这种行为具有危及公共安全的属性。在城市主干路及高速路上，车流量大且行车速度快，由于行为人所采取的突然变速冲撞正在正常行使的被害车辆的方法，很可能造成快速行驶的被害车辆因突然受到撞击或紧急避让而失去控制，进而造成不特定人的死伤或者公私财产遭受重大损失。换言之，此类行为已具有危及公共安全的现实可能性。因此，应认定其已经具有危害公共安全的属性。

发生在道路交通事故中的"碰瓷"案件情况多样，不能一概认定为危害公共安全犯罪。对于利用道路混乱、机动车停车起步阶段以及违规行驶等情形，用身体故意或假装与机动车发生碰撞而声称受伤，要求对方"赔偿"，以及在居民区、行人稀少的街道等场所，车流量少，行车速度慢，驾驶机动车制造“碰瓷”事故的，其发生危及不特定或多数人安全的结果之可能性很小，不具有危及公共安全的现实危险，故一般不能以以危险方法危害公共安全罪论处，应根据行为人的主观故意，以敲诈勒索罪、诈骗罪或者保险诈骗罪等来定罪处罚。

(2)从主观方面看，在驾驶机动车“碰瓷”案件中，被告人故意撞击他人车辆的主观目的是制造交通事故，从而勒索钱财，而对其行为可能产生危害公共安全的结果则持一种“放任”的态度，属于间接故意。以危险方法危害公共安全罪的主观方面是故意，包括直接故意和间接故意。无论行为的目的、动机如何，只要行为人主观上出于故意，并付诸实际行动，且由于其行为对公共安全造成了危害或者使公共安全处于一种危险的状态，就可以认定行为人构成本罪。至于所造成的危害结果是否超出行为人的预料和控制，即被告人对其行为造成的后果的具体认识，一般不影响其犯罪成立与否，实际上危害公共安全罪的主观要件也未有类似要求。所以，那种以驾驶机动车“碰瓷”时，未能预见会发生危害公共安全的后果，或者说危害结果超出其预料和控制的范围，因而不构成以危险方法危害公共安全罪的观点，是不正确的。

特定犯罪目的、动机的存在，可能会使罪名的认定出现竞合情况。对于“碰瓷”类犯罪而言，一般以非法获取他人钱财或者骗取保险偿付金为目的，故同时构成敲诈勒索罪或诈骗罪、保险诈骗罪等，属于刑法理论上的牵连犯，对此一般应从一重罪处罚。

(3)此种作案手段属于与放火、决水、爆炸、投放危险物质的危险性相当的“其他危险方法”。从《刑法》第一百一十四条、第一百一十五条规定看，“其他危险方法”是与“放火、决水、爆炸”等并列的行为方式，同属一个法条，适用同档法定刑。因此，基于罪刑相适应原则的精神，对其应参照放火、爆炸等罪的可罚性来理解，即在危险性上应当与放火、爆炸等行为具有可罚的相当性。既然《刑法》第一百一十五条已明确规定了第一百一十四条发展后的结果是“致人重伤、死亡或者公私财产遭受重大损失”，那么，作为可以直接转化为犯罪结果的具体危险犯，第一百一十四条的“其他危险方法”，在性质上就必须能够导致不特定多数人重伤、死亡或者公私财产遭受重大损失的结果，即实质上具有致不特定或者多数人重伤、死亡的现实可能性。具体而言，《刑法》第一百一十四条规定的所谓其他危险方法，一是指放火、决水、爆炸、投放危险物质以外的方法；二是指与放火、决水、爆炸、投放危险物质的危险性相当的、足以危害公共安全的方法。使用这些危险方法，同放火、决水、爆炸、投放危险物质一样，一经实施就可能危及不特定多数人的生命、健康或者重大公私财产的安全。本案中，由于城市主干路和高速路是国家及地区的重要交通干道，具有车流量大、行车速度快以及行人众多等特点，一旦在某路段出现突发性事件，极有可能在瞬间造成重大交通事故。特别是此类犯罪行为是采取突然变速冲撞正在正常行使的其他车辆的方法，从一般人的常识判断，很有可能使被害车辆因受到撞击或紧急避让而失去控制，从而酿成车毁人亡的严重后果。可见，这种作案手段与放火、决水、爆炸、投放危险物质的危险性相当，足以危害公共安全。因此，将其认定为以危险方法危害公共安全罪，是符合该罪的本质和立法精神的。

综上所述，李跃等在实施敲诈勒索的目的犯罪行为过程中，其驾车冲撞其他车辆制造交通事故的手段行为又触犯了以危险方法危害公共安全罪，按照牵连犯从一重罪处断的原则，应按照以危险方法危害公共安全罪定罪处罚。

■ 知识点梳理

以危险方法危害公共安全罪是一个概括性罪名，是故意以放火、决水、爆炸以及投放危险物质以外的并与之相当的危险方法，危害公共安全的行为。该罪侵犯的客体是公共安全，主观表现为故意。与过失以危险方法危害公共安全罪不同的是，该罪属于行为犯，无论是否造成严重后果，只要实施危害公共安全的行为都能构成该罪。因此，根据《刑法》的规定，以危险方法危害公共安全尚未造成严重后果的，处 3 年以上 10 年以下有期徒刑；造成严重后果的，处 10 年以上有期徒刑、无期徒刑或者死刑。

该罪侵犯的客体是公共安全，即不特定的多数人的生命、健康或者重大公私财产的安全。如果行为人用危险方法侵害了特定的对象，对不特定的多数人的生命、健康或重大公私财产的安全并无危害即不危害公共安全，就不构成该罪。

该罪在客观方面表现为以其他危险方法危害公共安全的行为。所谓其他危险方法是指放火、决水、爆炸以及投放危险物质以外的，但与上述危险方法相当的危害公共安全的犯罪方法。该罪的其他危险方法包括两层含义：一是其他危险方法是指放火、决水、爆炸以及投放危险物质以外的危险方法；二是其他危险方法与放火、决水、爆炸以及投放危险物质的危险性相当且足以危害公共安全的方法。

司法实践中以危险方法危害公共安全的犯罪突出表现在：

(1)以私设电网的危险方法危害公共安全。私设电网，是一种危害社会的行为。有关法律、法规明令禁止任何个人、单位未经有关部门批准擅自架设电网，否则造成严重后果的，要依法追究行为人的法律责任。同时，私设电网也是一种危险方法，其侵犯的客体是公共安全，即对象是不特定多数人的生命、健康或者重大公私财产的安全。这种行为，无论是从主观方面还是从客观方面，都符合以危险方法危害公共安全罪的构成特征。

(2)以驾车撞人的危险方法危害公共安全。以驾车撞人的危险方法危害公共安全这种犯罪，行为人在主观上往往是出于故意。这种危险方法与放火、决水、爆炸以及投放危险物质的危害性相当，其危害的是不特定的多数人的生命、健康安全，符合以危险方法危害公共安全罪的构成特征。此外，根据最高人民法院《关于醉酒驾车犯罪法律适用问题的意见》，对于醉酒驾驶在特定情形，尤其连续冲撞或在肇事之后仍继续冲撞，并造成人员重伤或者死亡的情形下，应认定行为人具有故意(多为间接故意)，其行为属于以危险方法危害不特定的多数人的生命、健康安全，应以危险方法危害公共安全罪追究行为人的刑事责任。

(3)以制、输坏血、病毒血的危害方法危害公共安全。以制、输坏血、病毒血的危害方法危害公共安全的这种行为，行为人在主观上属于故意，目的往往是牟取非法暴利或者报复社会，其直接危害不特定的多数人的生命、健康安全，符合以危险方法危害公共安全罪的构成特征。

(4)以开枪的危险方法危害公共安全。以向人群开枪的危险方法危害公共安全这种犯罪，行为人在主观上属于故意，目的往往是报复社会或者寻求新奇刺激而向人群开枪射击。这种行为，直接危害不特定的多数人的生命、健康安全，符合以危险方法危害公共安全罪的构成特征。

该罪的主体为一般主体。必须是达到法定刑事责任年龄、具有刑事责任能力的自然人。

该罪在主观方面表现为故意，包括直接故意和间接故意。即行为人明知其实施的危险方法会危害公共安全，即危害不特定的多数人的生命、健康或者公私财产安全的严重后果，并且希望或者放任这种结果发生。在司法实践中，这种案件除少数对危害公共安全的严重后果持希望态度属于直接故意外，其他多数持放任态度属于间接故意。

6
Case Study

艾某某某等组织、领导恐怖组织、故意杀人案

恐怖组织罪

■ 研读指导

1. 组织、领导恐怖组织罪的构成要件为何？
2. 恐怖组织罪名中的罪责刑如何相适应？
3. 本案中，被告艾某某某应当如何定罪量刑？

■ 相关法条

《中华人民共和国刑法》第一百二十条【组织、领导恐怖组织罪】、第二百三十二条【故意杀人罪】

《中华人民共和国刑事诉讼法》（2012 年修正版）第二百三十五条[1]【死刑核准权】、第二百三十九条[2]【死刑复核】

最高人民法院《关于适用〈中华人民共和国刑事诉讼法〉的解释》第三百五十条

■ 近似案例

买某某某参加恐怖组织案[（2014）南刑三初字第 00010 号]

麦某某等四人参加恐怖组织案[（2016）吉 01 刑初 22 号]

---

〔1〕 本条对应《中华人民共和国刑事诉讼法》（2018 年修正版）第二百四十六条。

〔2〕 本条对应《中华人民共和国刑事诉讼法》（2018 年修正版）第二百五十条。

■ 案情介绍

被告人艾某某某,曾用名阿某某某。2014 年 9 月 13 日被逮捕。现在押。

被告人努某某某。2014 年 9 月 10 日被逮捕。现在押。

新疆维吾尔自治区喀什地区中级人民法院审理新疆维吾尔自治区人民检察院喀什分院指控被告人艾某某某、努某某某犯组织、领导恐怖组织罪、故意杀人罪一案,于 2014 年 9 月 28 日以(2014)喀中刑初字第 208 号刑事判决,认定被告人艾某某某犯组织、领导恐怖组织罪,判处无期徒刑,剥夺政治权利终身,犯故意杀人罪,判处死刑,剥夺政治权利终身,决定执行死刑,剥夺政治权利终身;被告人努某某某犯组织、领导恐怖组织罪,判处无期徒刑,剥夺政治权利终身,犯故意杀人罪,判处死刑,剥夺政治权利终身,决定执行死刑,剥夺政治权利终身。在法定期限内没有上诉、抗诉。新疆维吾尔自治区高级人民法院经依法复核,于 2014 年 10 月 30 日以(2014)新刑三核字第 34 号刑事裁定,同意原判,并依法报请最高人民法院核准。最高人民法院依法组成合议庭,对该案进行了复核,依法讯问了被告人。

经复核确认:2013 年 12 月以来,被告人艾某某某多次收听、观看暴力恐怖音视频,由此产生"迁徙""圣战"思想。2013 年 12 月底以来,艾某某某先后组织被告人努某某某以及阿塔吾拉·吐逊(同案被告人,已判刑)、麦麦提江·热木提拉(已被击毙)、努尔艾力·喀日、阿力木江·喀日(均另案处理)等人进行非法讲经、解经活动,收听、观看暴力恐怖音视频,进行体能训练,逐步形成恐怖活动组织。在此期间,根据艾某某某的安排,努某某某负责管理学经人员,多次组织播放暴力恐怖音视频,并带领学经人员进行体能训练。2014 年 7 月初,艾某某某介绍努某某某与同样具有"迁徙""圣战"思想的图尔贡·图尔孙(已被击毙)相识,并分别向努某某某和图尔贡·图尔孙提议以居某某(被害人,殁年 73 岁)等爱国宗教人士以及计划生育工作人员、驻村民警为目标进行"圣战",安排努某某某、麦麦提江·热木提拉等负责刺杀居某某。努某某某将艾某某某的安排告知了麦麦提江·热木提拉。之后,努某某某、麦麦提江·热木提拉与图尔贡·图尔孙共同商议了刺杀计划,购买了 3 把斧头作为作案工具,并利用到新疆维吾尔自治区喀什市艾提尕尔清真寺做礼拜的机会观察居某某的日常活动,商定斋月结束后动手。其间,艾某某某劝说阿塔吾拉·吐逊帮助努某某某等人刺杀居某某,阿塔吾拉·吐逊认为三人已足以完成刺杀计划,艾某某某遂安排阿塔吾拉·吐逊寻找制爆原料。7月25日,艾某某某向麦麦提江·热木提拉了解了刺杀计划进展情况。7月28日,努某某某等人邀请阿塔吾拉·吐逊一起刺杀居某某,阿塔吾拉·吐逊称艾某某某安排其寻找制爆原料而未答应。7月30日,努某某某、麦麦提江·热木提拉、图尔贡·图尔孙将斧头藏于腰间进入喀什市艾提尕尔清真寺做礼拜。晨礼后,图尔贡·图尔孙进行了分工,由努某某某和麦麦提江·热木提拉负责砍杀居某某,其则负责望风并在遇到警察抓捕时砍杀警察。之后,图尔贡·图尔孙先从北门走出清真寺,努某某某和麦麦提江·热木提拉随后尾随居某某从北门走出清真寺。居某某准备上车时,麦麦提江·热木提拉持斧头朝居某某猛砍一下,又朝司机麦某甲(被害人,时年28岁)砍击一下,致麦某甲轻伤,与居某某同行的米某某见状抱住麦麦提江·热木提拉,此时,努某某某上前持斧头连砍居某某两下。麦麦提江·热木提拉挣脱米某某后,又与努某某某分别砍击居某某一下,致居某某严重颅脑损伤、胸部开放性损伤并失血性休克而死亡。

上述事实,有原审新疆维吾尔自治区喀什地区中级人民法院开庭审理中经质证确认的作案工具斧头的照片,管制刀具销售登记表,证人米某某、阿某某、麦某乙等的证言,被害人麦某甲的陈述,尸体鉴定意见、人体损伤程度鉴定意见、DNA鉴定意见,现场勘验、检查、辨认等笔录,现场监控录像,同案被告人阿塔吾拉·吐逊的供述和另案处理的努尔艾力·喀日、阿力木江·喀日的供述等证据证实,被告人艾某某某、努某某某亦供认,足以认定。

最高人民法院认为,被告人艾某某某以实施暴力恐怖活动为目的,组织、纠集多人,进行非法宗教活动,收听观看暴力恐怖音视频,进行体能训练;提议以爱国宗教人士等为目标进行暴力恐怖活动,并安排他人具体实施,其行为已构成组织、领导恐怖组织罪和故意杀人罪,依法应予并罚。被告人努某某某在恐怖活动组织中负责人员管理,多次组织播放暴力恐怖音视频,带领他人进行体能训练;接受艾某某某以爱国宗教人士等为目标进行暴力恐怖活动的提议、安排,伙同他人持械杀害爱国宗教人士居某某,其行为已构成组织、领导恐怖组织罪和故意杀人罪,依法应予并罚。艾某某某、努某某某是恐怖活动组织的组织者、领导者,应当按照组织所犯的全部罪行处罚。在故意杀人共同犯罪中,艾某某某、努某某某均起主要作用,是主犯。艾某某某、努某某某主观恶性深,社会危害性大,罪行极其严重,均应依法惩处。原审判决、高级人民法院复核审裁定认定的事实清楚,证据确实、充分,定罪准确,量刑适当,审判程序合法。依照《刑事诉讼法》第二百三十五条、第二百三十九条和最高人民法院《关于适用〈中华人民共和国刑事诉讼法〉的解释》第三百五十条第(一)项的规定,裁定如下:核准新疆维吾尔自治区高级人民法院(2014)新刑三核字第34号同意原审对被告人艾某某某以组织、领导恐怖组织罪判处无期徒刑,剥夺政治权利终身,以故意杀人罪判处死刑,剥夺政治权利终身,决定执行死刑,剥夺政治权利终身;对被告人努某某某以组织、领导恐怖组织罪判处无期徒刑,剥夺政治权利终身,以故意杀人罪判处死刑,剥夺政治权利终身,决定执行死刑,剥夺政治权利终身的刑事裁定。

■ 案例评析

□ 重点示意图

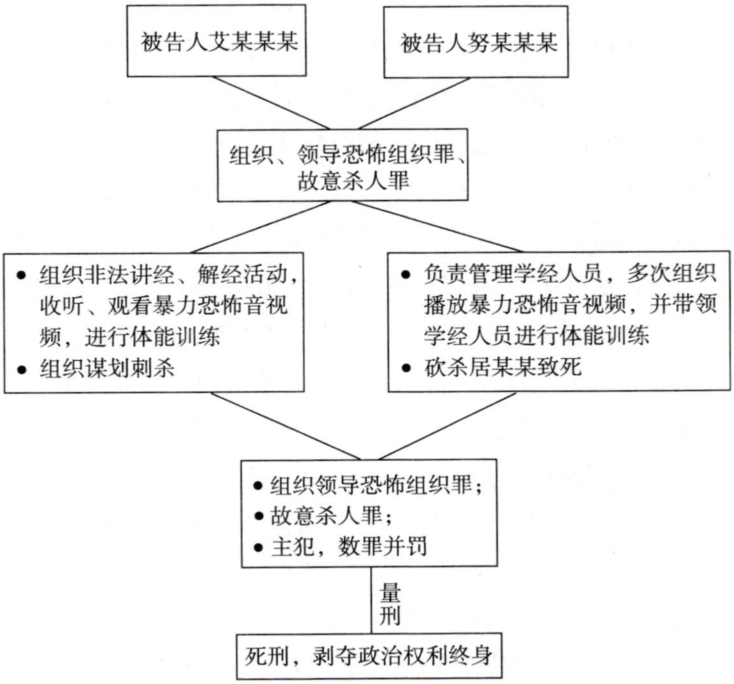

■ 知识点梳理

组织、领导、参加恐怖组织罪,是指组织、领导或者参加恐怖活动组织的行为。根据《刑法》第一百二十条的规定,组织、领导恐怖活动组织的,处 10 年以上有期徒刑或者无期徒刑,并处没收财产;积极参加的,处 3 年以上 10 年以下有期徒刑,并处罚金;其他参加的,处 3 年以下有期徒刑、拘役、管制或者剥夺政治权利,可以并处罚金。

全国人大常委会 2011 年 10 月 29 日《关于加强反恐怖工作有关问题的决定》(已废止)规定:恐怖活动是指以制造社会恐慌、危害公共安全或者胁迫国家机关、国际组织为目的,采取暴力、破坏、恐吓等手段,造成或者意图造成人员伤亡、重大财产损失、公共设施损坏、社会秩序混乱等严重社会危害的行为,以及煽动、资助或者以其他方式协助实施上述活动的行为。

全国人大常委会 2015 年 12 月 27 日通过的《反恐怖主义法》第三条规定,恐怖活动是指恐怖主义性质的下列行为:(1)组织、策划、准备实施、实施造成或者意图造成人员伤亡、重大财产损失、公共设施损坏、社会秩序混乱等严重社会危害的活动的;(2)宣扬恐怖主义,煽动实施恐怖活动,或者非法持有宣扬恐怖主义的物品,强制他人在公共场所穿戴宣扬恐怖主义的服饰、标志的;(3)组织、领导、参加恐怖活动组织的;(4)为恐怖活动组织、恐怖活动人员、实施恐怖活动或者恐怖活动培训提供信息、资金、物资、劳务、技术、场所等支持、协助、便利的;(5)其他恐怖活动。恐怖主义,是指通过暴力、破坏、恐吓等手段,制造社会恐慌、危害公共安全、侵犯人身财产,或者胁迫国家机关、国际组织,以实现其政治、意识形态等目的的主张和行为。"恐怖活动组织",指三人以上为实施恐怖活动而组成的犯罪组织。"组织"主要指组建恐怖活动组织;"领导"主要指策划指挥恐怖活动组织的具体活动;"参加"指加入恐怖活动组织,使自己成为该组织成员。

本罪只能由故意构成,即明知恐怖活动危害公共安全,仍以实施恐怖活动为目的组织、领导或者参加恐怖活动组织。行为人实施组织、领导、参加行为之一的,便成立本罪;事实上是否开始实施恐怖活动,不影响本罪的成立。但对于被胁迫参加恐怖组织,没有实施恐怖活动的,不宜以犯罪论处。犯本罪并实施杀人、爆炸、绑架等犯罪的,实行数罪并罚。本案被告人艾某某某以实施暴力恐怖活动为目的,组织、纠集多人,进行非法宗教活动,收听观看暴力恐怖音视频,进行体能训练;提议以爱国宗教人士等为目标进行暴力恐怖活动,并安排他人具体实施,其行为已构成组织、领导恐怖组织罪、故意杀人罪。被告人努某某某在恐怖活动组织中负责人员管理,多次组织播放暴力恐怖音视频,带领他人进行体能训练;接受艾某某某以爱国宗教人士等为目标进行暴力恐怖活动的提议、安排,伙同他人持械杀害爱国宗教人士居某某,其行为已构成组织、领导恐怖组织罪和故意杀人罪。艾某某某、努某某某主观恶性深,社会危害性大,罪行极其严重,均应依法惩处。二被告人均犯数罪,依法应予并罚。

7 Case Study 吕某劫持船只、汽车案

劫持船只、汽车罪

■ 研读指导

1. 劫持船只、汽车罪的构成要件有哪些？
2. 为逃避公安机关的检查劫持出租车的行为应当如何认定？
3. 比较分析劫持船只、汽车罪的罪与非罪，注意和其他近似罪名的辨析。

■ 相关法条

《**中华人民共和国刑法**》第二十三条【犯罪未遂】、第一百二十二条【劫持船只、汽车罪】

《**中华人民共和国刑事诉讼法**》（**2012 年修正版**）第二百二十五条[1]【二审对一审判决的处理】

■ 近似案例

孙宪禄劫持航空器案［最高人民法院公报（1994）第 1 期］

糯康等故意杀人，走私、贩卖、运输、制造毒品，绑架，劫持船只、汽车案［云南省高级人民法院（2012）云高刑终字第 1765 号］

林长健劫持船只、汽车案［（2017）浙 0302 刑初 300 号］

---

〔1〕 本条对应《中华人民共和国刑事诉讼法》（2018 年修正版）第二百三十六条。

■ 案情介绍

原公诉机关秦皇岛市海港区人民检察院。

上诉人(原审被告人)吕某。2014 年 6 月 28 日因涉嫌劫持船只、汽车罪被公安局刑事拘留;同年 7 月 10 日被依法取保候审,2015 年 7 月 20 日被依法执行逮捕。现押于秦皇岛市看守所。

秦皇岛市海港区人民法院审理海港区人民检察院指控被告人吕某犯劫持船只、汽车罪一案,于 2015 年 12 月 31 日作出(2015)海刑初字第 526 号刑事判决。被告人吕某不服原判,提起上诉。秦皇岛市中级人民法院依法组成合议庭,通过阅卷、讯问当事人,认为本案事实清楚,决定不开庭审理。现已审理终结。

原审秦皇岛市海港区人民法院经审理查明,2014 年 6 月 28 日 18 时许,被告人吕某吸食毒品后,驾驶套牌蓝色速腾轿车,携带冰毒、吸毒工具及砍刀等物由东向西,行驶经过秦皇岛市公安局海港分局龙源警务检查站时,为逃避检查绕道通过,被警务人员截停后,被告人吕某弃车逃跑。在警务人员追捕过程中,被告人吕某逃至本市海港区东方明珠城南门附近,拦截一辆由西向东行驶的冀 C××××× 号出租车,并持刀威胁司机掉头快速行驶,在出租车行驶出约 20 米后,被警务人员截停,被告人吕某还使用暴力抗拒警务人员执法,后被前来支援的警务人员一起将其制服。

上述事实,有下列证据予以证实:

(1)被告人吕某的供述:2014 年 6 月 28 日 18 时左右,我下班回家开着我的蓝色速腾轿车经过龙源检查站时,警察拦下我要对我进行检查,因我车上有冰毒和刀,我拒绝了检查,弃车跑了。我跑到东方明珠城门口,一出租车在路边缓慢行驶,我打开车门就上去了,我让出租车向西走,出租车就掉头了,因为车太慢,警察还在后边追,我就把挂在裤子上的刀拿出来了,对着他让他开快点,这时警察从后边追上来了,出租车司机就把我双手都抓住了,警察过来就把我抓获了。

(2)被害人杨某的陈述:2014 年 6 月 28 日 18 时左右,我开着冀 C××××捷达出租车,由西向东行至东方明珠城南门附近时,一男子向我招手,我车停了一下,这名男子拉开副驾驶的门就上来了,很着急地对我说:“快掉头”。男子右手拿了把折叠刀对着我右侧肋下让我快点。我当时就想慢点开，找机会跳车，开了有二三十米，警察在后面追喊，我就把车停下了。看有两三个警察跑到车跟前，我就用双手抓住男子右胳膊，男子挣扎，刀尖把我右手拇指给扎伤了，男子把刀就扔他脚下了。我拔下车钥匙下车，把车门锁上。直到又过来几个警察，我把车门打开，警察把该男子拽下来，控制住。

（3）证人胡某的证言：2014年6月28日18时左右，我正在龙源检查站交接班准备下班时，彭某给石丰伟打电话说：有一辆车不配合检查，从检查岗后面绕了过去，你喊几个人过来帮忙检查，我与石丰伟、邵永军、丁会四人就开私家车过去了。我们到达检查站对面时，在小路看一辆蓝色速腾轿车停着，彭某、杨波在车边站着，车门锁着，车主拒不开车门。最后车辆向西跑，彭某和杨波在后面追，我与石丰伟跑回检查站开警车，取手铐追赶逃跑的车主。我们追上彭某、杨波后，见他们停在一辆绿色出租车车边，出租车司机在车下，逃跑车主在出租车副驾驶座位上，最后我们几人一同将他制服后带回了检查站。

（4）证人彭某的证言：2014年6月28日18时左右我们检查站在检查的过程中发现一辆蓝色速腾轿车从警务工作站的北侧小道绕岗，逃避检查。杨某和石丰伟就过去拦截，在拦截过程中把车劫停，我也就赶了过去，我发现此车有警报器、副驾驶的位置上有把卡簧刀，我们要求驾驶员下车，驾驶员下车后，把车锁住，不配合检查，驾驶员就向东方明珠城方向逃跑，我们就在后面追。该男子在东方明珠城南门拦截辆出租车（冀C×××××）逃跑，我就喊出租车停下，出租车停到建设大街的路中央，我就过去，到出租车跟前，发现此一男子正拿一把卡簧刀顶住出租车司机的腰部，出租车司机看我过来就趁机下车了，该男子把刀收了起来，与我对峙，看他想下车逃跑，这时候我站工作人员杨某就赶了过来，该男子不下车，在车上打电话，然后石丰伟、胡某也赶了过来，我们几个人将此男子叫下车，男子不配合并且反抗，我在抓他的时候，左手被挫伤，胡某右手被抓伤，我们几个人将此男子带回检查站，并向上级报告。

（5）杨某的证言：吕某上出租车后，我们一直在后面追，因路上车辆多，我们追了二三十米，追上了出租车。我们到了出租车前，发现吕某在副驾驶座位上正拿着一把小刀顶着出租车司机腰部，最后出租车司机与他争夺刀，刀掉下后，司机下了车，我与彭某及后来的人一同制服吕某，将他带回检查站。

(6)物证检验鉴定报告:颜料管装粉末2小管,共重0.198克,检材中均检出甲基苯丙胺成分。

(7)人身损伤检验鉴定意见书:杨某右手0.3cm划伤,其损伤程度不构成轻微伤。

(8)监控视频光盘、现场照片,路上行人、车辆情况。

(9)案件来源及抓获经过:被告人吕某系被公安机关抓获。

(10)户籍证明及现实表现:被告人吕某犯罪时,均已年满18周岁,无不良记录。

原审人民法院认为,被告人吕某为逃避公安机关人员的检查,以暴力、胁迫的方法劫持出租车,危害公共安全,其行为已构成劫持船只、汽车罪。秦皇岛市海港区人民检察院指控的罪名成立。被告辩护人辩称,被告人吕某的行为不构成劫持汽车罪,应以妨害公务罪定罪处罚的观点、事实及法律依据不足,不予采信。考虑被告人在案发后认罪态度较好,可酌情从轻处罚,故依照《刑法》第一百二十条的规定判决:被告人吕某犯劫持船只、汽车罪,判处有期徒刑五年。

原审被告人吕某向秦皇岛市海港区人民法院上诉提出:其劫持汽车的行为没有严重的社会危害性,没有达到犯罪的严重程度,危害不大,不构成劫持汽车罪。

经审理查明,二审查明的事实与一审认定的事实一致,据以定罪量刑的证据均经原审法院庭审举证、质证,能够作为定案的依据。

秦皇岛市海港区人民法院认为,上诉人吕某为逃避公安机关人员的检查,以暴力、胁迫的方法劫持出租车,危害公共安全,其行为已构成劫持汽车罪。关于上诉人提出其劫持汽车的行为没有严重的社会危害性,没有达到犯罪的严重程度,危害不大,不构成劫持汽车罪的上诉理由。经查,上诉人吕某为逃避公安机关人员的检查,以暴力、胁迫的方法劫持出租车,其行为已构成劫持汽车罪,但尚未控制所劫持的出租车,未实现其逃离现场的目的,属于犯罪未遂,可以比照既遂犯罪减轻处罚。故其上诉理由没有事实和法律依据,不予采纳。原判对其犯罪未遂情节未予认定,应予改判。上诉人吕某系初犯,可从轻处罚。故依照《刑法》第二十三条、第一百二十二条、《刑事诉讼法》第二百二十五条第一款第(二)项之规定,判决如下:(1)撤销海港区人民法院(2015)海刑初字第526号刑事判决;(2)上诉人(原审被告人)吕某犯劫持汽车罪,判处有期徒刑3年。(刑期从判决执行之日起计算。判

决执行以前先行羁押的，羁押一日折抵刑期一日，即自2014年7月20日起至2017年7月7日止）

本判决为终审判决。

■ 案例评析

□ 重点示意图

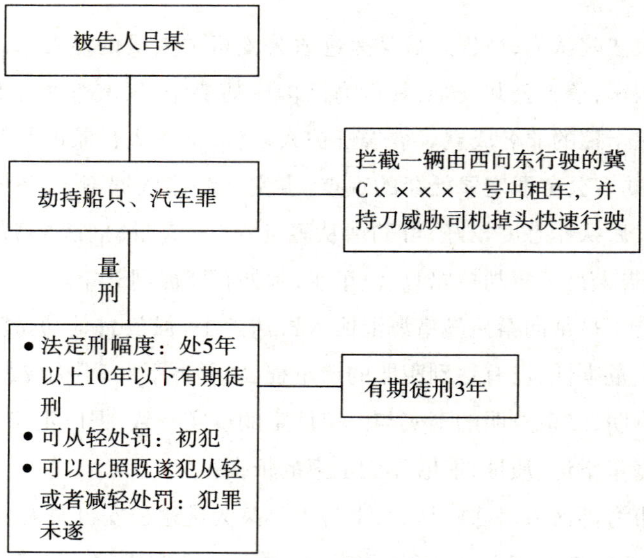

□ 疑难点释析

本案一审和二审法院对被告人行为的性质没有异议，均认为构成劫持船只、汽车罪，但在量刑上存在不同意见。

1. 本罪犯罪构成要件

劫持船只、汽车罪表现为以暴力、胁迫或者其他方法劫持船只、汽车的行为。

（1）本罪的主体为一般主体。凡达到刑事责任年龄具备刑事责任能力的自然人均可构成。

（2）本罪在主观方面表现为故意犯罪，但对犯罪目的没有要求，行为人劫持汽车、船只,无论出于何种目的,都不影响本罪的成立。

(3)本罪侵犯的客体是公共安全,主要是指船只、汽车的交通运输安全和不特定多数旅客的生命、健康及财产安全。本罪的犯罪对象只能是船只、汽车。船只、汽车是大型的现代化交通运输工具,与公共安全联系密切。劫持这类交通工具,就有可能危害船只、汽车的交通运输安全和不特定多数旅客的生命、健康及财产安全,造成人员伤亡和财产毁损。因此,严厉惩治劫持船只、汽车的犯罪行为,对维护旅客的生命、财产安全和船只、汽车的正常运营安全,维护社会治安秩序,保障、促进改革开放和经济建设的顺利进行,具有十分重要的意义。本罪侵犯的对象,是船只、汽车。船有机动船和非机动船只。这里所说的船只应理解为机动船,非机动的木帆船、牛皮划等小船遭受侵犯虽也可造成损失,但一般不危害公共安全。

(4)客观方面:本罪在客观方面表现为以暴力、胁迫或者其他方法劫持船只、汽车的行为。

所谓"暴力",是指对船只、汽车上的人员,特别是驾驶人员、售票人员,实施捆绑、殴打、伤害等行为,迫使船只、汽车改变方向或自己亲自驾驶。

所谓"胁迫",是指对乘务人员施以精神恐吓和强制,如以车、船相威胁,使驾驶、操纵人员不敢反抗,听凭其指挥或亲自操纵驾驶。

所谓"其他方法",是指上述暴力、胁迫方法以外的任何其他劫持方法,如使用麻醉品将驾驶人员致醉、致昏等,使驾驶人员处于不能反抗或不知反抗的状态,从而达到劫持船只、汽车的目的。

所谓"劫持",是指犯罪分子以上述手段按照自己的意志强行控制船只、汽车的行为。所谓劫持之"劫"应指半道强截;"持"则指持有并强使转移其用途或去向。

需要注意的是,劫持船只、汽车罪是行为犯,不是结果犯。只要行为人实施了以暴力、胁迫或者其他方法劫持船只、汽车的行为,即构成本罪既遂,而不论其犯罪目的是否实现。

本案中,被告人吕某为逃避公安机关工作人员的检查,以暴力、胁迫的方法劫持出租车,危害公共安全,其行为已构成劫持船只、汽车罪。

2. 本案被告人的行为是否构成犯罪既遂

二审法院认为吕某为逃避公安机关人员的检查,以暴力、胁迫的方法劫持出租车,其行为已构成劫持汽车罪,但尚未控制所劫持的出租车,未实现其逃离现场的目的,属于犯罪未遂,可以比照既遂犯罪减轻处罚,并依法进行改判。

笔者赞同二审法院的观点。如上所述,劫持船只、汽车罪是行为犯,不是结果犯,但根据本案案情,被告人在跳上出租车企图劫持时,被害司机在慢行二三十米后拔下车钥匙下车,把车门锁上,并将被告人交给警察。这一案情事实上恰恰说明了被告人在此案中是"有劫无持",并未达到实际控制的目的。因此二审法院认定吕某行为属于犯罪未遂,比照既遂犯罪减轻处罚,且系初犯,可从轻处罚。

■ 知识点梳理

劫持船只、汽车罪的界定

1. 罪与非罪的界限

司法实践中,在认定某种行为是否构成劫持船只、汽车罪时,主要应把握该行为是否具有相当严重的社会危害性,是否具备本条规定的劫持船只、汽车罪的构成要件。如果行为人没有使用暴力、胁迫和其他方法,或者没有劫持船只、汽车,或者劫持的不是船只、汽车的,都不构成本罪。

司法实践中,特别要注意把劫持船只、汽车罪同正当的执行公务行为、紧急避险行为等区别开来。劫持船只、汽车罪中的劫持应是非法的,而不是合法的,如果行为人出于合法目的而强行使用船只、汽车的,不构成劫持船只、汽车罪。例如,人民警察看到犯罪分子正驾驶摩托车逃离作案现场,便出示有关证件,强行要求一小型私营公共汽车驾驶员开车追击。在这里,人民警察为了抓捕在逃犯罪嫌疑人,强制私营公共汽车驾驶员开车追击的劫持汽车行为,不仅不具有社会危害性,而且是对社会有益的行为,因此,其不构成劫持汽车罪。同样,行为人出于正当的公务活动的需要或者出于紧急避险的需要,而劫持船只、汽车的,也不构成劫持船只、汽车罪。

2. 本罪与破坏交通工具罪的界限

劫持船只、汽车罪与破坏交通工具罪都是故意犯罪,侵犯的客体都是交通运输安全,但有明显区别:

(1)犯罪客观方面不同。劫持船只、汽车罪的行为人通常采取暴力、胁迫或者其他方法劫持船只、汽车，且一般是在船只、汽车内公然实施的；破坏交通工具罪的行为人通常是采取盗窃、爆炸等手段破坏船只、汽车等交通工具，一般容易导致船只、汽车等交通工具的倾覆或者毁坏，且多是秘密实施的。

（2）犯罪对象不同。劫持船只、汽车罪的犯罪对象仅限于船只、汽车；破坏交通工具罪的犯罪对象则不限于船只、汽车，还包括火车、航空器等。

（3）犯罪主观方面不同。劫持船只、汽车罪的行为人也可能对船只、汽车进行破坏，但其犯罪目的不是使船只、汽车发生倾覆或毁坏危险，而是为了劫夺和控制船只、汽车；破坏交通工具罪的行为人是通过破坏船只、汽车等交通工具而使船只、汽车等交通工具倾覆或毁坏。

3. 本罪与抢劫罪的界限

两罪的主体都为一般主体，主观方面都是出于故意，客观方面都可表现为暴力、胁迫或者其他方法，但两者还是具有以下本质区别：

（1）主观目的完全不同。本罪的行为意在控制船只、汽车按自己的意图行驶；而抢劫罪的目的在于非法占有财物。

（2）所侵犯的客体不同，本罪所侵害的客体为公共安全，包括交通运输安全和不特定乘客的生命健康安全；而抢劫罪的客体则是公私财物的所有权和特定公民的人身健康权利。

（3）所侵犯的对象不同。本罪的对象仅限于船只和汽车，而抢劫罪的对象则包括船只、汽车在内的一切有形的动产，对象比本罪广泛得多。

（4）客观方面表现不完全相同。本罪由于意在控制船只、汽车，一旦达到其目的，往往会离船、离车而去，或者将所劫船只、汽车予以毁坏；而抢劫罪由于意在占有所劫之物，通常会在一段时间内继续使用或出卖所劫船只、汽车。如果行为人出于非法占有的目的，劫取正在使用中的船只、汽车，其行为同时触犯本罪（抢劫罪），但无须数罪并罚。如果查不清行为人的具体目的，则可以本罪论处。

8

Case Study

郝林喜、黄国祥破坏公用电信设施案

破坏公用电信设施

■ 研读指导

1. 破坏公用电信设施罪的构成要件为何?
2. 对于非法使用"伪基站"设备干扰公用电信网络信号的行为应如何定罪量刑?
3. 对本案被告应当如何定罪量刑?

■ 相关法条

《中华人民共和国刑法》第二十五条【共同犯罪】、第二十六条【主犯】、第二十七条【从犯】、第六十七条【自首】、第一百二十四条【破坏广播电视设施、公用电信设施罪】

■ 近似案例

汤某某破坏广播电视设施、公用电信设施案[(2014)虹刑初字第1166号]

郝某某等破坏公用电信设施案[(2014)静刑初字第162号]

■ 案情介绍

被告人郝林喜,男,1982年5月1日出生,个体经营户。2013年11月15日因涉嫌犯破坏公用电信设施罪被逮捕。

被告人黄国祥,男,1972年1月29日出生,无业。2013年11月15日因涉嫌犯破坏公用电信设施罪被逮捕。

上海市静安区人民检察院以被告人郝林喜、黄国祥犯破坏公用电信设施罪，向静安区人民法院提起公诉。

被告人郝林喜、黄国祥对被指控的犯罪事实均无异议。郝林喜、黄国祥的辩护人均提出，两名被告人的目的是为特卖会做广告宣传，无破坏公用电信设施的故意，其行为仅在有限的时空范围内对部分移动电话使用者造成影响，并未对公用电信设施造成破坏；两名被告人曾因违法使用“伪基站”被行政机关处罚，仍继续使用，其行为构成扰乱无线电通信管理秩序罪。

上海市静安区人民法院经公开审理查明：被告人郝林喜系推销人员，案发前购买了两套“伪基站”设备用于广告宣传。2013 年 9 月 9 日至 11 日，郝林喜租赁上海市喜来登太平洋大饭店场地，举办皮鞋、箱包特卖会。为提高销量，郝林喜雇用其亲戚被告人黄国祥驾车携带一套“伪基站”设备，为特卖会做广告宣传。该设备占用中国移动上海公司 GSM 公众数字蜂窝移动通信网的频率，并发射无线电信号，截断一定范围内移动电话的正常通信联系。9 月 11 日，上海市无线电管理局的工作人员当场对黄国祥进行查处，没收了“伪基站”相关设备。同年 10 月初，郝林喜租赁上海市西藏大厦万怡酒店、京辰大酒店场地，举办皮鞋、箱包特卖会，继续雇用黄国祥使用上述方法做广告宣传。经中国移动上海公司测算，10 月 10 日和 11 日因郝林喜、黄国祥使用“伪基站”设备，导致周边用户通信中断约 14 万人次。

上海市静安区人民法院认为，被告人郝林喜、黄国祥破坏公用电信设施，危害公共安全，其行为均构成破坏公用电信设施罪。在共同犯罪中，郝林喜提起犯意，纠集黄国祥作案，系主犯；黄国祥系从犯，依法应当减轻处罚。郝林喜、黄国祥能够如实供述罪行，依法可以从轻处罚。据此，依照《刑法》第一百二十四条第一款，第二十五条第一款，第二十六条第一款、第四款，第二十七条，第六十七条第三款之规定，上海市静安区人民法院于 2014 年 4 月 25 日判决如下：(1)被告人郝林喜犯破坏公用电信设施罪，判处有期徒刑 3 年。(2)被告人黄国祥犯破坏公用电信设施罪，判处有期徒刑 1 年 6 个月。

宣判后，被告人郝林喜、黄国祥未提出上诉，检察机关亦未抗诉，该判决已发生法律效力。

■ 案例评析

□ 重点示意图

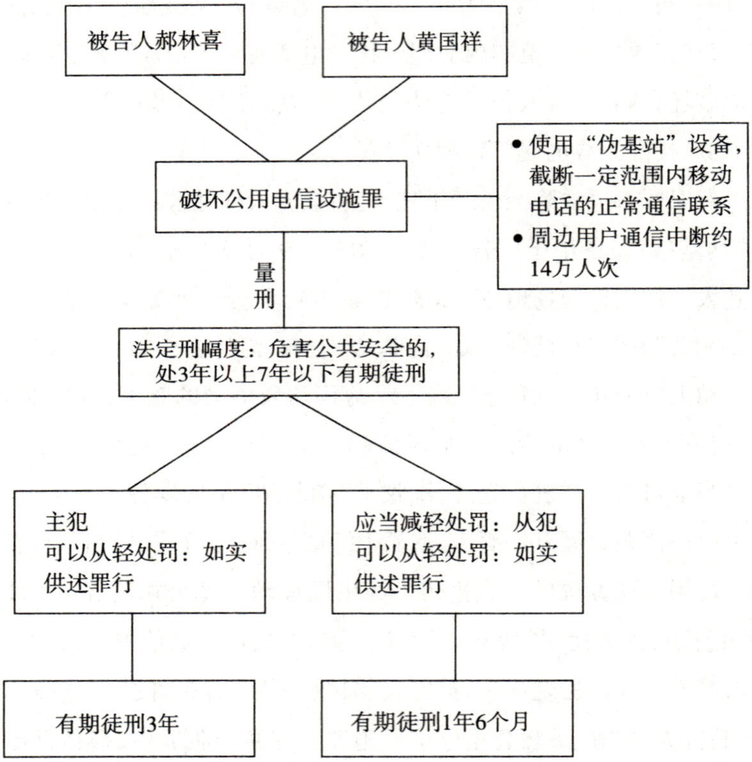

□ 疑难点释析

“伪基站”，是指由发射器、电脑、天线、测频手机等组成的未取得电信进网许可和无线电发射设备型号核准的非法无线电通信设备。它能够搜取以其为中心一定半径范围内的手机卡信息，并任意冒用他人手机号码，甚至是冒用银行、通信运营商等官方号码强行向手机用户发送短信，使用过程中会非法占用公众移动通信频率，局部阻断公众移动通信网络信号，同时窃取公众手机号码及 IMSI 号码。

为有效遏制非法利用“伪基站”设备实施违法犯罪活动的蔓延，2014 年 3 月 14 日，最高人民法院、最高人民检察院、公安部、国家安全部联合出台了《关于依法办理非法生产销售使用“伪基站”设备案件的意见》（本文以下简称《“伪基站”意见》），加大了对“伪基站”违法犯罪的打击力度。由于此类案件的作案手段、危害后果与常见的破坏公用电信设施犯罪既有共性，又有一些差异，因此在本案审理过程中对使用“伪基站”发送无线电信号，干扰通信秩序的行为如何定罪量刑，存在不同认识。具体分析如下：

1. 非法使用“伪基站”设备干扰公用电信网络信号，危害公共安全的，构成破坏公用电信设施罪。

关于本案的定性，主要有两种意见：一种意见认为，被告人郝林喜、黄国祥的行为构成破坏公用电信设施罪；另一种意见认为，郝林喜、黄国祥不具有破坏公用电信设施的故意，也未对公用电信设施造成破坏，构成扰乱无线电通信管理秩序罪。我们同意前一种意见。理由如下：

（1）郝林喜、黄国祥对非法使用“伪基站”可能对周围手机用户造成影响是明知的。郝林喜供述：“发送短信的时候，是会对手机用户有影响的，正常的手机用户是使用移动公司的网络，我们发送短信时是占用了移动的频点，这样用户只能收到我们发出的短信。我们这样做是不合法的。无线电管理局还没收了我们的设施。但是我们抱有侥幸心理，其他就没多考虑。”黄国祥供述：“我们使用发射器是占用了移动公司的频点，是会影响到其他手机用户的正常通信，具体影响到什么程度我不知道。”从二被告人的供述可以看出，二人明知使用“伪基站”发送促销短信是违法的，也明知该行为会破坏正常的通信秩序，导致用户脱网，其对破坏公用电信设施持一种无所谓、不管不顾的放任心态，系间接故意。（2）郝林喜、黄国祥的行为造成了较为严重的危害后果，足以危及公共安全。根据最高人民法院《关于审理破坏公用电信设施刑事案件具体应用法律若干问题的解释》第一条的规定，采用截断通信线路、损毁通信设备或者删除、修改、增加电信网计算机信息系统中存储、处理或者传输的数据和应用程序等手段，故意破坏正在使用的公用电信设施，造成 1 万以上用户通信中断不满 1 小时的，属于《刑法》第一百二十四条规定的“危害公共安全”，以破坏公用电信设施罪定罪处罚。据统计，本案中仅两天时间内，二被告人使用“伪基站”发送促销短信就造成周边用户通信中断达 14 万人次，已达到司法解释规定的“危害公共安全”的认定标准。因此，郝林喜、黄国祥的行为完全符合破坏公用电信设施罪的构成要件。

从罪数形态上看，郝林喜、黄国祥为特卖会做广告宣传，向不特定的公众发布短信广告，不仅干扰了无线电通信的正常秩序，还破坏了公用电信设施，危害公共安全，构成破坏公用电信设施罪与扰乱无线电通讯管理秩序罪的想象竞合犯。根据想象竞合犯重法优于轻法的处断原则，对郝林喜、黄国祥的行为应当以破坏公用电信设施罪定罪处罚。对此问题，《“伪基站”意见》作了明确规定：“非法使用‘伪基站’设备干扰公用电信网络信号，危害公共安全的，依照《刑法》第一百二十四条第一款的规定，以破坏公用电信设施罪追究刑事责任：同时构成……扰乱无线电通讯管理秩序罪的，依照处罚较重的规定追究刑事责任。”破坏公用电信设施罪的法定刑明显重于扰乱无线电通信管理秩序罪，因此只要行为人非法使用“伪基站”的行为达到破坏公用电信设施罪的定罪标准，就应当依照破坏公用电信设施罪追究刑事责任。同时值得注意的是，破坏公用电信设施罪作为危害公共安全的犯罪，对危害结果有量的要求，如果受垃圾短信影响的人数、通话中断时间达不到司法解释规定的数量标准，则不构成破坏公用电信设施罪，符合扰乱无线电通信管理秩序罪的构成要件，可以扰乱无线电通信管理秩序罪追究刑事责任。

2. 对使用“伪基站”设备构成犯罪的，量刑时要综合考虑犯罪动机、作案手段、危害结果等各方面情节

非法使用“伪基站”设备干扰公用电信网络信号的行为属于新类型犯罪，涉及地域广、危害性大、危害国家通信安全、影响人民群众日常生活。但对此类犯罪量刑时，要根据案件的具体情况，切实贯彻执行宽严相济的刑事政策。如《“伪基站”意见》规定：“对犯罪嫌疑人、被告人的处理，应当结合其主观恶性大小、行为危害程度以及在案件中所起的作用等因素，切实做到区别对待。”本案系上海市首例判决的涉“伪基站”犯罪案件。被告人郝林喜、黄国祥为销售商品向公众发送促销短信，这与因蓄意报复社会毁损公用电信设施，利用短信宣传邪教等反动内容，或者为实施诈骗、间谍、恐怖犯罪群发短信的行为有明显区别，主观恶性相对较小。从客观上看，郝林喜、黄国祥实施的行为虽然波及面广，受影响的手机用户众多，但尚未造成人身伤亡、重大财产损失、引发突发事件等严重后果，在量刑时对此亦应予以考虑。一审法院综合考虑本案的具体情况，对郝林喜从轻判处有期徒刑 3 年，认

定黄国祥系从犯，减轻处罚判处其有期徒刑一年六个月是适当的。

■ 知识点梳理

2005年1月11日最高人民法院《关于审理破坏公用电信设施刑事案件具体应用法律若干问题的解释》正式生效，这标志着信息产业部从法律方面解决电信互联互通问题走出了实质性的一步。该司法解释对《刑法》中的破坏公用电信设施罪作出扩充解释。破坏公用电信设施罪是指故意破坏正在使用中的公用电信设施，危害公共安全的行为。这是一种以公用电信设施为特定破坏对象的危害公共安全罪。

该罪所侵犯的客体是通信方面的公共安全。犯罪对象是正在使用中的公用电信通信设施，包括公用电信交换设施、通信线路如架空线路、埋设线路、无线通信网、移动通信基站，以及电信网计算机信息系统中存储、处理或者传输的数据和应用程序等。应该明确指出，本罪的犯罪对象是正在使用中的公用电信通信设施，且侵犯的客体是公共安全。

该罪在客观方面表现为破坏公用电信设施，足以危害公共安全的行为。破坏方法多种多样，如拆卸或毁坏公用电信设施重要部件，砸毁电信设备，偷割、截断电（光）缆，毁坏杆路、管道（孔），故意违反电信服务规范使通信无法正常进行，或者删除、修改、增加电信网计算机信息系统中存储、处理或者传输的数据和应用程序等。构成本罪，要求在客观上实施破坏公用电信设施的行为，并足以危害公共安全，无论是否造成严重后果，均可成立。这里的“危害公共安全”一般指通信设施因遭受破坏失去原有功能，以致造成公共电信不能正常进行。已经造成或可能造成不特定多数的单位和个人无法正常进行语音或数据通信活动的，或由此可能引起其他严重后果的，均应构成本罪。

本罪主体既有一般主体，又有特殊主体。也就是说，既可以是普通公民，也可以是专门从事电信通信业务的人员。凡已满16周岁，具有辨认控制能力的人，均能成为本罪的主体。应该指出的是，这里的犯罪主体应当是指自然人，不包括单位。如果某人虽没有直接参加破坏电信网间互联的行为，但组织、领导或教唆他人实行了犯罪，仍将以共同犯罪论处。如果行为人在共同犯罪中起组织、领导作用，将作为共同犯罪中的主犯定罪量刑,按照其所参与的或组织、指挥的全部犯罪处罚。

上述司法解释中规定的构成破坏公用电信设施罪,在主观方面表现为故意,包括直接故意和间接故意。实施本罪的动机可以是多种多样,但破坏网间互联的动机基本上是出于不正当竞争。犯罪动机如何均不影响本罪的成立。

9 Case Study

周某某违规制造、销售枪支案

违规制造枪支

■ 研读指导

1. 非法制造、买卖枪支罪的构成要件为何？
2. 有杀伤力的仿真枪是否能够被认定为枪支罪中的枪支？

■ 相关法条

《中华人民共和国刑法》第六十一条【量刑根据】、第六十五条【一般累犯】、第一百二十五条【非法制造、买卖运输、邮寄、储存枪支、弹药、爆炸物罪】

《中华人民共和国刑事诉讼法》（2012年修正版）第二百二十五条[1]【二审对一审判决的处理】、第二百三十三条[2]【二审效力】

■ 近似案例

林某某违规制造、销售枪支案［（2014）济中区刑初字第54号］

张跃生、王喜和违规制造、销售枪支案［（2017）吉0702刑初33号］

梁昌坤违规制造、销售枪支案［（2013）澄刑初字第328号］

---

〔1〕 本条对应《中华人民共和国刑事诉讼法》（2018年修正版）第二百三十六条。

〔2〕 本条对应《中华人民共和国刑事诉讼法》（2018年修正版）第二百四十四条。

■ 案情介绍

原公诉机关河北省唐山市路南区人民检察院。

上诉人(原审被告人)周某某。因涉嫌犯违规制造、销售枪支罪,2015 年 11 月 26 日被唐山市公安局路南区分局刑事拘留,因涉嫌犯非法邮寄枪支罪,2015 年 12 月 10 日被逮捕。

辩护人杨洪宝,河北杰大律师事务所律师。

河北省唐山市路南区人民法院审理唐山市路南区人民检察院指控原审被告人周某某犯非法邮寄枪支罪一案,于 2016 年 6 月 21 日作出(2016)冀 0202 刑初 74 号刑事判决。宣判后,原审被告人周某某不服,提出上诉。唐山市中级人民法院受理后,依法组成合议庭审理了该案。现已审理终结。

河北省唐山市路南区人民法院认定,2015 年 10 月 6 日,被告人周某某化名刘军在其居住的唐山市路南区仁泰里小区 806 楼 2 单元 703 号向唐山园诚速递有限公司快递员交付三个各装有一只仿真枪的包裹,当晚在速递公司安检时被发现报案。经鉴定,被告人周某某所邮寄的仿真枪属于以气体为发射动力的枪支,能够正常击发,具有杀伤力。

另查明,被告人周某某在网上购买了一把秃鹰气枪、一只弩和一个瞄准镜、一个快排打气筒(用于组成气枪),经鉴定,该气枪属于仿真枪。

上述事实,被告人周某某在开庭审理过程中并无异议,并有经过庭审质证认证的下列证据证实:

(1)案件来源、到案经过证实了本案的发生和被告人周某某被抓获的情况。

(2)证人陈某证言:其是唐山市园诚速递福乐园分部的快递员,园诚速递为加盟圆通公司的分部,使用圆通快递单进行业务往来,其平时主要负责仁泰里小区的快递收送。2015 年 10 月 6 日,有个叫刘军的人打电话叫其去仁泰里小区 806 楼 2 单元 703 号收快件,中午一点多收的快件。后来发现刘军发的三个快件在总公司安检时没通过,其中一个快件的收件人是鞍山市千山区汤岗子镇泉东一街 7 号 65751 部队刘某,发货号是 V00114983176;另一个收件人是台州市三门镇溪小伟,发货号是 V00114462273;还有一个收件人是邢台市清河区张某,发货号是

500183388712。

证人张某证言:其在 2015 年 10 月 4 日 20 时 37 分在网上购买过一只气手枪,花了 1700 元,通过支付宝给对方付款。当时对方告诉其邮件号是 500183388712,但邮件一直没有收到。

证人刘某证言:2015 年 10 月初的一天(具体时间记不清了)其在网上通过微信购买手枪模型,微信支付了 2000 元,邮寄地址是鞍山市千山区汤岗子镇泉东一街 7 号 65751 部队刘某,但邮件一直没有收到。

(3)被告人周某某供述:大概在 2015 年 10 月(具体时间记不清了)用黑电话卡和想买枪的人联系,550 元一支枪。收到对方的钱后,联系快递员到其住所唐山市路南区仁泰里小区 806 楼 2 单元 703 号取货后发出。记得最近发的三个地址是辽宁省、浙江省和河北邢台,具体地址和收货人姓名记不清了。当时是其亲笔填写的圆通快递单,留的名字是刘军、是假名,留的电话是黑电话卡号码。其所发的枪都是跟一个人联系的,他让其发往不同的地址。经其辨认,唐山园诚速递公司安检发现的三票疑似枪支的快件是其用圆通快递单邮寄的三把手枪。其还在网上购买了一把秃鹰气枪、一只弩和一个瞄准镜、一个快排打气筒(用于组成气枪)。

(4)唐山市公安局物证鉴定所枪支及检验报告和唐山市国家安全局、唐山市公安局路南区分局移交、扣押清单载明:唐山市国家安全局移交至唐山市公安局路南区分局的唐山市路南区仁泰里小区 806 楼 2 单元 703 号化名刘军邮寄的三只疑似枪支,经鉴定均属于枪支。唐山市公安局路南区分局从周某某家中查获的一把气枪经鉴定属于仿真枪。

(5)唐山园诚速递有限公司情况说明:唐山园诚速递有限公司于 2015 年 3 月加盟圆通速递有限公司并使用圆通快递单收寄快件。2015 年 10 月 6 日,公司在安检时发现三票(票号 V00114983176、V00114462273、500183388712)快件内物品疑似枪支后报警。

(6)户籍证明载明,被告人周某某。

河北省唐山市路南区人民法院认为,被告人周某某非法邮寄枪支,其行为已构成非法邮寄枪支罪,应予处罚。唐山市路南区人民检察院指控被告人周某某犯非法邮寄枪支罪,事实及罪名成立。对于辩护人的被告人周某某非法邮寄枪支,属于实行终了的犯罪未遂的辩护意见,经查,被告人周某某用假名刘军在住所内亲笔填写圆通快递单,将三支枪包装好后交付园诚速递公司邮寄,其行为已构成非法邮寄枪支罪的犯罪既遂,故其辩护意见不予采纳;辩护人提出的被告人周某某认罪态度较好、可依法从轻处罚的辩护意见,经查有理据,予以采纳。依据《刑法》第一百二十五条第一款、第六十一条、第六十四之规定,认定被告人周某某犯非法邮寄枪支罪,判处有期徒刑 3 年 6 个月,违法物品予以没收。

宣判后,原审被告人周某某以其行为属于犯罪未遂,其犯罪情节较轻,主观恶性相对较小,请求法院从轻判处为主要理由提出上诉,其辩护人提出与上诉理由基本相同的辩护意见。

经二审审理查明的事实与原审判决认定的事实相同,且有上诉人周某某的供述,案件来源,到案经过,证人陈某、张某、刘某的证人证言,物证鉴定所枪支及检验报告和唐山市国家安全局、唐山市公安局路南区分局移交、扣押清单,唐山园诚速递有限公司情况说明,户籍证明等证据证实。

唐山市中级人民法院认为,河北省唐山市路南区人民法院认定上诉人周某某犯非法邮寄枪支罪的事实清楚,证据确实、充分,适用法律正确,量刑适当,审判程序合法。关于上诉人周某某及其辩护人所提其行为属于犯罪未遂的上诉理由及辩护意见,经查,上诉人周某某利用假名刘军在其住所内亲笔填写圆通快递单,将三支枪包装好后交付园诚速递公司邮寄,其行为已经构成非法邮寄枪支罪的犯罪既遂;关于上诉人周某某及其辩护人所提其犯罪情节较轻,主观恶性相对较小,请求法院从轻判处的上诉理由及辩护意见,经查,涉枪犯罪属危害公共安全犯罪,社会危害性较大,原审法院根据上诉人周某某的犯罪事实、性质、情节及社会危害性,依法在法定刑幅度内对其进行判处,量刑并无不当,故上诉人周某某及其辩护人所提上诉理由及辩护意见,理据不足,不予支持。依照《刑事诉讼法》第二百二十五条第一款第(一)项、第二百三十三条之规定,裁定如下:驳回上诉人周某某的上诉,维持原判。

本裁定为终审裁定。

■ 案例评析

□ 重点示意图

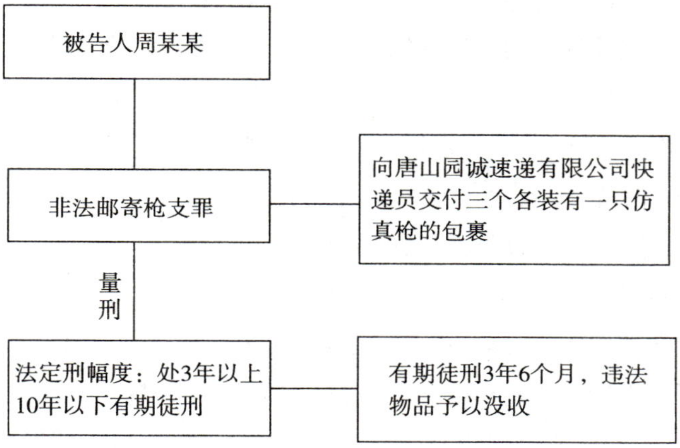

□ 疑难点释析

本案中被告人周某某通过快递公司寄送装有仿真枪的包裹，后被快递公司在安检时发现并报案。经鉴定，邮寄的仿真枪属于以气体为发射动力的枪支，能够正常击发，具有杀伤力。

本案的争议焦点主要有两个：(1)仿真枪是否属于《刑法》第一百二十五条中的"枪支"，这是影响本案罪与非罪的关键所在；(2)本案被告人的行为是否构成犯罪既遂。

1. 案涉仿真枪是否属于《刑法》第一百二十五条中的"枪支"

《刑法》第一百二十五条规定了非法制造、买卖、运输、邮寄、储存枪支、弹药、爆炸物罪，第一百二十八条规定了非法持有、私藏枪支、弹药罪，第一百五十一条规定了走私武器、弹药罪。为依法严惩涉枪涉爆犯罪，最高人民法院于 2001 年制定了《关于审理非法制造、买卖、运输枪支、弹药、爆炸物等刑事案件具体应用法律若干问题的解释》(以下简称《涉枪解释》)，并于 2009 年修改后重新公布。2014 年，最高人民法院又会同最高人民检察院制定了《关于办理走私刑事案件适用法律若干问题的解释》(以下简称《走私解释》),对走私武器、弹药罪的定罪量刑标准作了规定。由于涉枪犯罪危害公共安全,社会危害性大,相关司法解释设置了较低的入罪门槛和升档量刑标准,以彰显严厉惩治此类犯罪的立场。例如,根据司法解释的规定,非法制造、买卖、运输、邮寄、储存、持有、私藏军用枪支一支以上的,或者非法制造、买卖、运输、邮寄、储存、持有、私藏以火药为动力发射枪弹的非军用枪支一支以上或者以压缩气体等为动力的其他非军用枪支二支以上的,即构成犯罪;枪支数量达到上述标准五倍或者三倍以上的,要升档量刑,其中如认定为非法制造、买卖、运输、邮寄、储存枪支罪的,可以判处十年以上有期徒刑直至死刑。应当指出的是,上述司法解释的发布施行,对于有效惩治涉枪犯罪,保障人民群众的生命财产安全,确保国家安全和社会大局稳定发挥了重要作用。

《枪支管理法》第四十六条对"枪支"作了定义性规定,明确"本法所称枪支,是指以火药或者压缩气体等为动力,利用管状器具发射金属弹丸或者其他物质,足以致人伤亡或者丧失知觉的各种枪支"。同时,该法第四条规定,枪支管理工作由公安机关主管。由于《枪支管理法》只是明确了枪支的性能特征,所以实践中办理相关案件时,一直按照有关部门制定的枪支鉴定标准认定是否属于枪支。《涉枪解释》是与公安部发布的《公安机关涉案枪支弹药性能鉴定工作规定》(公通字〔2001〕68 号)确立的射击干燥松木板的枪支鉴定标准相衔接的。据了解,射击干燥松木板标准对应的枪口比动能在 16 焦耳/平方厘米左右。从多年的实践来看,按照射击干燥松木板标准和《涉枪解释》处理相关案件,未引发问题和争议。基于严控枪支的需要,加之射击干燥松木板标准本身存在缺陷,公安部于 2007 年发布了《枪支致伤力的法庭科学鉴定判据》(GA/T 718—2007,该标准为推荐标准),将枪支认定标准修改为枪口比动能 1.8 焦耳/平方厘米。2010 年《公安机关涉案枪支弹药性能鉴定工作规定》(公通字〔2010〕67 号)明确,对不能发射制式弹药的非制式枪支,"枪口比动能大于等于 1.8 焦耳/平方厘米时,一律认定为枪支"。

本案中,唐山市公安局对案涉疑似枪支进行了鉴定,并提交了相应的检验报告,确认被告人邮寄的三只疑似枪支均属于枪支,从其家中查获的一把气枪经鉴定属于仿真枪。

需要注意的是,在枪支鉴定标准作出上述调整后,近年来,涉枪案件呈现出多样性、复杂性的特点。特别是一些涉以压缩气体为动力且枪口比动能较低的枪支的案件，涉案枪支的致伤力较低，在决定是否追究刑事责任以及裁量刑罚时唯枪支数量论，恐会背离一般公众的认知，也违背罪责刑相适应原则的要求。司法实践中，个别案件的处理引发了社会各界广泛关注，法律效果和社会效果不佳。

因此，在2018年3月，最高人民法院、最高人民检察院联合发布了《关于涉以压缩气体为动力的枪支、气枪铅弹刑事案件定罪量刑问题的批复》(法释〔2018〕8号，以下简称《批复》)，《批复》仅有两个条文，一条针对枪支，另一条针对气枪铅弹；共涉及三个罪名：非法制造、买卖、运输、邮寄、储存枪支、弹药罪，非法持有、私藏枪支、弹药罪，走私武器、弹药罪。

考虑到不同类型枪支的致伤力存在重大差异，《批复》对以压缩气体为动力且枪口比动能较低的枪支实行“差别化的定罪量刑标准”，要求“坚持主客观相统一，实现罪责刑相适应”。具体来说，除了考虑涉案枪支数量外，还得“充分考虑”两个层面因素：(1)涉案枪支的外观、材质、发射物、购买场所和渠道、价格、用途、致伤力大小、是否易于通过改制提升致伤力；(2)行为人的主观认知、动机目的、一贯表现、违法所得、是否规避调查等情节，以及社会危害性的综合评估主要考虑了“坚持严控枪支与妥善处理案件并重”。

2. 周某某的行为是否构成犯罪既遂

需要注意的是，本罪是行为犯，即被告人只要实施了本罪制造、买卖、运输、邮寄的行为，即构成犯罪。本案中，周某某利用假名刘军在其住所内亲笔填写圆通快递单，将三支枪包装好后交付园诚速递公司邮寄，其行为已经构成非法邮寄枪支罪的犯罪既遂。同时，基于我国对枪支的严管严控政策，涉枪犯罪属危害公共安全犯罪，社会危害性较大，法院对周某某的判罚并无不当。

■ 知识点梳理

《刑法》第一百二十五条非法制造、买卖、运输、邮寄、储存枪支、弹药、爆炸物罪、非法制造、买卖、运输、储存危险物质罪是一个选择性罪名。本罪涉及的行为方式多样，犯罪对象种类繁多，在学习、理解和运用上存在很多疑惑。具体而言：

(1)本罪侵犯的客体是公共安全，即不特定多数人的生命、健康和重大公私财产的安全。本罪是涉及危险对象的犯罪，但并不表现为对这种对象的破坏，也不具有放火、爆炸等罪一经实施即会同时造成多人死伤或公私财产广泛破坏的特点。将其归入危害公共安全罪中,就在于枪支、弹药、爆炸物这种危险物品,易被犯罪分子控制,有可能危及广大人民群众的生命安全、国家财产的安全,给社会治安留下极大隐患。我国政府非常重视对枪支、弹药和爆炸物的管理,1983 年颁布的《中华人民共和国民用爆炸物品管理条例》以及 1996 年颁布的《枪支管理法》等有关法规,对枪支、弹药、爆炸物实行国家管制,从而形成了对枪支、弹药、爆炸物的制造、买卖、运输、使用等完整的管理制度和体制。因此,本罪不仅违反了枪支、弹药、爆炸物的管理规定,而且由于枪支、弹药、爆炸物的巨大破坏性和杀伤力,还侵犯了公共安全。

犯罪对象包括枪支、弹药及爆炸物。这里的“枪支”指以火药、压缩气体等为动力,利用管状器具发射子弹、金属弹丸或者其他物质,足以致人伤亡、丧失知觉的各种枪支。不仅指整枪,也指枪支的主要零部件,包括各种军用枪支、公务用枪与民用枪支。具体包括手枪、步枪、冲锋枪、机枪等;民用狩猎用枪(膛线猎枪、散弹枪、火药枪等);体育射击运动用枪(小口径步枪、手枪、汽步枪、气手枪等),麻醉动物用的注射枪以及其他各种对人身具有较大杀伤力的土抢、砂枪、钢珠枪、电击枪、特种防暴枪等。“弹药”是指能为上述各种枪支使用的子弹、金属弹丸、催泪弹或其他物质。“爆炸物”指具有爆破性,一旦爆炸即对人身财产能造成较大杀伤力或破坏力的物品,包括军用的地雷、手雷、炸弹、爆破筒以及民用各类炸药,如硝基化合物类炸药、硝基胺类炸药、高能混合炸药等,雷管、如火雷管、瞬发电雷管等;继爆管;导火索;导爆索;非电导破装置,如非电导破管,各种非电雷管等;起爆药,如雷管、雷银等;岩石、混凝土爆破剂;黑色火药、烟火剂等。如果行为人非法制造、买卖、运输、邮寄、储存的不是上述枪支、弹药或爆炸物,而是其他诸如游艺运动气枪、制作影视戏剧用的道具枪以及烟花爆竹等娱乐性物品,则不宜以本罪论处。

(2)本罪客观方面表现为非法制造、买卖、运输、邮寄、储存枪支、弹药、爆炸物的行为。

“非法制造”指违反国家有关法规,未经有关部门批准,私自制造枪支、弹药、爆炸物的行为。“制造”包括制作、加工、组装、改装、拼装、修理等具体方式,无论采取哪一种方式进行制造,也无论是否制造成功,抑或是自用还是出售,只要实施了制造的行为,即构成本罪。

“非法买卖”指违反法律规定，未经有关部门批准许可，私自购买或者出售枪支、弹药、爆炸物的行为。“买卖”包括以金钱货币作价的各种非法经营的交易行为，亦包括以物换取枪支、弹药、爆炸物的以物易物的交换行为，以及赊购等行为方式。无论其方式如何，只要属于买卖行为，即构成本罪。

“非法运输”指违反法律规定，未经批准许可，私自在国境内从一个地方运到另一个地方的行为。其既可以通过陆运、水运或空运，亦可以是随身携带，其方式的不同不影响行为的性质。

“非法邮寄”指违反法律规定，私自通过邮局邮寄枪支、弹药、爆炸物的行为。既可以成批邮寄，亦可以夹在其他邮寄的仿品中邮寄。无论方式如何，只要展于非法，即可构成本罪。

“非法储存”指违反国家有关规定，未经有关部门批准，私自收藏或存积枪支、弹药、爆炸物的行为。既可以藏在家中，又可以存在他处，如山洞中、他人家里等。不论地点如何，只要属于非法，就不影响本罪成立。

“非法”在本罪中是指违反有关法律规定，未经有关部门批准私自进行的有关行为。如果经过有关部门许可，但是由于行为人采用欺骗、贿赂等非法手段而得以批准的，此时尽管形式合法，其实质仍属非法，一经查获的，亦应当以本罪论处。

本罪属于选择性罪名。行为人只要实施非法制造、买卖、运输、邮寄、储存枪支、弹药、爆炸物行为之一的，即可构成犯罪，如果非法制造枪支、弹药、爆炸物以后，又自己运输和贩卖的，只构成非法制造、运输、买卖枪支、弹药、爆炸物罪一罪，不实行数罪并罚。

（3）本罪主体为一般主体，即达到法定刑事责任年龄、具有刑事责任能力的自然人都可以构成。根据本条第三款的规定，单位也可成为本罪主体。单位非法从事制造、买卖、运输、邮寄、储存枪支、弹药、爆炸物的活动，其主管人员和直接责任人员，应按本罪论处。

（4）本罪主观方面表现为故意，即明知是枪支、弹药、爆炸物而非法制造、买卖、运输、邮寄、储存。其动机则可能多种多样，有的为了营利，有的为了实施其他犯罪。不同的动机一般不影响定罪。

10 Case Study 王召成等非法买卖、储存危险物质案

非法买卖危险物质

■ 研读指导

1. 非法买卖、储存危险物质中的“危险物质”如何认定？氰化钠是否属于《刑法》第一百二十五条第二款规定的毒害性物质？
2. 买卖毒害性物质罪客观方面是否要求必须兼有买进和卖出行为？

■ 相关法条

《中华人民共和国刑法》第一百一十四条、第一百一十五条【放火罪、决水罪、投放危险物质罪、以危险方法危害公共安全罪】，第一百二十五条【非法制造、买卖、运输、邮寄、储存枪支、弹药、爆炸物罪，非法制造、买卖、运输、储存危险物质罪】，第一百二十七条【盗窃、抢夺枪支、弹药、爆炸物、危险物质罪】、第一百三十六条【危险物品肇事罪】，第二百九十一条之一【投放虚假危险物质罪】，第三百三十一条【传染病菌种、毒种扩散罪】

最高人民法院、最高人民检察院《关于办理非法制造、买卖、运输、储存毒鼠强等禁用剧毒化学品刑事案件具体应用法律若干问题的解释》第六条【毒鼠强等禁用剧毒化学品】

《剧毒化学品购买和公路运输许可证件管理办法》第二十条

最高人民法院《关于审理非法制造、买卖、运输枪支、弹药、爆炸物等刑事案件具体应用法律若干问题的解释》(2009年修正版)第九条

《危险化学品安全管理条例》(2013年修正版)第三十八条、第四十条、第四十二条、第七十五条

■ 近似案例

金某某等非法买卖危险物质案[(2011)绍越刑初字第205号]
陈春霞等非法买卖危险物质案[(2008)海南刑终字第20号]

■ 案情介绍

绍兴市越城区人民检察院认为,被告人王召成、金国淼、孙永法、钟伟东、周智明违反国家规定,非法买卖剧毒化学品氰化钠,危害公共安全,其行为均构成非法买卖危险物质罪,且系共同犯罪。越城区人民检察院遂以被告人王召成、金国淼、孙永法、钟伟东、周智明犯非法买卖危险物质罪,向越城区人民法院提起公诉。

王召成、金国淼、孙永法、钟伟东、周智明对起诉书指控的犯罪事实和罪名均无异议,王召成、钟伟东、周智明请求对其从轻处罚。王召成的辩护人对起诉指控的事实无异议,但认为王召成等人的行为不构成犯罪。

越城区人民法院经公开审理查明:王召成、金国淼因生产需要,在未依法取得剧毒化学品购买、使用许可的情况下,约定由王召成出面购买氰化钠。2006年10月至2007年年底,王召成先后3次以每桶人民币(以下币种均为人民币)1000元(每桶50,000克)的价格向倪荣华(另案处理)购买氰化钠约2吨,共计支付给倪荣华40,000元。2008年8月至2009年9月,王召成先后3次以每袋975元(每袋50,000克)的价格向李光明(另案处理)购买氰化钠约6吨,共计支付给李光明117,000元。王召成、金国淼将上述氰化钠储存于绍兴市南洋五金有限公司各自承包车间的带锁仓库内,用于电镀生产。其中,王召成占用总量的1/3,金国淼占用总量的2/3。2008年5月和2009年7月,被告人孙永法先后共用2000元向王召成分别购买氰化钠1桶和1袋。2008年七八月间,被告人钟伟东以每袋1000元的价格向王召成购买氰化钠5袋。2009年9月,被告人周智明以每袋1000元的价格向王召成购买氰化钠3袋。孙永法、钟伟东、周智明购得氰化钠后,均储存于各自车间的带锁仓库或水槽内,用于电镀生产。

法院认为,被告人王召成、金国淼、孙永法、钟伟东、周智明在未取得剧毒化学品使用许可证的情况下，明知氰化钠是剧毒化学品，仍违反相关国家规定，非法买卖、储存氰化钠，危害公共安全，其行为均构成非法买卖、储存危险物质罪，且系共同犯罪。公诉机关仅以非法买卖危险物质罪指控有误，应予纠正。依照《中华人民共和国刑法》第一百二十五条第一款、第二款，第二十五条第一款，第六十七条第三款，第七十二条第一款之规定，越城区人民法院遂以被告人王召成犯非法买卖、储存危险物质罪，判处有期徒刑 3 年，缓刑 5 年；被告人金国森犯非法买卖、储存危险物质罪，判处有期徒刑 3 年，缓刑 4 年 6 个月；被告人钟伟东犯非法买卖、储存危险物质罪，判处有期徒刑 3 年，缓刑 4 年；被告人周智明犯非法买卖、储存危险物质罪，判处有期徒刑 3 年，缓刑 3 年 6 个月；被告人孙永法犯非法买卖、储存危险物质罪，判处有期徒刑 3 年，缓刑 3 年。

一审宣判以后，王召成等均未提出上诉，检察机关也未提出抗诉。

■ 案例评析

□ 重点示意图

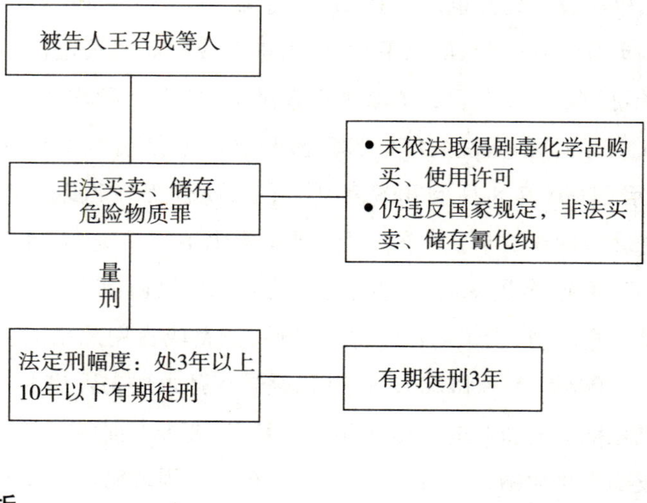

□ 疑难点释析

1. 涉案的氰化钠是否属于《刑法》第一百二十五条第二款规定的毒害性物质

氰化钠为白色结晶粉末，常用于冶炼金银等贵金属的溶剂，有剧毒，对环境污染严重。在本案审理过程中,有观点认为,氰化钠不属《刑法》第一百二十五条第二款规定的毒害性物质,本案五被告人的行为不构成犯罪。主要理由是:(1)根据最高人民法院、最高人民检察院《关于办理非法制造、买卖、运输、储存毒鼠强等禁用剧毒化学品刑事案件具体应用法律若干问题的解释》(以下简称《剧毒化学品司法解释》)的规定,“毒鼠强等禁用剧毒化学品”是指“国家明令禁止的毒鼠强、氟乙酰胺、氟乙酸钠、毒鼠硅、甘氟”。因此,《刑法》第一百二十五条第二款规定的“毒害性物质”应当是指国家明令禁止的有毒物质。氰化钠虽然属于国家剧毒化学品目录中的物品,但不属于国家明令禁止的化学品,在法律和司法解释没有明确的情况下,不宜将氰化钠认定为《刑法》第一百二十五条第二款规定的“毒害性物质”。(2)国务院制定的《危险化学品安全管理条例》和公安部印发的《剧毒化学品购买和公路运输许可证件管理办法》均明确规定,对无证买卖、运输、使用危险化学品的,进行行政处罚,构成犯罪的,一般按危险物品肇事罪或非法经营罪定罪处罚。本案被告人将购得的氰化钠全部用于生产,并未销售牟利,也未造成环境污染或破坏事故,且案发后,该公司已申领了危险化学品使用许可证。同时,根据最高人民检察院、公安部《关于公安机关管辖的刑事案件立案追诉标准的规定(一)》第一条的规定,本案被告人的行为均未达到立案追诉标准。(3)对本案被告人进行行政处罚足以达到惩罚效果,无须动用刑罚。

笔者认为,氰化钠属于《刑法》第一百二十五条第二款规定的毒害性物质。本案五被告人的行为构成非法买卖、储存危险物质罪。具体理由如下:

(1)刑法规定的“毒害性物质”不限于《剧毒化学品司法解释》规定的“毒鼠强、氟乙酰胺、氟乙酸钠、毒鼠硅、甘氟”五种物质。《剧毒化学品司法解释》明确了毒鼠强等五种禁用剧毒化学品系“毒害性物质”,但这并不意味着《刑法》第一百二十五条第二款中的毒害性物质仅限于《剧毒化学品司法解释》列举的五种禁用剧毒化学品。“毒害性物质”包括化学性毒害物质、生物性毒害物质、微生物类毒害物质。从司法背景分析,《剧毒化学品司法解释》仅确认毒鼠强等五种剧毒化学品为毒害性物质,有其特定的司法背景。当时,以非法买卖毒鼠强为代表的五种犯罪较为猖獗和典型。为更加有针对性地打击这五种犯罪,《剧毒化学品司法解释》将毒鼠强、氟乙酰胺、氟乙酸钠、毒鼠硅、甘氟五种物质明确为毒害性物质。但撇开这一司法背景,对毒害性物质的理解,不能完全等同于“国家明令禁止的物质”。有些物质，虽然国家没有明令禁止，但是，如果加以买卖，其毒害性足以危害公共安全，也应属于“毒害性物质”。在剧毒化学品目录中，还存在大量和“毒鼠强、氟乙酰胺、氟乙酸钠、甘氟”处于同一限制级别或高于该限制级别，毒害性更大的剧毒化学品。如果将《刑法》第一百二十五条第二款规定的毒害性物质仅限定在《剧毒化学品司法解释》列举的五种剧毒杀鼠剂，那么对买卖、运输在毒害性上、限制级别上高于或者等于五种杀鼠剂的剧毒化学品行为就难以通过刑法进行调整，这显然不符合立法原意。另外，我国禁止生产、流通、使用《斯德哥尔摩公约》要求禁止的21种有机污染物。如果从是否禁止生产、流通、使用的角度确定毒害性物质的范围，那么该国际公约要求禁止生产、流通、使用的21种有机污染物也当然属于毒害性物质。因此，从国家明令禁止这一角度认定涉案物品是否属于毒害性物质值得商榷。

(2)无论是从文义解释角度还是从体系解释角度分析，氰化钠都应当认定为毒害性物质。从文义角度解释，毒害性物质是指有严重毒害的物质。氰化钠属于剧毒物质，人只要与之一接触，马上就会死亡，可见其毒性极高。氰化钠系国家严格监督管理的剧毒化学品，易致人中毒或者死亡，对人体、环境具有相当大的毒害性和极度危险性，极易对环境和人的生命健康造成重大威胁。从体系角度解释，同一部刑法中的同一固定名词应当做统一理解。《刑法》第一百一十五条、第一百二十五条、第一百二十七条、第一百四十四条、第二百九十一条之一都使用了“毒害性物质”的表述。司法实践中，除了对第一百二十五条中的“毒害性物质”的理解存在争议外，对于其他条文中的“毒害性物质”应当包括剧毒化学品目录中的化学品并无争议。因此，从体系角度解释，《刑法》第一百二十五条中的“毒害性物质”包括氰化钠等剧毒化学品目录中的化学品。

(3)非法买卖、储存危险物质罪不以实际造成危害后果或严重事故为要件。本罪的客观方面要求必须“危害公共安全”，对“危害公共安全”的认定不以造成严重危害后果或者造成重大事故为要件，而只要具有足以造成公共安全的潜在危险即可。《剧毒化学品司法解释》在规定非法买卖“毒鼠强”的入罪标准时并未要求必须造成严重危害后果。这一规定也正好说明非法买卖、储存危险物质罪不以实际造成危害后果或严重事故为要件。本案被告人王召成等人购买、储存氰化钠虽然用于电镀生产，未造成严重环境污染或者其他事故，但其在不具备购买、储存氰化钠的资格和条件下，逃避有关主管部门的安全监督管理，违反国家规定买卖、储存大量剧毒化学品，已对人民群众的生命、健康和财产安全产生严重威胁，足以危及公共安全，因此王召成等人的行为构成非法买卖、储存危险物质罪。

2. 买卖毒害性物质是否必须兼有买进和卖出的行为

在本案审理过程中，有观点提出，刑法条文所指的“买卖”，应当兼有“买”和“卖”的行为，也即为自己使用而买进且没有卖出行为的，不构成买卖型犯罪。本案中只有被告人王召成构成买卖危险物质罪，其余被告人因只有买的行为而不构成买卖危险物质罪。具体理由如下：

（1）单一的买进行为不符合“买卖”的本质特征。根据现代汉语词典的解释，“买卖”是指“生意”，其本质特征是一种买进再卖出的商业经营活动。

目前尚无立法和司法解释明确规定单一的买进行为构成买卖型犯罪。刑法在其他条文中规定销售、收购……罪，出售、购买……罪等，而却未对单一的买进行为规定买卖……罪，即表明单一的买进行为不构成买卖型犯罪。

（2）如单一的买进行为构成买卖型犯罪，则会导致罪刑失衡。如《刑法》第三百五十二条规定的非法买卖毒品原植物种子、幼苗罪，第三百七十五条第一款规定买卖武装部队公文、证件、印章罪等，出卖人的主观恶性、造成的社会危害都要大于购买人。将无出卖意图的单一的买进行为认定为买卖，并与出卖行为适用相同的罪名及法定刑，显然违背罪责刑相适应原则。

（3）从政策上考虑，如对购买人追究刑事责任，则会造成打击面过大，不符合刑法的谦抑精神。在购买人数众多的案件中，追究购买人的刑事责任，还可能会激发社会不稳定因素，造成不好的社会效果。

笔者认为，买卖危险物质罪的成立，只要有买的行为或者卖的行为即可，无须兼有“买”和“卖”的行为。本案中，五被告人的行为均构成买卖危险物质罪。具体理由如下：

第一，买卖毒害性等危险物质的社会危害，主要是体现在买进或者卖出危险物质对公共安全构成的危险。对该类行为是否定罪，关键在于行为是否足以危及公共安全，而不在于毒害性物质买进后行为人有否卖出意图或者卖出行为。

第二，“买卖”既可以是名词，表示买进再卖出的商业经营活动，又可以是并列表示“买”和“卖”两个行为的动词，表示单一的买进或者卖出行为，这一点与“毒害性物质”等固定名词的用法不同。因立法背景、立法技术等多方面的原因,“买卖”在具体罪名中的含义可能存在一定的区别,对其理解不能过于绝对化。如诱使投资者买卖证券、期货合约罪中的“买卖”,其含义包括投资者单一的买进行为或者卖出行为,而不要求必须是买进再卖出的经营活动。因此,对刑法中“买卖”一词的理解不应囿于兼具买进和卖出的行为。

第三,买进或者卖出氰化钠等危险物质的过程中,都可能发生严重的环境污染事件或者人身伤亡后果,如果水源受到污染,甚至会诱发大面积的人民群众中毒伤亡后果。特别是在缺乏相关资质、管理经验或者防范措施的情况下,如果遇到台风、暴雨等意外天气或者在运输途中发生交通事故,则这种危害公共安全的可能性会大大增加。因此,单一的买进或者卖出行为均可能危害公共安全,符合非法买卖危险物质罪的客体特征。

3. 本案被告人非法买卖、储存氰化钠的行为情节轻重的认定

本案案发后,五被告人均具有认罪、悔罪表现,对五被告人可酌情从轻处罚。值得提出的是,被告人王召成、金国森非法买卖、储存危险物质的数量特别巨大,单纯从数量角度评价,属于情节严重,应当处10年以上有期徒刑。然而,王召成、金国森购买氰化钠的目的系用于生产活动,在生产过程中也没有造成严重环境污染事故,综合各种情节,王召成、金国森非法买卖、储存氰化钠的行为宜在3年以上10年以下这一量刑幅度内量刑。

综上所述,绍兴市越城区人民法院认定本案构成非法买卖、储存危险物质罪,定罪准确,量刑适当。

■ 知识点梳理

2001年12月29日第九届全国人民代表大会常务委员会第二十五次会议通过的《刑法修正案(三)》第五条将《刑法》第一百二十五条第二款修改为:“非法制造、买卖、运输、储存毒害性、放射性、传染病病原体等物质,危害公共安全的,依照前款的规定处罚。”增设了非法制造、运输、储存、买卖危险物质罪。根据本规定,非法制造、买卖、运输、储存危险物质罪,是指未经国家有关部门批准,非法制造、买卖、运输、储存毒害性、放射性、传染病病原体物质,危害公共安全的行为。

1. 罪与非罪

虽然非法制造、买卖、运输、储存危险物质没有情节严重才构成犯罪的规定,但是,并非一经实施了非法买卖、运输、储存危险物质的行为,就无例外地构成犯罪,对于情节显著轻微的非法买卖、运输、储存危险物质的行为,不宜按犯罪论处。应当指出的是,本条规定的"非法制造、买卖、运输、储存毒害性、放射性、传染病病原体等物质"的主体是依照国家规定不具备制造、买卖、运输、储存上述物质资格的自然人或者单位。区分罪与非罪的界限是看其行为是否危害公共安全。考虑到有的毒害性物质范围很广,如日常生活中民间使用相当广泛的老鼠药等,不具备制造资格的自然人或者单位少量制造用以灭鼠虽属非法,但也不一定危害公共安全。因此,不一定要定罪处罚,可适用《刑法》第十三条的规定,以情节显著轻微危害不大,不认为是犯罪处理。

2. 非法制造、买卖、运输、储存危险物质罪与危险物品肇事罪、传染病菌种、毒种扩散罪的区分

非法制造、买卖、运输、储存毒害性、放射性、传染病病原体等物质罪与危险物品肇事罪、传染病菌种、毒种扩散罪等的主要区别在于犯罪主观方面不同。非法制造、买卖、运输、储存毒害性、放射性、传染病病原体等物质罪的主体是依照国家规定不具备制造、买卖、运输、储存上述物质资格的自然人或者单位,主观上表现为故意犯罪。危险物品肇事罪、传染病菌种、毒种扩散罪的主体是依照国家规定取得制造、买卖、运输、储存毒害性、放射性、传染病病原体等物质资格的人或单位,主观上表现为过失犯罪。如医疗、科研教学和生产厂家,如果在生产、储存、运输、使用中违反管理规定,发生重大事故造成严重后果,不构成非法制造、买卖、运输、储存毒害性、放射性、传染病病原体等物质罪,而应依照《刑法》第一百三十六条危险物品肇事罪、第三百三十一条传染病菌种、毒种扩散罪追究刑事责任。

3. 非法制造、买卖、运输、储存危险物质罪与走私毒害性、放射性、传染病病原体等物质罪的界限

走私毒害性、放射性、传染病病原体等物质罪是指违反海关法规,逃避海关监管、非法运输、携带、邮寄毒害性、放射性、传染病病原体等物质进出国(边)境的行为。两者在客观行为方式及行为对象上有相似之处,但也有明显区别:(1)侵犯的客体不同。本罪侵犯的客体是公共安全和国家对毒害性、放射性、传染病病原体等

物质的管理制度;走私毒害性、放射性、传染病病原体等物质罪侵犯的客体是国家对毒害性、放射性、传染病病原体等物质的对外贸易管制。(2)客观方面不同。本罪表现为非法制造、买卖、运输、邮寄、储存毒害性、放射性、传染病病原体等物质的行为,其中的买卖、运输、邮寄必须是在境内非法买卖、运输、邮寄上述物品;走私毒害性、放射性、传染病病原体等物质罪在客观方面表现为违反海关法规,逃避海关监管,运输、携带毒害性、放射性、传染病病原体等物质进出国(边)境的行为。为走私而违反我国的对外贸易管制,逃避海关监管或边防检查,非法运输毒害性、放射性、传染病病原体等物质进出国(边)境的,则构成走私毒害性、放射性、传染病病原体等物质罪。(3)主观故意不同。如果明知是走私进口的毒害性、放射性、传染病病原体等物质而直接向走私人购买,或者明知是走私人购买毒害性、放射性、传染病病原体等物质进行走私出口而卖给走私人毒害性、放射性、传染病病原体等物质,或者在内海、领海收购、贩卖毒害性、放射性、传染病病原体等物质,没有合法证明的,则不构成本罪,应以走私毒害性、放射性、传染病病原体等物质罪论处。

11
Case Study

郭继东私藏枪支弹药宣告无罪案

私藏弹药

■ 研读指导

1. 非法持有、私藏枪支弹药罪的构成要件有哪些?
2. 如何理解司法解释中的依法配备、配置枪支的条件消除?
3. 二审判决与一审判决结果不同的理由为何?

■ 相关法条

《**中华人民共和国刑法**》第七十二条【缓刑的适用条件】、第一百二十八条【非法持有、私藏枪支、弹药罪,非法出租、出借枪支罪】

《**中华人民共和国刑事诉讼法**》(**1996 年修正版**)[1]第七十二条【逮捕后的处理】、第七十三条【不当强制措施的撤销和变更】、第一百二十八条【侦查羁押期限的重新计算】、第一百八十九条【二审对一审判决的处理】

■ 近似案例

王某某非法持有枪支、寻衅滋事案[(2017)豫 1381 刑初 862 号]

程某某等非法制造枪支、非法持有枪支案[(2017)豫 1322 刑初 543 号]

李某某非法持有枪支案[(2017)豫 1325 刑初 347 号]

---

〔1〕 分别对应《中华人民共和国刑事诉讼法》(2018 年修正版)第九十四条、第九十六条、第一百六十条、第二百三十六条。

■ 案情介绍

被告人郭继东,男,1960年7月2日出生,汉族,大学文化,住河南省南阳市工业路××号。被捕前系南阳市公安局刑警支队大案大队副大队长。2004年1月13日因涉嫌犯私藏弹药罪被逮捕。

唐河县人民检察院以被告人郭继东犯非法拘禁、私藏弹药罪,向唐河县人民法院提起公诉。

唐河县人民法院经审理查明:1980年至2001年,被告人郭继东在社旗县公安局任刑警队长和在南阳市公安局刑警支队大案大队任副大队长期间,以执行任务、打靶为名,先后在社旗县公安局和南阳市公安局多次领取“7.62”口径军用子弹达千余发,除已用去的之外,截至公安部2001年4月18日《关于严厉打击违反爆炸物品、枪支弹药管理违法犯罪活动的通知》下发后,仍有630发在家中藏匿,拒不交出。2001年8月2日被南阳市人民检察院予以扣押。

上述事实,有被告人供述、证人证言、扣押清单、书证、物证等经庭审质证的证据证实。

被告人郭继东辩称,自己作为刑警依法配备枪支弹药的条件没有消除,在执行任务时要带领侦查人员携带“五四”手枪或数支微型冲锋枪,使用通用的7.62口径的子弹。日常工作中不仅要备足自己使用的弹药,还要兼管其他参战人员使用子弹的分发。为了保证工作需要,就把这些常用的子弹、弹夹、枪套、手铐等装备一起存放在一个皮箱内,经常随车、随身携带。郭继东的辩护人认为,没有证据证明郭继东配备枪支的条件消除,其持有弹药为合法拥有且为工作需要。

唐河县人民法院认为,被告人郭继东身为南阳市公安局刑警支队大案大队副大队长,系依法配备枪支弹药的人员,在配备、配置枪支弹药的条件消除后,违反枪支弹药管理法律、法规的规定,私自将630发军用子弹藏匿在家中拒不交出,其行为已构成私藏弹药罪,且系情节严重,唐河县人民检察院指控被告人郭继东犯私藏弹药罪的罪名成立,予以支持。被告人郭继东虽系依法配备、配置枪支弹药的人员,多次领取子弹的理由均系打靶、执行任务所用,但在打靶、执行任务结束后,也就是配备、配置枪支弹药的条件已经消除,本应按规定将剩余的子弹及时上交入库,直到公安部《关于严厉打击违反爆炸物品、枪支弹药管理违法犯罪活动的通知》(本文以下简称《通知》)下发后,仍将630发军用子弹藏匿在家中拒不交出,其行为符合私藏弹药罪的构成要件,故被告人及其辩护人辩称被告人郭继东属于依法配备枪支弹药人员,其配备枪支弹药的条件并未消除,其行为不构成私藏弹药罪之理由不能成立,不予采纳。依照《刑事诉讼法》第一百二十八条第一款、第七十二条第一款、第七十三条第二款、第三款之规定,判决如下:被告人郭继东犯私藏弹药罪,判处有期徒刑3年,缓刑3年。一审宣判后,被告人郭继东向河南省南阳市中级人民法院提出上诉,唐河县人民检察院亦提出抗诉。

郭继东上诉认为:(1)原判认定上诉人郭继东配置、配备枪支弹药的条件已消除的事实不清。第一,上诉人郭继东配置、配备枪支弹药的条件是否已经消除应当系一个客观状态,该状态作为一个既定事实,不因时间不同及认定机关的不同而发生变化。同一公诉机关在2003年5月6日的不起诉决定书中认定"郭继东作为一线的公安干警,其配置、配备枪支弹药的条件没有消除",原判对此的认定完全是一种推测和分析,没有相关证据予以证实。第二,郭继东作为一线公安干警,其配置、配备枪支弹药是公安机关依照法律规定进行的,其配置、配备枪支弹药的条件是否消除,只有为其发放、配备枪支弹药的管理机关南阳市公安局才有权认定,不应由公诉机关或审判机关进行认定。第三,原审判决遗漏了最重要的证据——南阳市公安局的证明。南阳市公安局的证明经庭审质证,公诉人明确表示予以认可,应当作为认定案件事实的依据。该证明可证实郭继东是合法配置、配备枪支弹药的人员,长期处于备勤状态,其被捕前仍负责涉黑案件的侦破工作,尚有具体任务未完成。因此其配备、配置枪支弹药的条件并未消除。另外郭继东二十余年没有休息、休假,经办、侦破的案件数以百计,长期案压案、案套案,原审法院认定任务结束没有任何证据支持。据此得出的结论必然是错误的。

(2)原判适用法律不当。一审法院依据公安部2001年4月18日下发的《通知》作为判决依据错误。该通知并未说明合法持枪的军、警、安全等工作人员均需将持有的枪支弹药上缴。

(3)原审法院客观归罪。原审法院仅凭上诉人郭继东的手提箱中存在弹药的客观情况就认定其构成犯罪,违背了主客观一致的定罪原则。首先,上诉人郭继东作为刑警和领导的特殊职责身份,可以随时领取弹药,没有私藏的必要。其次,客观上与该弹药放在一起的均是上诉人办案必备的物品。如对讲机、手铐等,明显证明上诉人没有私藏的故意。

辩护人的意见除与上诉人理由相同外,另提出:第一,公诉人征求公安部、公安厅部分领导的意见没有个人签名,不具有证据效力。第二,关于私藏弹药一案的立案表、侦查报告、起诉意见书等均非公安机关制作,申请对上述文书中的字迹和签名进行鉴定。

唐河县人民检察院的抗诉意见是:根据最高人民法院《关于审理非法制造、买卖、运输枪支弹药、爆炸物等案件具体应用法律若干问题的解释》(2001 年施行),私藏军用子弹 100 发以上属于《刑法》第一百二十八条第一款规定的情节严重,应当在 3 年以上 7 年以下量刑。《刑法》第七十二条规定,适用缓刑的条件是被判处拘役、3 年以下有期徒刑的犯罪分子,且有悔罪表现,郭继东本人自始至终不认罪,更没有悔罪表现。因此不符合宣告缓刑的条件,原审法院适用缓刑不当。

河南省南阳市中级人民法院经二审审理查明:上诉人郭继东及其辩护人提供下列证据,以证实配置、配备枪支弹药的条件没有消除及私藏弹药案件的侦查程序违法:

证据一,郭继东的同事毕永志、刘志斌、胡楠的证言均证实:与郭继东一起在刑警支队大案大队工作期间,经常执行设卡堵截、抓捕重大逃犯等紧急任务,因工作需要,经常携带手枪或微型冲锋枪去执行任务。当时,微型冲锋枪及弹药都是由郭继东队长负责领取及分发使用和日常保管。

证据二,参与侦查的公安干警爨天雁的证言,证实 2001 年 11 月的一天上午,受组织委派与丰雪军一起到邓州市看守所讯问郭继东,但讯问笔录不是其亲笔制作,其上的签名也不是其本人亲笔签名,卷内立案表上签名也不是其本人亲笔签名。

证据三,律师调查丰雪军的笔录,证明 2001 年到邓州市看守所给郭继东作一份讯问笔录,其本人只负责记录,讯问由检察院同志进行。另经辨认,否认立案表中的签名为其本人所签,否认侦查报告及起诉意见书由其制作,并证明除这次讯问以外,再也没有参与任何侦查工作。

证据四,南阳市公安局统计科的证明:经查南阳市公安局宛城分局在 2001 年 10 月至 12 月所上报的《涉枪及盗枪危险物品刑事案件统计月报表》中没有“非法私藏枪支弹药”刑事案件的数据。用以证明宛城区公安分局并未立案。

庭审中,出庭检察员对上述前三项证据,没有提出实质性异议,予以确认。关于第四项证据,检察院认为是公安局内部管理问题不能证明没有立案。

其他事实与一审认定的事实一致。河南省南阳市中级人民法院认为,郭继东自1980年至2001年一直从事公安刑警工作,其间虽有工作调动,但在被刑事拘留前,尚未脱离依法使用枪支、弹药的公安刑警岗位,其配备枪支、弹药的条件亦未消除,其在需要合法使用枪支弹药的任务完成后,包括备警状态结束后,未将枪支、弹药及时入库,是一般的违反枪支管理法律、法规的行为,不属于刑法意义上的私藏枪支、弹药行为,因而其行为不符合刑法规定的私藏弹药罪的构成要件,故被告人郭继东不构成私藏弹药罪,抗诉机关的抗诉理由不能成立。上诉人的上诉理由及辩护人的无罪辩护意见成立,予以采纳。原判认定事实清楚,适用法律错误,处理失当,予以纠正。依照《刑事诉讼法》第一百八十九条第(二)项和《刑法》第一百二十八条的规定,判决如下:(1)撤销唐河县人民法院(2004)唐刑初字第101号刑事判决。(2)被告人郭继东无罪。

■ 案例评析

□ 重点示意图

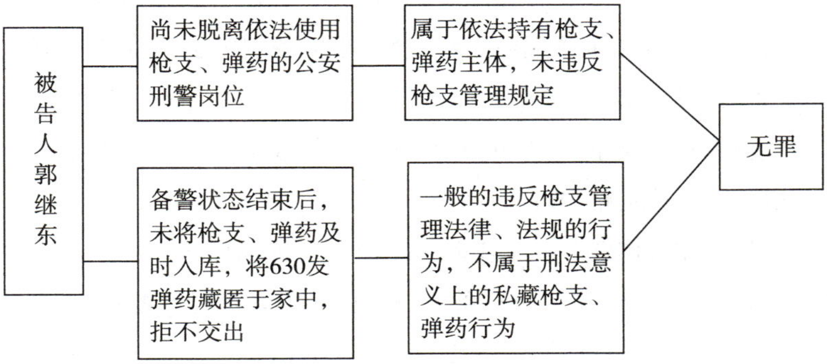

□ 疑难点释析

根据最高人民法院《关于审理非法制造、买卖、运输枪支、弹药、爆炸物等刑事案件具体应用法律若干问题的解释》(2001 年施行,以下简称《爆炸物解释》),私藏是指依法配备、配置枪支、弹药的人员在配备、配置枪支、弹药的条件消除后,违反枪支管理法律、法规的规定,私自藏匿所配备、配置的枪支、弹药,且拒不交出的行为。根据该司法解释,私藏弹药必须具备四个特征:第一个是依法配备、配置枪支弹药的人员配备、配置枪支弹药的条件消除;第二个是违反了有关枪支弹药管理的规定;第三个是私自藏匿;第四个是拒不交出。对本案被告人郭继东在家中存放弹药的行为违反了枪支、弹药管理规定,其本人也承认;但认为自己不是私自藏匿、拒不交出,且其配备枪支弹药的条件并未消除。

本案争议的焦点是被告人配备枪支弹药的条件是否消除。一种意见认为,郭继东打靶、执行任务结束时,其配备枪支弹药的条件即属消除,应当将枪支弹药交回;另一种意见认为,南阳市公安局证明被告人郭继东仍有任务尚未完成,故配备枪支弹药的条件尚未消除。

笔者赞成第二种意见,即被告人配备枪支弹药的条件尚未消除。理由如下:

(1)本案中,应当根据《枪支管理法》等法律、法规的规定来理解并认定被告人配备、配置枪支的条件是否消除。根据《枪支管理法》第二十六条第一款的规定:“配备公务用枪的人员不再符合持枪条件时,由所在单位收回枪支和持枪证件”,公安部《公安机关公务用枪管理使用规定》第十七条规定了佩带、使用枪支的人民警察应当具备的条件,第二十条、第二十一条规定了收回持枪证件和枪支的条件。根据上述规定,配备枪支条件的消除应当是指出现法律、法规规定的情形,经相关部门审查,取消其配枪资格,收回其持枪证件。

因此,以执行完具体任务或工作调动时即为配备、配置枪支条件消除的理解是不可取的。《枪支管理法》第二十三条第一款和第二款规定:“配备、配置枪支的单位和个人必须妥善保管枪支,确保枪支安全……对交由个人使用的枪支,必须建立严格的枪支登记、交接、检查、保养等管理制度,使用完毕,及时收回。”上述规定说明枪支使用完毕及时交回是在依法配备、配置枪支期间,对枪支使用的规定,不涉及配备、配置枪支条件消除的问题。将枪支使用过程中的管理规定理解为配备、配置枪支条件的消除不符合法律、法规的精神。简言之，若将用后及时交回作为条件消除理解的话，那么按照枪支使用管理的规定，执行任务结束后将枪支交回，即为配备、配置枪支条件消除，再接受任务时需要重新具备配备、配置枪支的条件，这种理解显然不符合法律、法规的规定。

上述第一种意见认定被告人配备、配置枪支条件已消除的另一个考虑，是被告人所存放的弹药有一部分来自其调任南阳市公安局之前在社旗公安局任职期间。《公安机关公务用枪管理使用规定》第二十条第一项规定，“因退休或工作调动等原因离开配备公务用枪岗位的”收回持枪证，个人保管的枪支由所在单位收回。但此项规定中并未涉及取消配备、配置枪支条件。本案中被告人郭继东始终没有离开配备公务用枪岗位，其本人也没有《公安机关公务用枪管理使用规定》第二十一条规定的取消配枪资格的情形，因此认定其配备枪支的条件至逮捕前一直未消除是正确的。

(2)被告人是否有私自藏匿并拒不交出弹药的行为。被告人辩称其因工作需要(如为参战的同事发放弹药)才将子弹随身携带放在家中，有同事为其提供证明；没有任何单位和个人要求其将子弹上交，故不属于私藏弹药。至于《通知》要求上交，被告人辩称自己属于依法配备枪支弹药的人员，因此不存在拒不交出的情形，《通知》并不是针对自己。

笔者认为，藏匿是主观上不欲为人知晓，客观上将弹药藏于他人不易找到的地方。郭继东随身携带子弹的情况，其同事都是了解的，虽未必知道子弹的具体数量，但亦足以证明郭继东没有藏匿的必要。本案中，郭继东配备枪支的条件并未消除，案件中没有足够证据认定其属于私自藏匿拒不交出弹药，郭继东的行为属于违反枪支使用管理规定，不构成私藏弹药罪。二审法院依法改判郭继东无罪是正确的。

■ 知识点梳理

非法持有、私藏枪支、弹药罪，是指违反枪支、弹药管理规定，非法持有、私藏枪支、弹药的行为。

本罪侵犯的客体是公共安全和国家对枪支、弹药的管理制度。国家禁止任何个人非法持有、私藏枪支、弹药。1996年颁行的《枪支管理法》明确规定，任何单位或个人非法持有、私藏枪支，都是违法犯罪行为。由于枪支、弹药一旦失控，就可能成为犯罪分子的作案工具，被一些犯罪分子用来实施杀人、抢劫、绑架等违法犯罪活动。

本罪在客观方面表现为行为人违反枪支管理规定，非法持有、私藏枪支的行为。所谓私藏，是指持有和隐藏枪支、弹药的非法性。即违反枪支管理规定，未依法取得持枪证件而持有、携带枪支、弹药，或者虽有证件但将枪支、弹药携带出依法规定场所，或者在禁止携带枪支、弹药的区域、场所携带枪支的行为。枪支、弹药无论是他人赠予的，还是拾来的，或者是自己曾经合法佩带、以后应交未交的，只要是未经合法批准而私自持有、隐藏，都属于本罪所要求的私藏枪支、弹药的行为。但是，如果非法持有、藏匿的枪支、弹药是自己非法制造、买卖或者盗窃、抢夺的，应以非法制造、买卖枪支、弹药罪或者盗窃、抢夺枪支、弹药罪论处，不再另定私藏枪支、弹药罪。所谓拒不交出，既包括私藏枪支、弹药已被发觉，限令其交出仍抗拒交出；也包括私藏者未被发觉，但其明知应当交出而仍藏匿不交出。本罪属于选择性罪名，即具备持有、私藏行为之一，即构成犯罪。

本罪的主体为一般主体。即凡年满16周岁、具备刑事责任能力的人均可成为本罪主体。单位也可成为本罪主体。

本罪在主观方面表现为故意，即明知是禁止私人持有的枪支、弹药，而故意隐藏不交。如果不知道自己收藏的物品中有枪支、弹药，因而没有交出的，不构成犯罪。

12
Case Study

孔德明非法携带危险物品危及公共安全罪

非法携带危险物品

■ 研读指导

1. 非法携带危险物品危及公共安全罪的犯罪构成要件有哪些？
2. 如何界定该罪中的危险物品？
3. 如何区分非法运输、储存爆炸物罪和非法携带危险物品危及公共安全罪？

■ 相关法条

《中华人民共和国刑法》第一百二十五条【非法制造、买卖、运输、邮寄、储存枪支、弹药、爆炸物罪，非法制造、买卖、运输、储存危险物质罪】、第一百三十条【非法携带枪支、弹药、管制刀具、危险物品危及公共安全罪】

最高人民法院《关于审理非法制造、买卖、运输枪支、弹药、爆炸物等刑事案件具体应用法律若干问题的解释》（2009 年修正版）第六条、第八条

■ 近似案例

汪某非法携带管制刀具危及公共安全案［（2014）楼刑一初字第 7 号］

■ 案情介绍

被告人孔德明，男，1957 年 5 月 30 日出生，湖南省桃源县人，汉族，小学文化，系桃源县木塘垸水运公司船员。2002 年 3 月 7 日因本案被刑事拘留，4 月 14 日被

逮捕。

岳阳市岳阳楼区人民检察院以被告人孔德明犯非法储存爆炸物罪向岳阳市岳阳楼区人民法院提起公诉。

被告人孔德明对案件事实供认不讳;其辩护人提出的辩护意见是:(1)被告人孔德明私自储存的炸药是他人生产过程中未用完的炸药且没有造成社会后果;(2)被告人孔德明平时表现好,系偶犯,建议对其免除或从轻处罚。

岳阳市岳阳楼区人民法院经公开审理查明:2002 年 2 月,被告人孔德明驾船在湖南省衡南县协助他人进行水下工程施工爆破。工程完工后,被告人孔德明将施工后剩下的 20 根炸药私自存放在自己的船上。2002 年 3 月 5 日下午,被告人孔德明驾驶存放有 20 根炸药的船到岳阳市七里山洞氮肥厂码头装尿素,后为争生意与岳阳市水运公司职工发生纠纷,被告人孔德明即拿出 3 根炸药威胁。此时,公安干警闻讯赶到并当场将被告人孔德明存放在船上的 20 根炸药予以收缴。经湖南省公安厅刑事技术鉴定,被告人孔德明所存放的炸药共计 3.85 千克,内含硝酸铵和 TNT 成分。

岳阳市岳阳楼区人民法院审理后认为,被告人孔德明违反国家有关规定,非法携带危险物品炸药 3000 余克进出公共场所,危及公共安全,情节严重,其行为已构成非法携带危险物品危及公共安全罪。公诉机关指控的事实成立。但根据最高人民法院的司法解释,非法储存是指明知是他人非法制造、买卖、运输、邮寄的枪支、弹药、爆炸物而为其存放的行为,被告人孔德明存放的炸药是他人以合法手续领取的,并非他人非法制造、买卖、运输、邮寄的炸药,不属于非法储存,故公诉机关指控被告人孔德明的行为构成非法储存爆炸物罪的罪名不能成立。被告人孔德明的辩护人提出的被告人孔德明私自存放的炸药系他人因工作需要而未用完的炸药及被告人孔德明系偶犯、没有造成后果,建议从轻处罚的意见与事实相符,予以采纳,但辩护人提出对被告人孔德明免除处罚的辩护意见,不予采纳。该院依照《中华人民共和国刑法》第一百三十条的规定,于 2002 年 7 月 7 日作出刑事判决如下:被告人孔德明犯非法携带危险物品危及公共安全罪,判处拘役 5 个月。宣判后,被告人孔德明没有提出上诉,人民检察院也未提出抗诉。判决发生法律效力。

■ 案例评析

□ 重点示意图

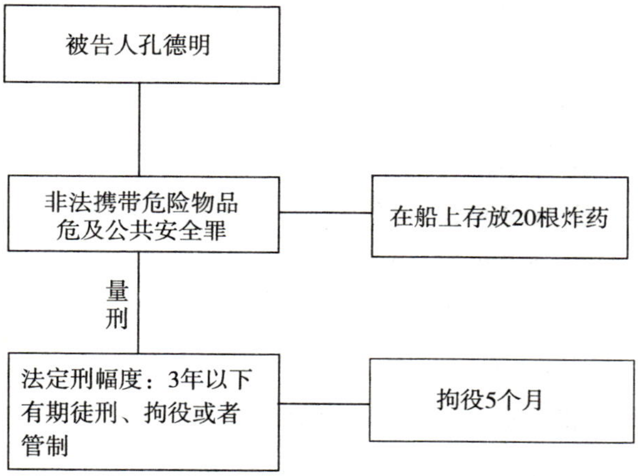

□ 疑难点释析

本案公诉机关是以非法储存爆炸物罪对被告人孔德明提起公诉的，而法院却是以非法携带危险物品危及公共安全罪对被告人定罪处罚的，究竟应定何罪？

非法储存爆炸物罪和非法携带危险物品危及公共安全罪侵犯的客体都是不特定公民的生命、健康及公私财物的安全和国家对爆炸物等危险物品的管理制度。所谓非法储存爆炸物，是指违反国家有关爆炸物管理法规，私自收藏或存积爆炸物的行为，储存的地点既可以藏在家中，也可以存放在他处。本案被告人孔德明将炸药存放在自己的船上，并随船携带至岳阳一货运码头，其行为符合非法储存爆炸物的文义特征。但根据最高人民法院 2001 年 5 月 15 日法释〔2001〕5 号《关于审理非法制造、买卖、运输枪支、弹药、爆炸物等刑事案件具体应用法律若干问题的解释》（本文以下简称《枪支案件解释》）第八条第一款规定："刑法第一百二十五条第一款规定的'非法储存'是指明知是他人非法制造、买卖、运输、邮寄的枪支、弹药、爆炸物而为其存放的行为。"可见，此司法解释无疑是对《刑法》第一百二十五条关于“非法储存”的认定作了限制性的解释，即行为人所储存的枪支、弹药、爆炸物是经他人非法制造、买卖、运输或邮寄的，并且是为他人存放的行为。而本案被告人所私自存放的炸药并非是他人非法制造、买卖、运输的炸药，而是他人为了进行水下施工爆破而以合法手续领取的；此外，被告人获取的炸药是自己私藏，亦非为他人存放。因此依据最高人民法院的司法解释，本案按非法储存爆炸物罪定性有所不妥。

非法携带枪支、弹药、管制刀具、危险物品危及公共安全罪，属选择性罪名，也是刑法新增设的罪名。被告人孔德明将私藏的炸药随船携带至公共场所（客运码头），所携带的炸药达3850克，且其在与他人发生纠纷时拿出炸药相威胁，严重危及公共安全。依照《枪支案件解释》第六条第一款第（三）项、第（五）项的规定，这属于《刑法》第一百三十条规定的“情节严重”的情形。故法院以非法携带危险物品危及公共安全罪对被告人定罪处罚。有人认为，“携带”应指随身佩带、夹带或手中握持，而本案被告人是将炸药存放于船上，并通过水运将炸药从一个地方运到另一个地方的，其方式应属非法运输而非非法携带。笔者认为，被告人一直是将炸药存放于船上，其驾船从衡南到岳阳的目的是装运货物，而非将炸药从一地运往另一地，如将被告人的此行为认定为运输炸药不符合主客观一致的原则。

■ 知识点梳理

非法携带枪支、弹药、管制刀具、危险物品危及公共安全罪是指非法携带枪支、弹药、管制刀具或者爆炸性、易燃性、放射性、毒害性、腐蚀性物品，进入公共场所或者公共交通工具，危及公共安全，情节严重的行为。本罪客观行为中的携带，是指在进入公共场所或者公共交通工具时，将枪支、弹药、管制刀具及其他危险物品带在身上或者置于身边，使其置于行为人现实的支配之下的行为。由于本罪是具体的危险犯，故需要根据携带物品的种类、数量、杀伤力的强弱，公共场所与公共交通工具的特点，携带的方式、方法、次数，已经形成的危险状态等判断携带行为是否危及公共安全。本罪属于故意犯罪，行为人明知是枪支、弹药、管制刀具或者其他危险物品而携带，并明知自己进入了公共场所或者公共交通工具的，才可能成立本罪。此外，成立本罪还要求情节严重，根据《枪支案件解释》第六条的规定，具有下列情形之一的,属于"情节严重":(1)携带枪支或者手榴弹的;(2)携带爆炸装置的;(3)携带炸药、发射药、黑火药500克以上或者烟火药100克以上、雷管20枚以上或者导火索、导爆索20米以上的;(4)携带的弹药、爆炸物在公共场所或者公共交通工具上发生爆炸或者燃烧,尚未造成严重后果的;(5)具有其他严重情节的。行为人非法携带上述第(3)项爆炸物进入公共场所或者公共交通工具,虽未达到上述数量标准,但拒不交出的,依照本罪处罚;携带的数量达到最低数量标准,能够主动、全部交出的,可不以犯罪论处。

从本条的述来看,行为应当表现为:先携带枪支、弹药、管制刀具或者爆炸性、易燃性、放射性、毒害性、腐蚀性物品,然后进入公共场所或者公共交通工具。问题是,行为人在进人公共场所或者公共交通工具后,取得枪支、弹药、管制刀具或者爆炸性、易燃性、放射性、毒害性、腐蚀性物品,进而携带的,能否适用《刑法》第一百三十条的规定?无论是非法携带枪支、弹药进入公共场所或者公共交通工具,还是在进入公共场所或者公共交通工具后,取得枪支、弹药而继续携带,都可以认定为非法持有枪支、弹药罪。所以,就携带枪支、弹药而言,讨论的意义不大。但是,就管制刀具等危险物品而言,讨论上述问题具有现实意义。例如,甲上火车后,发现车厢里放着无人持有(如他人遗忘)的管制刀具等危险物品而携带,[1]假定危及公共安全,情节严重(下同),应否适用《刑法》第一百三十条?笔者倾向于否定回答。从《刑法》第一百三十条的表述可以看出,本条的目的旨在使公共场所、公共交通工具不存在危及公共安全的管制刀具等危险物品,从而保证公共场所、公共交通工具的安全性。因此,本罪的行为必须表现为将管制刀具等危险物品带入公共场所或者公共交通工具。在上例中,因为没有事前的通谋,不存在共犯关系,不能认定甲的行为本身符合《刑法》第一百三十条的规定。[2] 值得进一步研究的是,倘若在上例中,甲在火车的第一节车厢发现他人遗留下的管制刀具等危险物品,然后携带该危险物品进入火车的第二、三节车厢的,应否适用《刑法》第一百三十条的规定?笔者认为,需要考虑甲携带上述物品从火车的第一节车厢进入第二、三节车

---

〔1〕 倘若甲与乙事前通谋,由乙将管制刀具等危险物品带入火车车厢,乙下车后由甲在火车上携带该危险物品,则作为共同犯罪,适用《刑法》第一百三十条。

〔2〕 至于甲的行为是否成立侵占罪,则是另一回事。

厢的行为是否增加了公共危险。如果得出肯定结论(如第一节车厢没有乘客,第二、三节车厢有乘客),则应适用《刑法》第一百三十条的规定;否则,就不应适用《刑法》第一百三十条的规定。

由于携带是持有的一种表现形式,故应正确处理本罪与非法持有枪支、弹药罪的关系。非法携带枪支、弹药进入公共场所或者公共交通工具,危及公共安全、情节严重的行为,同时触犯了非法持有枪支、弹药罪,应认定为非法持有枪支、弹药罪。如果行为人将自己一直非法持有的枪支、弹药携带进入公共场所或者公共交通工具,危及公共安全,情节严重的,应当将非法持有枪支、弹药罪与本罪实行数罪并罚。本罪与非法运输枪支、弹药罪的关系,也是如此。

根据《刑法》第一百三十条的规定,犯本罪的,处3年以下有期徒刑、拘役或者管制。

13
Case Study

胡斌交通肇事案

交通肇事

■ 研读指导

1. 如何区分交通肇事罪与以危险方法危害公共安全罪?
2. 超速驾车撞死人行道内的行人应如何定性?
3. 如何对被告人胡斌进行量刑?

■ 相关法条

《中华人民共和国刑法》第六十一条【量刑根据】、第一百三十三条【交通肇事罪】

最高人民法院《关于审理交通肇事刑事案件具体应用法律若干问题的解释》第二条

■ 近似案例

李中海故意杀人案(刑事审判参考第925号)

刘某交通肇事案[(2017)浙0106刑初534号]

王某某交通肇事案[(2017)浙0106刑初144号]

■ 案情介绍

被告人胡斌,男,1989年1月20日出生,杭州师范大学体育系学生。因涉嫌犯交通肇事罪于2009年5月17日被逮捕。

浙江省杭州市西湖区人民检察院以被告人胡斌犯交通肇事罪,向杭州市西湖区人民法院提起公诉。

西湖区人民法院经公开审理查明:

2009 年 5 月 7 日晚,被告人胡斌驾驶经非法改装的浙 A60820 兰瑟翼豪陆神牌红色三菱轿车,与同伴驾驶的车辆从杭州市江干区机场路出发,前往西湖区文二西路西城广场。在途经文晖路、文三路、古翠路、文二西路路段时,胡斌与同伴严重超速行驶并时有互相追赶的情形。当晚 20 时 8 分,胡斌驾车途经文二西路德加公寓西区大门口人行横道时,未注意观察路面行人动态,致使车头右前端撞上正在人行横道上由南向北行走的男青年谭卓。谭卓被撞弹起,落下时头部先撞上该轿车前挡风玻璃,再跌至地面。事发后,胡斌立即拨打“120”急救电话和“122”交通事故报警电话。谭卓经送医院抢救无效,于当晚 20 时 55 分因颅脑损伤而死亡。事发路段标明限速为每小时 50 公里。经鉴定,胡斌当时的行车速度在每小时 84.1 公里至 101.2 公里,对事故负全部责任。

另查明,案发后胡斌亲属与被害人亲属已就民事赔偿达成协议,胡斌亲属已赔偿并自愿补偿被害人亲属经济损失共计人民币 1,130,100 元。

西湖区人民法院认为,被告人胡斌违反交通运输管理法规,因而发生重大事故,致一人死亡并负事故全部责任,其行为已构成交通肇事罪。公诉机关指控的罪名成立。被告人胡斌案发后虽未逃避法律追究,其亲属也能积极赔偿被害人亲属的经济损失,但胡斌无视交通法规,案发时驾驶非法改装的车辆在城市主要道路上严重超速行驶,沿途时而与同伴相互追赶,在住宅密集区域的人行横道上肇事并致人死亡,犯罪情节严重,并造成恶劣的社会影响。故公诉机关建议对被告人胡斌从重处罚的理由成立,应予支持。胡斌的行为不符合司法解释关于交通肇事罪其他特别恶劣情节的具体规定,被害人诉讼代理人认为本案应当认定为有其他特别恶劣情节,在 3 ~7 年有期徒刑幅度内量刑的意见缺乏事实和法律依据,亦不予采纳。依照《刑法》第一百三十三条、第六十一条和最高人民法院《关于审理交通肇事刑事案件具体应用法律若干问题的解释》第二条第一款第(一)项之规定,判决如下:被告人胡斌犯交通肇事罪,判处有期徒刑 3 年。

一审宣判后,被告人胡斌没有上诉,公诉机关也没有提出抗诉,判决发生法律效力。

■ 案例评析

□ 重点示意图

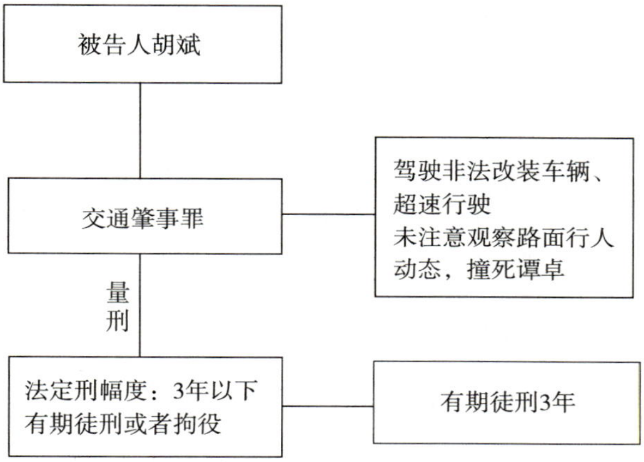

□ 疑难点释析

1. 被告人的行为应如何定性

笔者认为，本案应定性为交通肇事罪，不能认定为以危险方法危害公共安全罪或者过失以危险方法危害公共安全罪。

本案系一起广受媒体关注的交通肇事案件，在审理过程中，对于被告人胡斌严重超速驾车撞死一人的行为如何定性有三种不同的意见：第一种意见认为，胡斌的行为构成交通肇事罪；第二种意见认为，胡斌的行为构成以危险方法危害公共安全罪；第三种意见认为，胡斌的行为构成过失以危险方法危害公共安全罪。

结合本案情况，对被告人胡斌应以交通肇事罪进行定罪，理由如下：从犯罪构成看，交通肇事罪侵犯的客体是公共安全，客观方面表现为行为人实施了一定危害公共安全的行为，但行为人的主观心态是过失，包括过于自信的过失和疏忽大意的过失，即应当预见到自己的行为可能发生危害社会公共安全的结果，因为疏忽大意而没有预见或已经预见而轻信能够避免。根据本案庭审查明的事实，被告人胡斌平时喜欢开快车，但其认为凭自己的驾驶技术能够避免事故的发生。案发当晚，虽然胡斌属于在城市主要道路上严重超速驾驶，但在驾车过程中未违反交通信号灯指令，遇红灯时能够停车，只是因为没有注意观察前方路面情况而撞上在人行横道上行走的被害人谭卓，可见，其当晚驾车除了违反交通法规超速行驶外还是能够基本遵守交通规则的。当被告人发现撞人后，立即踩刹车并下车查看谭卓的伤势情况，随即拨打了“120”急救电话以及“122”报警电话，并留在现场等候处理。这一系列行为反映了胡斌肇事时主观上不希望交通事故的发生，也没有放任交通事故发生的表现，对被害人谭卓的死亡其内心是持否定和排斥态度的，应当属于过失的心态，因此，被告人行为的主观方面不符合以危险方法危害公共安全罪的主观要件，其行为不能构成以危险方法危害公共安全罪。

2. 对被告人胡斌应当如何量刑

(1)被告人胡斌犯交通肇事罪，但不能认定其有“其他特别恶劣情节”。

根据《刑法》第一百三十三条的规定，犯交通肇事罪如果没有逃逸或者其他特别恶劣情节的，应在第一档法定刑幅度内量刑，即在三年以下有期徒刑或者拘役内量刑。本案庭审中，被害人的诉讼代理人提出胡斌有其他特别恶劣情节，应在 3 年以上 7 年以下有期徒刑幅度内从重处罚。对此，法院没有采纳，依据的是最高人民法院的司法解释。2000 年 11 月最高人民法院《关于审理交通肇事刑事案件具体应用法律若干问题的解释》第四条对于交通肇事罪的“其他特别恶劣情节”进行了规定，即交通肇事具有下列情形之一的，属于“有其他特别恶劣情节”，处 3 年以上 7 年以下有期徒刑：第一，死亡 2 人或者重伤 5 人以上，负事故全部或者主要责任的；第二，死亡 6 人以上，负事故同等责任的；第三，造成公共财产或者他人财产直接损失，负事故全部或者主要责任，无能力赔偿数额在 60 万元以上的。对照以上规定，胡斌的行为显然不具备以上司法解释所规定的三种其他特别恶劣情节的情形。因此，在被告人胡斌违章驾车肇事致 1 人死亡的情况下，不能对其在 3 年以上 7 年以下有期徒刑幅度内量刑，只能适用第一档法定刑幅度。

(2)根据本案的具体情况，可以顶格判处被告人胡斌有期徒刑 3 年。

根据《刑法》第一百三十三条的规定，对被告人胡斌交通肇事的行为应在 3 年以下有期徒刑或者拘役幅度内量刑。案发后，胡斌亲属积极代为赔偿了被害人家属的经济损失，根据最高人民法院《关于刑事附带民事诉讼范围问题的规定》第四条关于“被告人已经赔偿被害人物质损失的，人民法院可以作为量刑情节予以考虑”的规定,对胡斌可以酌情从轻处罚。但是,在本案中,胡斌具有以下多项酌定从重情节:第一,胡斌驾驶的是非法改装的车辆,车辆本身的安全条件就不符合有关规定,其对此明知而仍开车上路,主观受谴责性较高;第二,胡斌无视限速规定,在城市主要道路上严重超速行驶,作为驾驶员明知违法而为之,主观恶性较大;第三,胡斌在驾车过程中有与同伴相互追赶的情形,无视在住宅密集区域相互追赶对公共财产和行人安全可能造成的危险,行为恶劣;第四,撞死在人行道内的一名行人,危害后果严重,且在当地造成了恶劣的社会影响。综上,虽然胡斌有积极赔偿被害方经济损失的酌定从轻情节,但其肇事行为恶劣,危害后果严重,尚不足以减轻其罪责。为了引导民众进一步尊重生命安全,警醒和督促司机在驾驶车辆过程中充分履行注意义务,减少交通违章肇事行为,法院综合全案情节,在法定刑幅度内顶格判处胡斌有期徒刑3年是妥当的。

■ 知识点梳理

1. 交通肇事罪与以危险方法危害公共安全罪的区别

随着醉酒驾车导致重大伤亡事件的高发,醉驾入刑引起了社会各界的关注,酒后驾车导致的交通肇事罪以及醉酒驾车引起的危险方法危害公共安全罪作为规范“醉驾”的两个刑法罪名既具有共性又具有很大的差异。两者主体均是酒后驾车或醉酒驾车的自然人;危害结果均包括造成人员伤亡的情况;危害对象均具有不特定性;侵犯的客体均是公共安全,但两者在主观方面及客观方面存在重大不同,有必要对其进行区分。

(1)主观方面:交通肇事罪对危害结果的发生主观上持过失态度,即通常表现为违反《道路交通安全法》等相关交通运输管理法规的行为造成了严重的后果,包括疏忽大意的过失和过于自信的过失。以危险方法危害公共安全罪主观上具有危害公共安全的故意,包括直接故意与间接故意。特别是肇事后继续驾车冲撞,对持续发生的危害结果至少是持放任态度,属于间接故意。

(2)客观方面:交通肇事罪的客观方面表现为违反相关交通运输管理法规的行为造成了严重的后果。危害对象是不特定的自然人与财物。本罪严重后果既包括造成一人或者多人伤亡,也包括造成公私财产损失,属于结果犯,即如果未造成严重危害后果则不以犯罪论处。同时,人员伤亡及公私财产损失的结果还需以行为人在事故中承担的责任相结合。以危险方法危害公共安全罪客观方面同样表现为违反交通运管理法规造成严重后果,但是其行为是肇事后继续驾车乱冲乱撞,其危害对象是不特定的公众,属于危险犯,即行为人行为足以危害到社会公共安全,则构成此罪。

但是,交通肇事罪与以危险方法危害公共安全罪的区别并非泾渭分明,如张某醉酒驾驶车辆发生交通事故,根据《交通肇事解释》规定若造成一人以上重伤,负事故全部或者主要责任的,符合交通肇事罪的构成要件,则应以交通肇事罪论处。若他此时并没停止危害行为,而是继续高速驾驶车辆,造成重大伤亡的严重后果,可以推断其主观上对该后果所持的态度是间接故意,且其行为足以危害公共安全的,则符合以危险方法危害公共安全罪的构成要件。故此阶段,其行为已不是交通肇事,而转化成以危险方法危害公共安全,应以危险方法危害公共安全罪定罪。

2. 过失以危险方法危害公共安全罪和交通肇事罪的区别

两者的主观心态都是过失,《刑法》第一百一十五条第二款规定的过失以危险方法危害公共安全罪,是针对行为人实施了刑法分则没有明确规定具体危险方法的过失危害公共安全的行为,对于这种刑法分则没有规定但行为的社会危害性具有危害公共安全的过失行为,就应该以过失以危险方法危害公共安全罪进行定罪量刑。而对于违反交通运输管理法规,发生重大事故,致人重伤、死亡或者使公私财产遭受重大损失的,《刑法》分则第二章危害公共安全罪中专门规定了交通肇事罪。据此,在交通运输过程中,如果行为人违反交通运输管理法规,过失造成重大事故发生法定危害结果的,应以交通肇事罪定罪处罚。

14
Case Study

谢忠德危险驾驶案

危险驾驶

■ 研读指导

1. 危险驾驶罪的构成要件有哪些?
2. 对危险驾驶罪状中的“道路”应如何理解?
3. 对本案被告谢忠德应当如何定罪量刑?

■ 相关法条

《中华人民共和国刑法》第五十二条【罚金的判处】、第五十三条【罚金的缴纳、减免】、第六十七条【自首】、第一百三十三条【交通肇事罪】

■ 近似案例

张某某、金某危险驾驶案(最高人民法院指导案例32号)
张纪伟、金鑫危险驾驶案(刑事审判参考第906号)
罗代智危险驾驶案(刑事审判参考第898号)

■ 案情介绍

被告人谢忠德,男,1988年1月7日出生,农民。因涉嫌犯危险驾驶罪于2011年7月11日被刑事拘留。

北京市顺义区人民检察院以被告人谢忠德犯危险驾驶罪,向北京市顺义区人民法院提起公诉。

被告人谢忠德对指控其犯危险驾驶罪的事实没有异议。

北京市顺义区人民法院经审理查明:被告人谢忠德于 2011 年 7 月 11 日零时许,在北京市顺义区仁和镇河南村西口处,醉酒驾驶一辆红色金陵无牌照摩托车,后被查获。经法医鉴定,谢忠德血液检材中的酒精含量为 144.7 毫克/100 毫升。

北京市顺义区人民法院认为,被告人谢忠德在道路上无证醉酒驾驶机动车,其行为侵犯了公共交通安全,构成危险驾驶罪。谢忠德案发后明知他人报警而在现场等候,到案后能如实供述犯罪事实,系自首,且当庭认罪、悔罪,依法可对其从轻处罚。依照《刑法》第一百三十三条之一、第六十七条第一款、第五十二条、第五十三条之规定,判决如下:被告人谢忠德犯危险驾驶罪,判处拘役 2 个月,并处罚金 1000 元人民币。

一审宣判后,谢忠德未上诉,检察院未抗诉,判决已生效。

■ 案例评析

□ 重点示意图

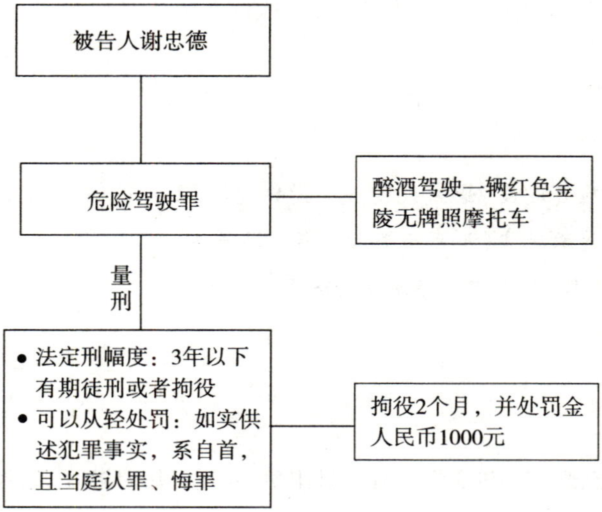

□ 疑难点释析

《刑法修正案(八)》增设了危险驾驶罪,明确了在道路上驾驶机动车追逐竞驶,情节恶劣的,或者在道路上醉酒驾驶机动车的行为构成危险驾驶罪。实践中,在危险驾驶案件中,“道路”的认定成为一个很关键的客观要素。因此,在危险驾驶案件审理过程中,往往容易引发对“道路”如何理解和认识的争议。

本案被告人谢忠德的血液检材的酒精含量为144.7毫克/100毫升,达到了醉酒的标准,其行为构成醉酒驾驶没有问题。本案的特殊之处在于,被告人的醉驾行为发生在农村的乡间小道(北京市顺义区仁和镇河南村西口处)上。“乡间小道”能否被认定为危险驾驶罪状中的“道路”,值得进一步探讨。

关于道路的范围,2011年修正的《道路交通安全法》第一百一十九条第一项作了明确界定:“‘道路’,是指公路、城市道路和虽在单位管辖范围但允许社会机动车通行的地方,包括广场、公共停车场等用于公众通行的场所。”其中,“公路”“城市道路”的具体范围,根据1999年最高人民法院、公安部联合发布的《关于处理道路交通事故案件有关问题的通知》第二条的规定,“公路是指《中华人民共和国公路管理条例》规定的,经公路主管部门验收认定的城间、城乡间、乡间能行驶汽车的公共道路(包括国道、省道、县道和乡道)”。据此,有观点认为,立法既然以列举的方式罗列了道路的范畴,这就将城市街道、胡同、国道、省道、县道和乡道以外的发生地排除在危险驾驶的发生地范围之外。换言之,在上述列举的地点以外发生的醉驾,不能被纳入危险驾驶的范畴。

笔者认为,此种理解看似严格遵循了立法的规定,实则偏离了立法的意图。随着“汽车社会”的到来,危险驾驶行为数量直线上升,这一现象带来的潜在危险和现实危害迫使立法者对危险驾驶行为的社会危害性重新作出评价。2011年《刑法修正案(八)》将危险驾驶行为纳入刑法调整范围。危险驾驶罪的直接法益是交通安全,危害的是不特定的多数人的生命、健康或者重大公私财产的安全。危险驾驶以一定危险状态的产生作为构成犯罪的基本要件,危险驾驶罪是危险犯,无论是否实际发生了损害后果,都可以构成危险驾驶罪。唯其如此,立法将危险驾驶行为限定发生在“道路”这一特定的空间场域,其保护的不仅是特定事故的受损害方(在发生交通事故的情况下),而且包括不特定的多数人的生命、健康或者重大公私财产的安全。

在明确这一立法意图的基础上,笔者认为,对危险驾驶罪中“道路”的理解应重点把握驾驶行为发生地是否具有“公共性”,只要具有“公共性”,就应当认定为“道路”。近年来,随着经济的发展,农村的一些道路出现了明显的公路化演变,行驶的机动车数量大量增多,机动车在农村道路上发生的交通事故也大幅增加。因此,将农村中具有一定规模和较强公共性的农村道路纳入“道路”范畴不仅符合立法的价值取向,而且也顺应了司法实践发展的需要。

本案发生在北京市顺义区仁和镇河南村西口处,为了慎重起见,北京市公安局顺义分局交通支队在经过实地调查后,为此地的“公共性”出具了相关证明:“谢忠德危险驾驶案发地为空旷地,可以通行社会车辆,根据《道路交通安全法》第一百一十九条第一项的规定,符合道路范畴。”因此,将被告人谢忠德在此地发生的醉驾行为定性为危险驾驶罪,是符合立法规定的。

■ 知识点梳理

危险驾驶罪,是指在道路上驾驶机动车追逐竞驶,情节恶劣,或者在道路上醉酒驾驶机动车,以及从事校车业务或者旅客运输,严重超过额定乘员载客或者严重超过规定时速行驶,或者违反危险化学品安全管理规定运输危险化学品,危及公共安全的行为。本罪主要分为四个类型:

1. 追逐竞驶

一般来说,追逐竞驶,是指行为人在道路上高速、超速行驶,随意追逐、超越其他车辆,频繁、突然并线,近距离驶入其他车辆之前的危险驾驶行为。追逐竞驶属于危害公共安全的危险犯,但刑法没有将本罪规定为具体的公共危险犯,而是以情节恶劣限制处罚范围。换言之,只要追逐竞驶行为具有类型化的抽象危险,并且情节恶劣,就构成犯罪。(1)本罪行为不要求发生在公共道路(公路)上,只需要发生在道路上即可。在校园内、大型厂矿内的道路上,以及在人行道上追逐竞驶的,因为对不特定或者多数人的生命、身体产生了抽象的危险,依然可能成立本罪。(2)追逐竞驶以具有抽象危险性的高速、超速驾驶为前提,缓慢驾驶的行为不可能成立本罪。但是,单纯的高速驾驶或者超速驾驶,并不直接成立本罪。换言之,不能将本罪等同于国外的超速驾驶罪。(3)追逐竞驶要求以产生抽象的交通危险的方式驾驶,行为的基本方式是随意追逐、超越其他车辆,频繁并线、突然并线,或者近距离驶入其他车辆之前等。(4)追逐竞驶既可能是二人以上基于意思联络而实施,也可能是单个人实施。机动车驾驶人员出于竞技、追求刺激、斗气或者其他动机,在道路上曲折穿行、快速追赶行驶的,属于追逐竞驶。驾驶机动车针对救护车、消防车等车辆实施追逐竞驶行为的,可能成立本罪。(5)成立本罪要求情节恶劣。情节恶劣的基本判断标准是追逐竞驶行为的危险程度。对此,应以道路上车辆与行人的多少、驾驶的路段与时间、驾驶的速度与方式、驾驶的次数等进行综合判断。大体可以肯定的是,如果发生了具体的公共危险,就能够得出情节恶劣的结论。换言之,追逐竞驶虽未造成人员亡或财产损失,但综合考虑超过限速、闯红灯、强行超车、抗拒交通执法等严重违反道路交通安全管理规定的情形,可以认定为情节恶劣,但没有其他车辆与行人的荒野道路上追逐竞驶的行为,不应认定为情节恶劣。追逐竞驶的罪过形式为故意,不要求行为人以赌博竞技或者追求刺激为目的。因为基于任何目的与动机的故意追逐竞驶行为,只要产生了抽象的公共危险且情节恶劣,就值得科处刑罚。

2. 醉酒驾驶

醉酒驾驶,是指在醉酒状态下在道路上驾驶机动车的行为。[1] 根据最高人民法院、最高人民检察院、公安部2013年12月18日《关于办理醉酒驾驶机动车刑事案件适用法律若干问题的意见》(本文以下简称《酒驾案件意见》),在道路上驾驶机动车,血液酒精含量达到80毫克/100毫升以上的,属于醉酒驾驶机动车,以危险驾驶罪定罪处罚。[2] 本罪是抽象的危险犯,不需要司法人员具体判断醉酒行为是否具有公共危险。一方面,抽象的危险犯实际上是类型化的危险犯,司法人员只需要进行类型化的判断即可;另一方面,没有抽象危险的行为,不可能成立本罪。

---

〔1〕 醉酒驾驶航空器的行为,是否成立本罪,取决于如何解释“道路”与“机动车”以及如何认识航线与航空器。一般认为,本罪的“道路”“机动车”,适用《道路交通安全法》的规定。

〔2〕 《酒驾案件意见》还规定,血液酒精含量检验鉴定意见是认定犯罪嫌疑人是否醉酒的依据。犯罪嫌疑人经呼气酒精含量达到醉酒标准,在抽取血样之前脱逃的,可以呼气酒精含量检验结果作为认定其醉酒的依据。犯罪嫌疑人在公安机关依法检查时,为逃避法律追究,在呼气酒精含量检验或者抽取血样前又饮酒,经检验其血液酒精含量达到醉酒标准的,应当认定为醉酒。笔者认为,虽然前一规定大体上具有合理性,但后一规定并不符合事实存疑时有利于被告的原则。

例如，在没有车辆与行人的荒野道路上醉酒驾驶机动车的，因为不具有抽象的危险，不应以本罪论处。

关于醉酒型危险驾驶罪的责任形式，刑法理论存在不同观点：一种观点认为，本罪责任形式为过失，如果行为人持故意则构成以危险方法危害公共安全罪。[1]但是将本罪的责任形式确定为过失，缺乏《刑法》第十五条第二款所要求的"法律有规定"的文理根据，导致将故意的醉酒驾驶均作为以危险方法危害公共安全罪处理。事实上，行为是否产生具体的公共危险，并不是取决于醉酒驾驶的行为是出于故意还是过失。即使认为故意，将故意的醉酒驾驶均作为以危险方法危害公共安全罪处理，并不符合司法实践常态，也会有发生具体公共危险的，依然成立危险驾驶罪。[2] 这种观点实际上肯定了本罪既可以由过失构成也可能由故意构成，这是缺乏法律根据的，因为将故意犯与过失犯等同处罚，不符合罪刑相适应原则。笔者认为，醉酒驾驶属于故意犯罪，行为人必须认识到自己是在醉酒状态下驾驶机动车。但是，对于醉酒状态的认识不需要十分具体（不需要认识到血液中酒精的具体含量），只要有大体上的认识即可。一般来说，只要行为人知道自己喝了一定量的酒，事实上又达到了醉酒状态，并驾驶机动车的，就可以认定其具有醉酒驾驶的故意。认为自己只是酒后驾驶而不是醉酒驾驶的辩解，不能排除故意的成立。即使行为人没有主动饮酒（饮料中被他人掺入酒精），但驾驶机动车之前或者当时意识到自己已经饮酒的，也应认定具有醉酒驾驶的故意。当然，如果没有主动饮酒，也没有意识到自己已经饮酒的，排除故意的成立。[3]

醉酒驾驶既不是亲手犯，也不是身份犯。教唆他人醉酒驾驶的，成立教唆犯；明知他人即将驾驶机动车，而暗中在其饮料中掺入酒精，驾驶者不知情而驾驶机动车的，对掺入酒精者应以间接正犯论处。

3. 超员、超速行驶

超员、超速行驶，是指从事校车业务或者旅客运输，严重超过额定乘员载客，或者严重超过规定时速行驶的行为。本类型的危险驾驶罪属于抽象危险犯。依照国

---

〔1〕 参见冯军：《论〈刑法〉第133条之一的规范目的及其适用》，载《中国法学》2011年第5期。

〔2〕 参见梁根林：《〈刑法〉第133条之一第2款的法教义学分析》，载《法学》2015年第3期。

〔3〕 参见张明楷：《危险驾驶罪的基本问题》，载《政法论坛》2012年第6期。

务院《校车安全管理条例》的规定,“校车”是指用于接送接受义务教育的学生上下学的机动车。[1]本罪中的校车既包括依照国家规定取得使用许可的校车,也包括没有取得使用许可的违章从事接送学生业务的校车。[2] 从事旅客运输的车辆,是指从事公路客运、公交客运、出租客运、旅游客运等旅客运输的车辆;既包括具有营运资格的车辆,也包括非法从事旅客运输的车辆。一般超员、超速的行为不成立本罪,只有严重超员、超速的行为才成立本罪。本罪的成立不以发生人员伤亡等后果为要件。机动车所有人、管理人对严重超员、超速行驶负有直接责任的,以本罪论处。例如,机动车所有人、管理人强令、指使驾驶人员超员、超速行驶的,或者明知驾驶人员超员、超速行驶而放任的,应以本罪论处。概言之,所谓“负有直接责任”,是指超员、超速行驶的状态能够归属于机动车所有人、管理人的作为或者不作为的情形。本类型的危险驾驶罪只能由故意构成。

4. 违规运输危险化学品

违规运输危险化学品,是指违反危险化学品安全管理规定运输危险化学品,危及公共安全的行为。本类型的危险驾驶罪属于具体危险犯。危险化学品,是指具有毒害、腐蚀、爆炸、燃烧、助燃等性质,对人体、设施、环境具有危害的剧毒化学品和其他化学品。根据《危险化学品安全管理条例》的规定,从事危险化学品道路运输的,应当取得危险货物道路运输许可,并向工商行政管理部门办理登记手续;危险化学品道路运输企业应当配备专职安全管理人员;危险化学品道路运输企业的驾驶人员、装卸管理人员、押运人员、申报人员、集装箱装箱现场检查员应当经交通运输主管部门考核合格,取得从业资格;运输危险化学品,应当根据危险化学品的危险特性采取相应的安全防护措施,并配备必要的防护用品和应急救援器材;用于运输危险化学品的槽罐以及其他容器应当封口严密,能够防止危险化学品在运输过程中因温度、湿度或者压力的变化发生渗漏、洒漏;槽罐以及其他容器的溢流和泄压装置应当设置准确、起闭灵活;通过道路运输危险化学品的,应当按照运输车辆的核定载质量装载危险化学品,不得超载;危险化学品运输车辆应当符合国家标

---

〔1〕 如果在此遵循这一定义,就只能将接送幼儿园幼儿、高中生、大学生以及学校教师的机动车归入从事旅客运输的车辆。当然,这不是一个重要问题。

〔2〕《校车安全管理条例》所称校车是指七座以上的载客汽车,但笔者认为,对本罪“校车”的理解和认定没有必要作如此限制。

准要求的安全技术条件，并按照国家有关规定定期进行安全技术检验；运输危险化学品途中因住宿或者发生影响正常运输的情况，需要较长时间停车的，驾驶人员、押运人员应当采取相应的安全防范措施；等等。违反上述条例的规定，并且危及公共安全的，成立本罪。行为是否危及公共安全，要根据行为人所运输的危险化学品的种类、数量、运输的时间、路线、车辆的安全状况、发生实害事故的可能性程度等进行综合判断。机动车所有人、管理人对上述违规行为负有直接责任的，以本罪论处。本类型的危险驾驶罪的责任形式只能是故意，行为人必须认识到自己违规运输的是危险化学品（不必认识到具体种类），并且希望或者放任公共危险的发生。

15
Case Study

杜亚军重大责任事故案

重大责任事故

■ 研读指导

1. 本案法院驳回附带民事诉讼原告人全部诉讼请求的理由是什么？请提炼法院的推理要点。
2. 请注意重大责任事故罪造成的附带民事诉讼的赔偿范围和具体承担者。
3. 比较研读近似案例，分析具体事实对行为人行为定罪量刑及民事赔偿的影响，注意区分其中的差异并分析原因。

■ 相关法条

《中华人民共和国刑法》第一百三十四条第一款【重大责任事故罪】、第六十七条第一款【自首】、第三十六条第一款【民事赔偿责任】

《中华人民共和国刑事诉讼法》（2012年修正版）第九十九条第一款[1]【附带民事诉讼的提起】

《中华人民共和国合同法》第六条【诚实信用原则】、第八条【依合同履行义务原则】

最高人民法院《关于适用〈中华人民共和国刑事诉讼法〉的解释》第一百三十八条第一款、第一百五十五条第一款、第二款

最高人民法院《关于审理人身损害赔偿案件适用法律若干问题的解释》第二十条、第二十七条

[1] 本条对应《中华人民共和国刑事诉讼法》（2018年修正版）第一百零一条。

■ 近似案例

王某某犯重大责任事故案[(2016)琼96刑终161号]
张某甲重大责任事故案[(2016)甘05刑终34号]

■ 案情介绍

新疆生产建设兵团莫索湾垦区人民检察院以新兵莫垦检诉刑诉〔2016〕25号起诉书指控被告人杜某某犯重大责任事故罪，于2016年7月20日向新疆生产建设兵团莫索湾垦区人民法院（以下简称莫索湾垦区人民法院）提起公诉。在诉讼过程中，附带民事诉讼原告人桑某某、黄某某、孟某1、孟某2向法院提起附带民事诉讼。法院依法组成合议庭，于2016年8月9日公开开庭进行了合并审理。新疆生产建设兵团莫索湾垦区人民检察院指派代检察员杨萍娟出庭支持公诉，被告人杜某某及其辩护人谭忠辉、附带民事诉讼原告人孟某1、附带民事诉讼原告人桑某某、黄某某、孟某1、孟某2诉讼代理人施常元及孟某1、附带民事诉讼被告人郭某某、附带民事诉讼被告新疆石河子一四七团联合加工厂（以下简称联合加工厂）诉讼代理人常生福到庭参加了诉讼。

新疆生产建设兵团莫索湾垦区人民检察院指控，2015年11月20日15时许，被告人杜某某驾驶一台黄色金城ZL35F－Ⅱ型装载机在联合加工厂装卸棉花时，明知装载机在行驶时存在视线盲区，未尽到安全注意义务，从该厂第五车间西面的棉花垛前，驾驶装载机往第五车间门口对面的自动喂花机口处运送棉花行驶途中，将该厂工人孟某某碾压，致使被害人孟某某当场死亡。经法医鉴定，被害人孟某某系强大钝性作用力致开放性颅脑损伤死亡。

案发后，被告人杜某某在现场等待直至公安机关到来，并在公安机关如实供述了犯罪事实。

被告人杜某某及其辩护人对公诉人指控的犯罪事实无异议，对附带民事诉讼部分认为附带民事诉讼被告人郭某某系其雇主，应由雇主承担责任。被告人杜某某及其辩护人未提交证据。

附带民事诉讼被告人郭某某辩称其已经向附带民事诉讼原告人赔偿完毕，不再承担责任。

附带民事诉讼被告联合加工厂诉讼代理人辩称该案是因重大责任事故引起的侵权纠纷，侵权人杜某某与联合加工厂之间没有劳动关系和雇佣关系，联合加工厂作为本案的被告主体不适格；死者孟某某与联合加工厂是劳动关系，联合加工厂已于2015年11月25日、11月26日分两次按照工亡标准赔偿附带民事诉讼原告人各项费用合计610,960元，同时补助附带民事诉讼原告人孟某220,000元。综上，附带民事诉讼原告人的诉讼请求没有法律依据，依法应予驳回。

经审理查明，2015年11月20日15时许，被告人杜某某驾驶一台黄色金城ZL35F－Ⅱ型装载机在新疆石河子一四七团联合加工厂装卸棉花时，明知装载机在行驶时存在视线盲区，未尽到安全注意义务，从该厂第五车间西面的棉花垛前，驾驶装载机往第五车间门口对面的自动喂花机口处运送棉花途中，将该厂工人孟某某碾压，致使被害人孟某某当场死亡。经法医鉴定，被害人孟某某系强大钝性作用力致开放性颅脑损伤死亡。

经庭审质证，被告人杜某某及其辩护人对检察机关提交的证据均无异议。

被告人杜某某、附带民事诉讼被告人郭某某、附带民事诉讼被告联合加工厂对附带民事诉讼原告人出具的证据一无异议。被告人杜某某、附带民事诉讼被告人郭某某、附带民事诉讼被告联合加工厂对附带民事诉讼原告人出具的部分证据的真实性、合法性均无异议，但认为附带民事诉讼原告人桑某某、黄某某均系退休职工，不应支付被抚养人生活费，附带民事诉讼原告人孟某2已年满十八周岁，亦不应支付被抚养人生活费，且死亡赔偿金、被抚养人生活费不属于刑事附带民事诉讼的赔偿范围，交通费住宿费票据均发生在2015年12月，与本案无关，且交通费误工费已经由附带民事诉讼被告联合加工厂给予赔偿，对附带民事诉讼原告人提交的证据的关联性均不予认可。关于附带民事诉讼原告人提交的证据，被告人杜某某、附带民事诉讼被告人郭某某、附带民事诉讼被告联合加工厂发表的质证意见符合证据规则及法律规定，予以采信，故法院对该四组证据不予认定。

附带民事诉讼原告人、被告人杜某某、附带民事诉讼被告联合加工厂对附带民事诉讼被告人郭某某提交的证据均予以认可，法院予以认定。

莫索湾垦区人民法院认为，被告人杜某某在生产、作业中违反安全生产规定，造成一人死亡的重大安全事故，其行为触犯了《刑法》第一百三十四条第一款的规定，构成重大责任事故罪。公诉机关指控的事实清楚，证据确实、充分，罪名成立。被告人杜某某在现场等待警察的到来，归案后如实供述自己的犯罪事实，系自首，依法可从轻处罚。

本案中，关于死亡赔偿金、被抚养人生活费并非因犯罪行为而遭受的物质损失，不属于刑事附带民事诉讼的赔偿范围，法院不予支持。关于附带民事诉讼原告人主张的交通费、住宿费均发生2015年12月，据附带民事诉讼原告人孟某1当庭称该费用系其前往死者孟某某户籍所在地安徽省固镇县注销户口产生的，故附带民事诉讼原告人主张的交通费、住宿费与本案无关，莫索湾垦区人民法院不予支持。根据《机动车交通事故责任强制保险条例》第四十四条规定：机动车在道路以外的地方通行时发生事故，造成人身伤亡、财产损失的赔偿，比照适用本条例，故本案可以适用交强险相关的规定。因附带民事诉讼被告联合加工厂所有的黄色金城ZL35F－Ⅱ型装载机未依法投保交强险，理应由投保义务人联合加工厂在交强险责任限额范围进行赔偿。附带民事诉讼原告人主张的丧葬费27,299.5元（54,599元/年÷12月×6月），误工费14,000元有相关证据证明，两项费用合计41,299.5元在交强险赔偿限额内，虽依法应由联合加工厂承担赔偿责任，但联合加工厂已与附带民事诉讼原告人自愿达成赔偿协议，该协议内容除了有丧葬费、误工费赔偿项目外，还约定联合加工厂与附带民事诉讼原告人因此事故之赔偿再无任何争议，故对附带民事诉讼原告人主张的要求联合加工厂承担赔偿责任的诉讼请求不予支持。根据法律规定，负有投保交强险义务的联合加工厂应首先在交强险限额内予以赔偿，不足部分则由杜某某及其雇主郭某某依法予以赔偿。现附带民事诉讼原告依法应予支持的赔偿总金额合计为41,299.5元尚在交强险赔偿限额内，杜某某及其雇主郭某某依法不应承担赔偿责任，故对附带民事诉讼原告人要求的三被告承担赔偿责任的诉讼请求不予支持。

综上所述，依照《刑法》第一百三十四条第一款、第六十七条第一款、第三十六条第一款，《刑事诉讼法》第九十九条第一款，最高人民法院《关于适用〈中华人民共和国刑事诉讼法〉的解释》第一百三十八条第一款、第一百五十五条第一款、第二款，最高人民法院《关于审理人身损害赔偿案件适用法律若干问题的解释》第二十条、第二十七条，《合同法》第六条、第八条之规定，判决如下：（1）被告人杜某某犯重大责任事故罪，判处有期徒刑一年零六个月；［刑期从判决执行之日起计算。判决执行以前先行羁押的，羁押一日折抵刑期一日（自2015年11月20日至2015年12月4日），即自2016年8月31日起至2018年2月14日止］(2)驳回附带民事诉讼原告人桑某某、黄某某、孟某1、孟某2的全部诉讼请求。

■ 案例评析

□ 重点示意图

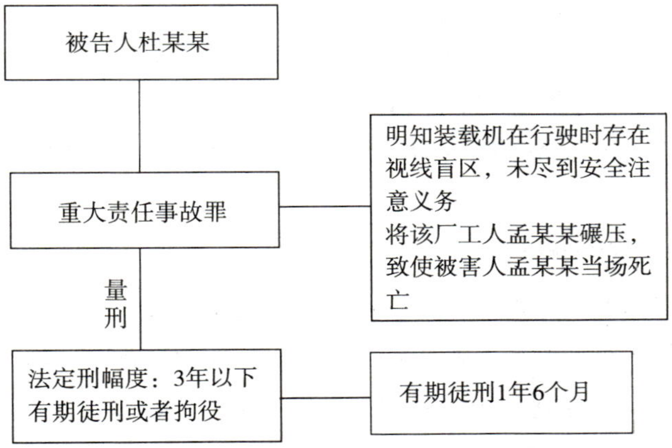

□ 疑难点释析

本案的疑难点主要集中在刑事附带民事诉讼的赔偿范围以及由谁来承担具体的赔偿。

1. 刑事附带民事诉讼的赔偿范围

本案被告人杜某某、附带民事诉讼被告人郭某某、附带民事诉讼被告联合加工厂认为，附带民事诉讼原告人桑某某、黄某某均系退休职工，不应支付被抚养人生活费；附带民事诉讼原告人孟某2已年满18周岁，亦不应支付被抚养人生活费；且死亡赔偿金、被抚养人生活费不属于刑事附带民事诉讼的赔偿范围，交通费某住宿费票据均发生在2015年12月，与本案无关；交通费某误工费已经由附带民事诉讼被告联合加工厂给予赔偿。《刑事诉讼法》(2012年修正版)依据最高人民法院

《〈中华人民共和国刑事诉讼法〉适用解答》第41问答，刑事附带民事赔偿范围包括人身损害赔偿和财产损害赔偿，其中人身损害赔偿范围为：(1)医疗费：按实际产生的费用，以从医学角度治疗身体损害必要为限，不包括因整形、康复治疗而产生的费用；(2)误工费：以被害人工作单位实际扣发为限，且不高于当地平均生活水平的三倍；(3)护理费：指根据医治需要而实际支出的护理人员费用，以不高于医院护理人员的实际收入为限；(4)交通费：以必要和实际开支为限；(5)住院伙食补助费：按照当地国家机关一般工作人员的出差伙食补助标准计算；(6)被抚养人生活费：依照被害人丧失劳动能力程度，以法院所在地上一年度城镇居民人均消费性支出标准计算；(7)丧葬费：按法院所在地上一年度职工月平均工资标准，以六个月总额计算。本案中，关于死亡赔偿金、被抚养人生活费并非因犯罪行为而遭受的物质损失，不属于刑事附带民事诉讼的赔偿范围，法院不予支持。关于附带民事诉讼原告人主张的交通费、住宿费均发生2015年12月间，与本案无关，法院不予支持。

2. 谁来承担具体的赔偿

被告人杜某某及其辩护人对公诉人指控的犯罪事实无异议，对附带民事诉讼部分认为附带民事诉讼被告人郭某某系其雇主，应由雇主承担责任。而附带民事诉讼被告人郭某某辩称其已经向附带民事诉讼原告人赔偿完毕，不再承担责任。根据《机动车交通事故责任强制保险条例》第四十四条的规定：机动车在道路以外的地方通行时发生事故，造成人身伤亡、财产损失的赔偿，比照适用本条例，故本案可以适用交强险相关的规定。因附带民事诉讼被告联合加工厂所有的黄色金城ZL35F－Ⅱ型装载机未依法投保交强险，理应由投保义务人联合加工厂在交强险责任限额范围进行赔偿。附带民事诉讼原告人主张的丧葬费27,299.5元(54,599元/年÷12月×6月)，误工费14,000元有相关证据证明，两项费用合计41,299.5元在交强险赔偿限额内，虽依法应由联合加工厂承担赔偿责任，但联合加工厂已与附带民事诉讼原告人自愿达成赔偿协议，该协议内容除了有丧葬费、误工费赔偿项目外，还约定联合加工厂与附带民事诉讼原告人因此事故之赔偿再无任何争议，故对附带民事诉讼原告人主张的要求联合加工厂承担赔偿责任的诉讼请求不予支持。根据法律规定，负有投保交强险义务的联合加工厂应首先在交强险限额内予以赔偿，不足部分则由杜某某及其雇主郭某某依法予以赔偿。现附带民事诉讼原告依法应予支持的赔偿总金额合计为41,299.5元尚在交强险赔偿限额内，杜某某及其雇主郭某某依法不应承担赔偿责任，故对附带民事诉讼原告人要求的三被告承担赔偿责任的诉讼请求不予支持。

■ 知识点解析

重大责任事故罪，是指在生产、作业中违反有关安全管理的规定，因而发生重大伤亡事故或者造成其他严重后果的行为。行为主体为自然人，包括对生产、作业负有组织、指挥或者管理职责的负责人、管理人员、实际控制人、投资人等人员，以及直接从事生产、作业的人员。行为主体的主观方面为过失，既可以是疏忽大意的过失，也可以是过于自信的过失。行为与结果的内容为在生产、作业中实施违反有关安全管理规定的行为，因而发生重大伤亡事故或者造成其他严重后果。

本罪与交通肇事罪的界限存在一定交叉，对于厂（矿）区内机动车作业期间发生的伤亡事故案件，如果在公共交通管理范围内，违反交通运输管理法规造成重大事故的应认为交通肇事罪，违反安全生产规章制度的为重大责任事故罪；如果在公共交通管理范围之外发生重大交通事故的，则认定为重大责任事故罪。[1]

---

〔1〕 参见最高人民检察院1992年3月23日《关于在厂（矿）区内机动车造成伤亡事故的犯罪案件如何处理的问题的批复》。

PART 02

人身权利、民主权利

16
Case Study

刘祖枝故意杀人案

故意杀人 | 帮助自杀

■ 研读指导

1. 提供农药由丈夫自行服下后未采取任何救助措施导致丈夫中毒身亡的,是否构成故意杀人罪?
2. 对被告人刘祖枝的行为能否认定为故意杀人"情节较轻"?
3. 注意发生在家庭内部的故意杀人案件的特殊性,比较研读其他故意杀人案件并进行归纳总结。

■ 相关法条

《**中华人民共和国刑法**》第二百三十二条【故意杀人罪】、第五十五条第一款【剥夺政治权利的期限】、第五十六条第一款【剥夺政治权利的适用】、第六十一条【量刑根据】、第六十七条第三款【自首】

■ 近似案例

李飞故意杀人案(最高人民法院指导性案例第12号)

王志才故意杀人案[(2010)鲁刑四终字第2-1号]

何建达故意杀人、抢劫案[(2015)津高刑一终字第9号]

■ 案情介绍

被告人刘祖枝,女,1961年11月30日出生。因涉嫌犯故意杀人罪于2010年12月14日被逮捕。

北京市人民检察院第二分院以被告人刘祖枝犯故意杀人罪,向北京市第二中级人民法院提起公诉。

被告人刘祖枝对指控的犯罪事实无异议,但辩称其不是故意杀害丈夫秦继明。其辩护人提出,秦继明系自杀,刘祖枝没有杀人故意,案发前秦继明多次有过自杀想法,刘祖枝只是为秦继明的自杀创造条件,其行为不必然导致秦继明服毒死亡,该结果在刘祖枝的意料之外,故刘祖枝的行为不构成犯罪。同时,刘祖枝一贯表现良好,多年来悉心照顾秦继明及其家人,归案后如实供述犯罪事实,并能够认罪、悔罪,且得到被害人亲属的谅解,请求法院对刘祖枝公正判决。

北京市第二中级人民法院经审理查明:被告人刘祖枝系被害人秦继明(男,殁年49岁)之妻。秦继明因患重病长年卧床,一直由刘祖枝扶养和照料。2010年11月8日3时许,刘祖枝在其暂住地北京市朝阳区十八里店乡西直河孔家井村1869号院出租房内,不满秦继明病痛叫喊,影响他人休息,与秦继明发生争吵。后刘祖枝将存放在暂住地的敌敌畏倒入杯中提供给秦继明,由秦继明自行服下,造成秦继明服毒死亡。

北京市第二中级人民法院认为,被告人刘祖枝与患重病长年卧床的丈夫秦继明因故发生争吵后,不能正确处理,明知敌敌畏系毒药,仍向秦继明提供,导致秦继明服毒死亡,其行为构成故意杀人罪,应依法惩处。鉴于本案系家庭纠纷引发,刘祖枝长年坚持扶养、照料患重病卧床的秦继明,秦继明因不堪忍受病痛折磨,曾多次有轻生念头,且刘祖枝将敌敌畏倒入杯中提供给秦继明,由秦继明自行服下,是在双方发生争吵时冲动所为,故刘祖枝故意杀人的主观恶性与人身危险性与普通故意杀人存在一定区别。同时,刘祖枝归案后如实供述自己的罪行,且能够认罪、悔罪,秦继明的亲属亦对刘祖枝表示谅解,请求法院对其从宽处理,故法院对刘祖枝予以从轻处罚。关于刘祖枝所提不是故意杀害秦继明的辩解及其辩护人所提刘祖枝没有杀人的犯罪故意,秦继明系自杀,刘祖枝的行为不构成犯罪的辩护意见,经查，刘祖枝在与秦继明发生言语冲突后，明知将敌敌畏提供给长年患病卧床并有轻生念头的秦继明，会导致秦继明服毒身亡的后果发生，仍不计后果而为之，事发后又不采取任何积极的措施送秦继明到医院救治，放任危害后果的发生，导致秦继明死亡；秦继明虽是自行服下刘祖枝提供的敌敌畏，但刘祖枝的行为与死亡结果之间存在因果关系，故刘祖枝的行为构成故意杀人罪，应依法惩处。故法院对该辩解及辩护意见不予采纳。对辩护人所提刘祖枝具有法定、酌定从轻处罚情节的辩护意见，经查属实，予以采纳。依照《刑法》第二百三十二条、第五十五条第一款、第五十六条第一款、第六十七条第三款、第六十一条之规定，判决如下：被告人刘祖枝犯故意杀人罪，判处有期徒刑 7 年，剥夺政治权利 1 年。

一审宣判后，被告人刘祖枝未提出上诉，检察机关亦未提出抗诉，判决已发生法律效力。

■ 案例评析

□ 重点示意图

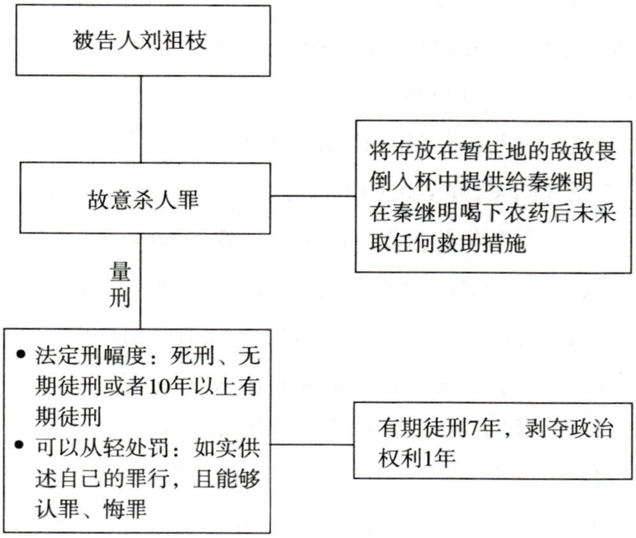

□ 疑难点释析

本案是一起发生在家庭内部的故意杀人案件,审判期间曾受到媒体的高度关注和报道。由于被告人刘祖枝提供农药后,是由被害人秦继明本人自行服下,故对刘祖枝的行为是否构成故意杀人罪,以及在肯定构成故意杀人罪的前提下如何处罚,均存在一定争议。

(1)被告人提供农药由丈夫自行服下后未采取任何救助措施,导致丈夫中毒身亡的,构成故意杀人罪。

被告人刘祖枝的行为包括两个阶段:第一,将农药提供给秦继明,并对其进行了言语刺激;第二,在秦继明喝下农药后未采取任何救助措施。

有观点认为,对第一阶段的行为,被告人只是为秦继明的自杀创造条件,其行为不必然导致秦继明服毒死亡的结果发生,故被告人的行为不构成犯罪。笔者认为,被告人的行为属于帮助自杀,是否追究行为人的刑事责任要结合主客观方面情况而定:若帮助者没有意识到他人有强烈的自杀倾向,且其提供的帮助行为与自杀结果之间不具有刑法上的因果关系,则对帮助者不追究刑事责任;若帮助者主观上明知他人有强烈的自杀倾向,客观上仍通过言行进一步强化他人自杀的决意,并提供自杀工具或者帮助他人完成自杀行为的,应认定其帮助行为与他人死亡结果之间具有刑法上的因果关系,对帮助者应当以故意杀人罪追究刑事责任。本案就属于第一种情形。被害人秦继明多年患有遗传性小脑萎缩症,近年来病情恶化,因不堪病痛折磨,常在夜间叫喊,并多次产生自杀念头。案发当日,被害人因病痛再次在深夜叫喊,引发女儿秦丽华和被告人的不满。被害人赌气说想死,被告人气愤之下将家中的农药敌敌畏倒入杯子,并提供给被害人,同时对被害人进行精神性的言语刺激,导致被害人最终服下农药。可见,被告人实施的行为与被害人的死亡结果之间具有刑法上的因果关系,应认定其构成故意杀人罪。

对于被告人第二阶段的行为,即被害人喝下农药毒性发作后未采取任何救助措施,最终导致被害人中毒身亡,该行为符合不作为故意杀人罪的特征。所谓不作为犯罪是指行为人负有实施某种积极行为的特定法律义务,且能够履行而不履行,从而导致危害后果发生的情形。不作为犯罪的成立需要具备以下条件:一是行为人负有特定的作为义务;二是行为人能够履行而不履行;三是不履行作为义务与危害结果之间具有因果关系。作为义务的来源主要有四种，即法律明文规定的作为义务、职务或者业务要求的作为义务、法律行为引起的作为义务、先行行为引起的作为义务。

本案被告人对被害人具有救助义务，且当时能够履行而不履行，故其第二阶段的行为属于不作为的故意杀人，具体表现在：首先，被告人为被害人提供农药并以言语刺激强化被害人自杀的决意的行为人，其先前实施的行为导致其负有防止被害人死亡结果发生的义务；其次，被告人作为被害人的妻子，具有法律规定的互相扶养义务，被告人任由被害人毒性发作而不送医救治，违反了夫妻间互相救助的法律义务；最后，由于本案发生在较为封闭的私人住所，不可能期待他人实施救助行为，因此被告人还具有由社会道德伦理衍生的救助义务。综上所述，被告人的行为符合不作为故意杀人罪的特征。

（2）对被告人的行为是否可以认定为故意杀人“情节较轻”。

根据《刑法》第二百三十二条的规定，故意杀人情节较轻的，处 3 年以上 10 年以下有期徒刑。对这里的“情节较轻”如何理解和把握，目前尚无明确司法解释，实践中一般综合考虑案件的性质，犯罪的起因、动机、目的、手段等情节，犯罪的后果，被告人的主观恶性和人身危险性等因素予以认定。把握的一般尺度是，对社会危害性较小，主观恶性和人身危险性也较小的，可以认定为故意杀人情节较轻。例如，青年男女因婚前性行为致女方怀孕产子后，因无抚养能力而杀死婴儿的；近亲属对一贯为非作恶者“大义灭亲”的；长期受被害人迫害者因不堪忍受折磨而将被害人杀死的；等等。

本案被告人的行为能否认定为故意杀人“情节较轻”，审理过程中存在一定争议。有观点认为，被告人在被害人喝下农药后，不仅不予救助，还阻止女儿打急救电话抢救，犯罪情节较为恶劣，不应认定“情节较轻”。笔者认为，结合本案案情，可以认定被告人的行为“情节较轻”：首先，被害人身患重病多年，被告人长年坚持扶养和照料，不离不弃，已尽到夫妻之间的扶养义务；其次，被害人近年因病痛折磨，经常在晚上叫喊，影响其暂住地周围邻居休息，房东于是要求被告人一家尽快搬走，案发当夜，被害人又因此与被告人发生争吵，被告人当时处于激情状态，容易作出过激反应；再次，被告人虽然向被害人提供农药并以言语刺激对方，但这是在被害人具有自杀念头，且本人自愿服毒的情况下才导致被害人自杀，行为人的主观恶性和行为的社会危害性不大；最后，案发后被告人乡邻及受害人家属均出具证明，证实被告人表现一贯良好且被害人现亲属均其表示谅解，放弃附带民事赔偿诉讼，对其适用情节较轻进行从轻处罚不会激化社会矛盾。

此外，根据最高人民法院出台的《关于〈中华人民共和国刑法修正案（八）〉时间效力问题的解释》第四条的规定，本案属于2011年4月30日以前犯罪，应当适用修正后《刑法》第六十七条第三款的情形。修正后《刑法》第六十七条第三款规定："犯罪嫌疑人虽不具有前两款规定的自首情节，但是如实供述自己罪行的，可以从轻处罚。"被告人事后没有委托他人报警，不属于主动投案，不构成自首；但其被公安机关传唤后如实交代犯罪事实，具有坦白情节，依法可以从轻处罚。

综上所述，法院认定被告人刘祖枝的行为构成情节较轻的故意杀人罪，依法判处有期徒刑7年，定罪准确，量刑适当。

■ 知识点梳理

教唆或帮助自杀。教唆自杀，是指行为人故意用引诱、怂恿、欺骗等方法，使他人产生自杀意图。以相约自杀为名诱骗他人自杀的，也是一种教唆自杀的行为。帮助自杀，是指在他人已有自杀意图的情况下，帮助他人实现自杀意图。我国刑法对杀人罪规定得比较简单，没有将教唆、帮助自杀的行为规定为独立的犯罪。在这种立法体例之下，是认为教唆、帮助自杀的行为根本不成立犯罪，还是认为教唆、帮助自杀的行为成立普通的故意杀人罪，的确是需要研究的问题。如果认为刑法分则条文规定的只是实行行为，那么，只有当教唆、帮助（与共同犯罪中的教唆、帮助不是等同概念）自杀的行为，具有间接正犯性质时，才能认定为故意杀人罪。

（1）欺骗不能理解死亡意义的儿童或者精神病患者等人，使其自杀的，属于故意杀人罪的间接正犯。（2）凭借某种权势或利用某种特殊关系，以暴力、威胁或者其他心理强制方法，使他人自杀身亡的，成立故意杀人的间接正犯，应以故意杀人罪论处。例如，组织和利用邪教组织制造、散布迷信邪说，指使、胁迫其成员或者其他人实施自杀行为的，邪教组织成员组织、策划、煽动、教唆、帮助邪教组织人员自杀的，应以故意杀人罪论处。[1] (3)行为人教唆自杀的行为使被害人对法益的有无、程度、情况等产生错误，导致其对死亡的同意无效时，也应认定为故意杀人罪。例如，医生欺骗患者说："你最多只能活三个月，而且一周后开始剧烈疼痛。"进而使其自杀的，患者对自杀的同意无效，对医生应认定为故意杀人罪。[2]

---

〔1〕 参见最高人民法院、最高人民检察院1999年10月30日《关于办理组织和利用邪教组织犯罪案件具体应用法律若干问题的解释》第四条；最高人民法院、最高人民检察院2001年6月4日《关于办理组织和利用邪教组织犯罪案件具体应用法律若干问题的解释（二）》第九条。

〔2〕 参见［日］西田典之：《刑法各论》，弘文堂1999年版，第16页以下。

17
Case Study

姚国英故意杀人案

故意杀人 | 家庭暴力

■ 研读指导

1. 因长期遭受虐待和家庭暴力而杀夫能否认定为《刑法》第二百三十二条规定的“情节较轻”?
2. 本案被告人姚国英是否符合缓刑的适用条件?
3. 比较研读近似案例,分析因家庭暴力而引发的故意杀人案件中家庭暴力因素对行为人量刑的影响,注意分析原因并归纳总结。

■ 相关法条

《中华人民共和国刑法》第二百三十二条【故意杀人罪】、第六十四条【犯罪物品的处理】、第六十七条第一款【自首】、第七十二条第一款【缓刑的适用条件】

■ 近似案例

吴飞龙故意杀人罪案[(2014)淮中刑初字第0002号]

姚荣香故意杀人案[(2015)浙温刑初字第4号]

■ 案情介绍

被告人姚国英,女,1966年8月20日出生,小学文化,农民。因涉嫌犯故意杀人罪于2010年5月11日被逮捕。

浙江省衢州市衢江区人民检察院以被告人姚国英犯故意杀人罪，向衢州市衢江区人民法院提起公诉。

被告人姚国英及其辩护人对起诉书指控的罪名及犯罪事实不持异议。其辩护人提出，被害人好逸恶劳，长期以赌博为业，对被告人实施家庭暴力侵害、虐待长达十多年，对被告人的肉体和身心造成严重伤害，被害人具有重大过错；被告人的杀人行为属情节较轻情形，且有投案自首情节，家有未成年女儿需要抚养，请求法院对其从轻处罚，并宣告缓刑。

衢州市衢江区人民法院经公开审理查明：被告人姚国英与被害人徐树生系夫妻关系，结婚十余年徐树生经常无故打骂、虐待姚国英。2010 年以来，徐树生殴打姚国英更为频繁和严重。2010 年 5 月 10 日晚，徐树生又寻机对姚国英进行长时间打骂；次日凌晨 5 时许，姚国英因长期遭受徐树生的殴打和虐待，心怀怨恨，遂起杀死徐树生之念。姚国英趁徐树生熟睡之际，从家中楼梯处拿出一把铁榔头，朝徐树生头、面部等处猛击数下，后用衣服堵住其口、鼻部，致徐树生当场死亡。当日 8 时 30 分许，姚国英到衢州市公安局衢江分局上方派出所投案。

衢州市衢江区人民法院认为，被告人姚国英持械故意杀害其丈夫徐树生，其行为构成故意杀人罪。但姚国英的杀人故意系因不堪忍受被害人徐树生的长期虐待和家庭暴力而引发，因此，其杀人行为可认定为故意杀人罪中的情节较轻。案发后，姚国英主动到公安机关投案，如实供述自己的罪行，是自首，依法可从轻处罚。鉴于被告人长期遭受虐待和家庭暴力而杀夫的行为受到民众高度同情，社会危害性相对较小，且被告人具有自首情节，认罪态度较好，家中又尚有未成年的女儿需要抚养，根据其犯罪情节和悔罪表现，对其适用缓刑不致再危害社会，可依法宣告缓刑。依照《刑法》第二百三十二条、第六十七条第一款、第七十二条第一款、第六十四条之规定判决：被告人姚国英犯故意杀人罪，判处有期徒刑 1 年，缓刑 5 年。

一审宣判后，被告人姚国英未提出上诉，公诉机关亦未提出抗诉，判决已发生法律效力。

■ 案例评析

□ 重点示意图

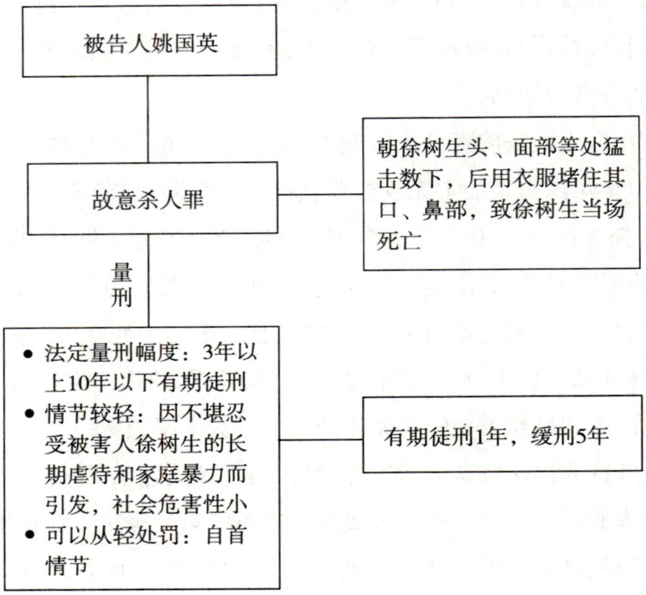

□ 疑难点释析

1. 被告人因长期遭受虐待和家庭暴力而杀夫的行为是否属于《刑法》第二百三十二条规定的“情节较轻”

《刑法》第二百三十二条规定：“故意杀人的，处死刑、无期徒刑或者十年以上有期徒刑；情节较轻的，处三年以上十年以下有期徒刑。”对“情节较轻”的理解和认定，法律和司法解释尚无具体、明确的规定，理论界和实务界通常将以下情形视为“情节较轻”：(1)防卫过当的故意杀人，指正当防卫超过必要限度而故意将不法侵害者杀死的情形；(2)义愤杀人，指行为人或者其近亲属受被害人的虐待、侮辱或迫害，因不能忍受，为摆脱所受的虐待、侮辱、迫害而实施故意杀人的行为；(3)激情杀人，即本无杀人故意，因被害人的严重过错，在被害人的刺激、挑逗下而失去理智，当场实施故意杀人的行为；（4）受嘱托帮助他人自杀，即基于被害人的请求、自愿而帮助其自杀的行为；（5）生父母溺婴，即父母出于无力抚养、怜悯等不太恶劣的主观动机而将亲生婴儿杀死的行为。其中，上述五种情形又以前三种较为常见和值得探讨，这三类情形有一个共通点，即被害人在案发起因上有严重过错，即被害人出于主观上的故意或过失，侵犯他人合法权益，对诱发被告人的犯意、激发被告人实施犯罪具有直接或间接作用。

结合本案，笔者认为，从杀人原因和审判效果两方面分析，被告人受虐杀夫的犯罪行为，应当认定被害人存在严重过错，被告人的行为属于故意杀人罪中的“情节较轻”情形。

（1）从杀人原因分析，此类案件中，被害人往往是家庭暴力的施暴者，在案发起因上具有重大过错。如本案被告人婚后长期遭到被害人的无故打骂、虐待，在对外求助无果的情况下；最终被告人在一次长时间打骂后，积怨爆发，将丈夫杀死。需要注意的是，由于受虐妇女自身反抗能力的限制和对施暴丈夫的恐惧，失控杀夫的时间点多数时候并不是不法侵害进行时，所以并不能以正当防卫事由减轻或者免除处罚。

（2）从刑罚的社会效果分析，对因遭受家庭暴力而杀夫的妇女在量刑时按照“情节较轻”处理，有遏制家庭暴力滋生蔓延的积极意义，取得较好的社会效果。我国现行法律、法规对遏制家庭暴力的行为可操作性不强，虽然《婚姻法》第 3 条有禁止家庭暴力的规定，但具体处罚的尺度和依据难以把握，使受虐妇女在寻求合法的救济途径时困难重重，相关机构的保护也显得无力。再加之家庭暴力的隐蔽性，使施暴者更加肆无忌惮，暴力行为愈演愈烈。将受虐杀夫的行为在量刑时按照“情节较轻”处理，必然会使家庭暴力的施暴者有所收敛，更加理智地权衡自己行为后果的利弊，起到良好的社会导向作用，实现社会自我防卫、主动预防犯罪的目的。同时，受虐杀夫作为一种针对性很强的杀人行为，行为人再次犯同种罪行的可能性甚微，加之主观恶性较小，在道义上能够得到大家的同情和谅解，对她们这样人身危险性较小的受虐妇女予以严惩，弊大于利，还可能招致更为严重的家庭问题，不利于社会的和谐发展。因此，将因长期遭受虐待和家庭暴力而杀夫的行为认定为《刑法》第二百三十二条规定的“情节较轻”，符合宽严相济的刑事政策，顺应了刑罚“轻缓化”和“人道化”的发展趋势。

本案是一起非常典型的因长期受虐待和家庭暴力引发的杀夫案件，被害人在案发起因上有重大过错，案发后，当地妇联递交了要求对被告人姚国英轻判的申请报告，当地政府出具了有600多位群众签名要求对被告人姚国英从轻处罚的请愿书，被告人姚国英的杀夫行为应认定为《刑法》第二百三十二条规定的“情节较轻”。

2. 被告人是否符合适用缓刑的条件

如上所述，被告人姚国英的故意杀人犯罪应认定为“情节较轻”，在三年以上十年以下有期徒刑的幅度内量刑。如果对被告人判处三年有期徒刑，还能否再对其适用缓刑呢？根据《刑法》第七十二条第一款的规定，“对于被判处拘役、三年以下有期徒刑的犯罪分子，根据犯罪分子的犯罪情节和悔罪表现，适用缓刑确实不致再危害社会的，可以宣告缓刑”。

(1)从本案被告人犯罪的主观恶性分析，其故意杀人的原因是无法忍受被害人长期以来的虐待和家庭暴力，出于长期的积怨和对未来可能再次遭受虐待与暴力的恐惧，其主观恶性较一般的杀人行为要小得多，被害人的重大过错也在很大程度上降低了被告人主观上的可谴责性。

(2)被告人具有自首情节。自首本身是法定的从轻、减轻处罚情节，能够反映其有较好的认罪态度。

(3)本案受虐杀人的对象仅限于家庭暴力的施暴者，一旦施暴者不存在，对其他人和社会也就很难再构成威胁。由此而论，被告人姚国英的社会危害性和人身危险性较小，对其使用缓刑不致再危害社会。此外，被告人的行为已经得到社会原谅，并受到社会舆论的同情。虽然民意不是法定从轻处罚的情节，但是在量刑时应考虑对被告人有利的民意并综合其他因素对被告人从轻或减轻处罚。

(4)本案中还有一个对被告人适用缓刑的考虑因素，即被告人有一个未成年的女儿需要照料，且其女儿患有先天性甲状腺肿大，需要终生服药。

综上所述，笔者认为，衢江区人民法院以故意杀人罪对被告人姚国英判处3年有期徒刑并适用缓刑的判决，符合法律规定，符合罪责刑相一致的刑法原则，符合刑罚价值论。

■ 知识点梳理

1.“被害人严重过错”作为故意杀人罪的“情节较轻”情形的法理依据

将“被害人严重过错”作为故意杀人罪的“情节较轻”情形的法理依据在于：刑事法律负有平衡被告人和被害人之间利益的任务。这种利益上的平衡，在西方国家的刑法理论中表现为“责任分担说”和“谴责性降低说”。“责任分担说”认为，在“一些犯罪中被害人的过错行为使犯罪的发生或者犯罪危害后果的产生不能完全归咎于被告人，此时犯罪行为的责任也要部分地归咎于被害人”。“谴责性降低说”认为，在一些犯罪中“被害人在犯罪发生之前的行为，不论是否应该谴责，只要该行为推动了被告人的暴力反应，那么被告人的受谴责性都应该适当降低”。在我国，有学者提出了“过错相抵”理论，即被告人的过错与被害人的过错能够进行相互抵消或抵减，通过对被告人与被害人相互利益损害计算的方式平衡双方的权益救济途径和方式，从而达到公平保护各方权益的目的。生命权是公民的最高权益，无疑是受到法律严格保护的，但是法律在保护被害人权益的前提下，也不应忽略对被告人权益的保护。当被害人的行为违背公序良俗，违反有关法律、法规、其他规章制度，在道义上或法律上具有可谴责性或可归责性，且该行为是诱发被告人产生犯罪动机或者使犯罪动机外化最主要的因素时，就应当认定被害人具有重大过错，在该情形下，对被告人就应考虑是否按照“情节较轻”处理。

在相关司法解释性文件中，被害人过错已被明确作为量刑的一个重要考虑因素，特别是在故意杀人罪中，被害人过错被列为与法定从轻处罚情节同等位置的量刑情节。如1999年10月27日最高人民法院印发的《全国法院维护农村稳定刑事审判工作座谈会纪要》规定：“对故意杀人犯罪是否判处死刑，不仅要看是否造成了被害人死亡结果，还要综合考虑案件的全部情况。对于因婚姻家庭、邻里纠纷等民间矛盾激化引发的故意杀人犯罪，适用死刑一定要十分慎重，应当与发生在社会上的严重危害社会治安的其他故意杀人犯罪案件有所区别。对于被害人一方有明显过错或对矛盾激化负有直接责任，或者被告人有法定从轻处罚情节的，一般不应判处死刑立即执行。”2007年1月15日最高人民法院《关于为构建社会主义和谐社会提供司法保障的若干意见》第十八条明确规定“……因被害方的过错行为引发的案件应慎用死刑立即执行。"

2. 对家庭暴力的理解

家庭暴力,一般是指家庭成员包括配偶、父母、子女以及其他共同生活的近亲属之间实施的,以殴打、捆绑、禁闭、残害或者其他手段对身体、精神、性等方面的侵害。家庭暴力的发生往往具有周期性,即从双方关系紧张期到暴力期再到平静期,如果经过两个以上这样的周期,即可界定家庭暴力的存在,因此家庭成员之间偶尔发生的肢体冲突并不属于家庭暴力,与家庭暴力有所区分。同时,被告人遭受的家庭暴力应达到一定的程度,2015 年最高人民法院、最高人民检察院、公安部、司法部《关于依法办理家庭暴力犯罪案件的意见》对此从强度和长度两个方面作出了规定,即遭受严重家庭暴力,身体、精神受到重大损害或者遭受了长期家庭暴力。对于判断何为长期严重的家庭暴力,除了考虑家庭暴力延续的时间长短,还要考虑家庭暴力延续的时间在整个婚姻家庭关系存续期间所占的比例以及对被告人心理、精神所造成的影响等因素。

18
Case Study

张德军故意伤害案

见义勇为 | 故意伤害

■ 研读指导

1. 对造成人员死亡、重伤的重大刑事案件,被害人或者已死亡被害人的近亲属能否提起刑事诉讼?
2. 被告人张德军应否对其见义勇为行为承担法律责任?
3. 比较研读近似案例中对于见义勇为相关人员的责任认定,注意其中的差异、分析原因并归纳总结。

■ 相关法条

《中华人民共和国刑事诉讼法》(1996年修正版)[1]第六十三条【扭送】、第一百六十二条【评议与判决】、第一百八十九条【二审对一审判决的处理】

《中华人民共和国民法通则》第五条【民事权益受法律保护原则】

《中华人民共和国民事诉讼法》(1991年版)第六十四条[2]【举证责任】

■ 近似案例

刘延昌等诉于海、于学民、青州华裕纸业有限公司[(2000)潍民终字第1455号]

---

[1] 分别对应《中华人民共和国刑事诉讼法》(2018年修正版)第八十四条、第二百条、第二百三十六条。

[2] 本条对应《中华人民共和国民事诉讼法》(2017年修正版)第六十四条。

■ 案情介绍

自诉人并附带民事诉讼原告人以被告人张德军犯故意伤害罪向四川省成都市成华区人民法院提起刑事诉讼并提起附带民事诉讼,请求法院追究被告人张德军的刑事责任。附带民事诉讼原告人胡永立、陈兰珍、甘雪芳、胡清伦要求被告人张德军赔偿死亡补偿金、丧葬费、交通费、被扶养人生活费等共计人民币216,760.50元;附带民事诉讼原告人罗军要求被告人张德军赔偿残疾补偿金、残疾辅助器具费、医疗费、误工费、护理费、交通费、住院伙食补助费、被扶养人生活费等共计人民币352,080元。

张德军辩称,事发当时听到一妇女被抢呼救后,驾车同他人追赶犯罪嫌疑人胡远辉、罗军,追赶时曾电话报警,当车辆接近胡远辉、罗军驾驶的两轮摩托车时责令对方停车,对方不但没有停车,坐在后座的罗军还拿出螺丝刀威胁。两车在保持一定距离并行时,摩托车先撞上立交桥护栏,反弹后撞到自己车上,造成罗军、胡远辉的伤亡,自己不应对此承担刑事责任和民事责任。其辩护人提出,张德军的追赶行为是为了他人的财产免受正在实施的不法侵害而采取的正当防卫行为,具有正当性、合法性,自诉人也没有证据证实张德军实施了碰撞行为,实际上是胡远辉、罗军在逃跑时慌不择路,驾车失控导致伤亡后果,应自负其责。故张德军不构成故意伤害罪,也不应承担民事赔偿责任,请求法院驳回自诉人并附带民事诉讼原告人的全部诉讼请求。

法院经公开审理查明:2004年8月14日18时许,死者胡远辉驾驶两轮摩托车搭乘自诉人罗军在四川省成都市成华区圣灯乡人民塘村11组处,趁一李姓妇女不备抢夺其佩戴的金项链后驾车逃逸。被告人张德军和现场群众刘某某、张某某等人闻讯后,立即乘坐由张德军驾驶的轿车追赶,并多次电话报警。当追至成都市三环路龙潭立交桥上时,刘某某、张某某等人责令胡远辉、罗军二人停车,但胡远辉为摆脱追赶驾驶摩托车高速蛇形行驶。当张德军驾驶的轿车与胡远辉驾驶的摩托车并行时,摩托车与右侧立交桥护栏和张德军驾驶的轿车发生碰撞后侧翻,致使罗军从摩托车上摔落桥面造成左小腿骨折等多处损伤,胡远辉摔落桥下死亡。罗军在治疗期间左小腿截肢,经法医鉴定为二级伤残。

成都市成华区人民法院认为，死者胡远辉和自诉人罗军实施抢夺行为以后，张德军等人驾车追赶二人，只是意图将逃跑的犯罪嫌疑人扭送公安机关，从追赶过程中多次电话报警并责令对方停车的事实可以证明追赶者的这一主观心态。张德军驾车追赶胡远辉、罗军的行为符合法律规定，是合法、正当行为。本案的证据不能证明张德军实施了主动撞击摩托车，致胡远辉、罗军伤亡后果的行为，即不能证明张德军实施了故意伤害他人身体的行为。被告人张德军既没有非法伤害他人身体的主观故意，又没有证据证明其客观上实施了伤害他人身体的具体行为。因此，自诉人指控张德军犯故意伤害罪既无事实根据也无法律根据，其指控不能成立。死者胡远辉和自诉人罗军为摆脱现场群众的追赶，驾驶摩托车以危险状态高速行驶，是造成摩托车侧翻的直接原因，这一危险状态系死者胡远辉和自诉人罗军自我选择的结果。被告人张德军为了阻止犯罪嫌疑人逃逸而采取的高速追赶行为，与本案损害结果的发生没有因果关系，不应当承担民事损害赔偿责任。故附带民事诉讼原告人要求被告人张德军承担民事赔偿责任的诉讼请求，也不能成立。依照《刑事诉讼法》第一百六十二条第（二）项、第（三）项、《民法通则》第五条和《民事诉讼法》第二条的规定，判决如下：（1）被告人张德军无罪；（2）被告人张德军不承担民事赔偿责任。

宣判后，自诉人并附带民事诉讼原告人胡永立、陈兰珍、甘雪芳、胡清伦、罗军均不服，以原判事实不清、判决不公为由向四川省成都市中级人民法院提出上诉。

成都市中级人民法院经审理认为，原审被告人张德军为制止实施抢夺行为的胡远辉和上诉人罗军，与现场群众一道打电话报警并驾车追赶，主观心态是将犯罪嫌疑人扭送公安机关，客观行为不违背法律规定，我国刑事诉讼法明确规定对正在实行犯罪或者在犯罪后即时被发觉的，任何公民都可以立即将其扭送公安机关、人民检察院或者人民法院处理。胡远辉和自诉人罗军在实施抢夺行为后，为占有其抢夺钱财和逃避法律责任而逃逸，驾驶摩托车以高度危险的状态疾速行驶，是造成翻车致胡远辉摔落死亡、罗军受伤的直接原因。自诉人所提原判事实不清的上诉理由，原审判决对事发当天的起因、经过和结果的认定，有证人证言、辨认笔录、现场勘查笔录、现场照片、道路交通事故现场图、尸检报告、自诉人罗军的供述、被告人张德军的供述及辩解等证据证实。原判认定事实清楚，对自诉人该上诉意见不予支持。自诉人所提原判不公的上诉理由，被告人张德军为阻止犯罪嫌疑人逃逸，将其送交公安机关而实施追赶，其主观和客观方面均不符合故意伤害罪的构成要件。附带民事诉讼中承担赔偿责任的前提条件，一是刑事方面因被告人的犯罪行为造成被害人的物质损失；二是民事方面被告人的行为和损害结果之间存在因果关系。《民事诉讼法》第六十四条第一款规定，“当事人对自己提出的主张，有责任提供证据”，附带民事诉讼原告人要求被告人张德军承担民事赔偿责任，但未能提供充分证据证实其主张，故应驳回自诉人要求被告人承担民事赔偿责任的诉讼请求。依照《中华人民共和国刑事诉讼法》第一百八十九条第（一）项的规定，裁定驳回上诉，维持原判。

■ 案例评析

□ 重点示意图

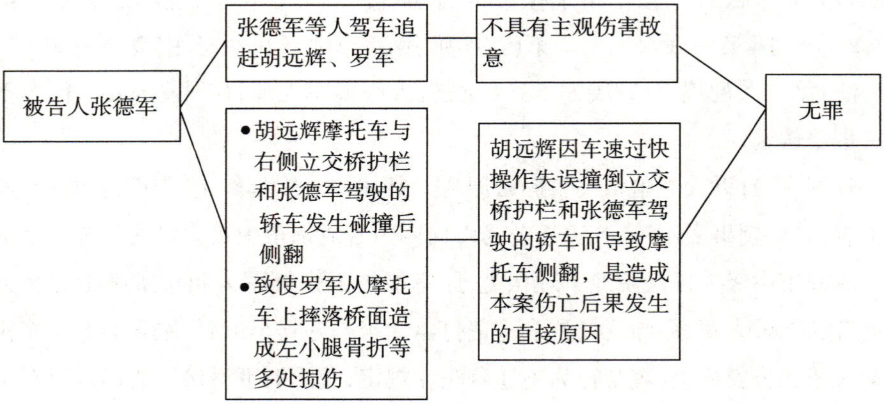

□ 疑难点释析

1. 对于有证据证明的侵犯人身、财产权利的刑事案件，公安机关或者检察院不予追究的，被害人或者已死亡被害人的近亲属是否可以依法提起刑事自诉。

1979 年《刑事诉讼法》对于故意造成他人重伤、死亡的犯罪案件规定为属于由公安机关立案侦查、检察机关提起公诉的案件，自然人对此类案件无权提起刑事诉讼；《刑事诉讼法》（1996 年修正版）也认定上述案件一般属于公诉案件，但《刑事诉讼法》第一百七十条在关于自诉案件的范围中纳入了“被害人有证据证明对被告人侵犯自己人身、财产权利的行为应当依法追究刑事责任，而公安机关或者人民检察院不予追究被告人刑事责任的案件”。[1] 这从立法上明确规定，公民个人对于此类案件能够直接向人民法院提起刑事诉讼，即提起自诉。虽然这类案件法律规定一般属于公诉案件，由于司法实践中确实存在司法工作人员滥用职权或者玩忽职守而有案不立、有罪不究的情形，为保障被害人及其亲属的控告权，故修订后的《刑事诉讼法》明确规定被害人对他人侵犯自己人身、财产权利的犯罪行为有提起刑事诉讼的权利。《刑事诉讼法》的上述规定实质是给被害人及其亲属提供了新的救济渠道。

值得注意的是，对依照上述规定提起自诉的案件还必须符合三个条件：（1）受理案件的范围仅限于侵犯公民人身权利和侵犯公民财产权利方面的犯罪行为，其他类型的犯罪行为不在此列。如果公民针对人身权利、财产权利以外的犯罪行为或者一般的违法行为提起刑事诉讼，且不符合其他法定自诉情形的，法院应当不予受理并依法裁定驳回起诉。（2）必须是被侵权当事人有证据依法向公安机关或者人民检察院举报、控告被告人的犯罪行为后，公安机关不予立案，或者人民检察院已决定对被告人不予起诉，并经当事人提出复议建议后仍维持不予立案或者不予起诉决定的，当事人才可以向人民法院直接提起刑事诉讼。因此，法院受理此类案件的前提条件，是公安机关或者人民检察院针对当事人的控告已经出具了不予立案或者不予起诉的书面决定。（3）提起人应是犯罪行为的被害人或者是其法定代理人、近亲属，但后者必须是在被害人死亡、丧失行为能力或者因受强制、威吓等原因无法告诉，或者是限制行为能力人以及由于年老、患病、盲聋哑和严重残疾不能亲自告诉的，才能成为自诉人。本案的自诉人罗军以自己被被告人张德军致伤及自诉人胡永立、陈兰珍、甘雪芳、胡清伦作为死者胡远辉的近亲属以胡远辉被张德军故意伤害致死为由，于 2005 年 5 月 27 日向四川省成都市公安局成华分局提出刑事控告，要求追究张德军的刑事责任，该局经审查认为指控的犯罪事实不成立，决定不予立案。上述自诉人不服申请复议，成华公安分局又作出维持不予立案的决定。故上述自诉人指控被告人张德军犯故意伤害罪向四川省成都市成华区人民

---

〔1〕《刑事诉讼法》（2018 年修正版）也在第二百一十条保留了这一规定。

法院提起刑事附带民事诉讼符合刑事诉讼法有关自诉案件的立案规定，法院应当受理。

2. 本案行为不具备故意伤害的主、客观要件，张德军无须为其见义勇为行为承担刑事和民事责任。

（1）惩恶扬善、见义勇为是中华民族的传统美德，也是我们党和国家积极提倡和鼓励的高尚义举。见义勇为作为社会主义道德规范和行为准则，在当今社会具有广泛的思想基础和现实意义。在某些情况下，当危险情况发生时，当事人可能无法及时报告国家义务机关或是国家义务机关无法及时赶到，如果此时坐视利益受损，则有悖于社会公德，而见义勇为的行为正好能及时制止侵害，挽救或减少损失。从实际情况来看，见义勇为者越多，不法侵害者越不敢肆意妄为；见义勇为者越多，个人利益和社会利益越有保障。见义勇为的救济及时性在一定程度上弥补了国家救济的不足，其秩序价值和效益价值不容忽视。为此，国家和很多地方政府均对见义勇为出台了明确的奖励规定。

（2）对于见义勇为的责任，应当结合正当防卫、紧急避险的刑法规定，根据故意伤害的法定构成来加以具体认定。见义勇为不是一个严格的刑法概念，不具有独立的刑法意义。见义勇为的责任认定，应以刑法关于正当防卫、紧急避险等制度规定，故意伤害、故意杀人等个罪规定及民法关于侵权责任的规定为依据。如果公民在见义勇为当中，其行为触犯了上述法律法定，将须依法承担刑事责任和民事赔偿责任，可见，见义勇为的行为并不必然免责。

本案被告人张德军等人在获悉胡远辉、罗军抢夺他人财物骑乘摩托车逃逸后，驾驶汽车追赶实施抢夺的犯罪嫌疑人的行为，无疑是见义勇为行为。同时，因时间等要件不符，被告人张德军的行为不属于正当防卫或者紧急避险。那么能否据此认为被告人张德军的行为实施不当，进而认定其构成故意伤害罪呢？答案是否定的。第一，根据《刑事诉讼法》（1996 年修正版）第六十三条[1]的规定，对正在实行犯罪或者在犯罪后即时被发觉的人，任何公民都可以立即将其扭送公安机关、人民检察院或者人民法院处理。公民扭送是人民群众自觉同犯罪分子作斗争的一种形式，这是我国《刑事诉讼法》依靠群众，实行专门机关与群众相结合原则的具体

---

〔1〕 本条对应《刑事诉讼法》（2018 年修正版）第八十四条。

体现。人民群众对于正在实行犯罪或者在犯罪后逃跑的罪犯，主动将其抓获，并扭送公安机关、人民检察院或者人民法院处理，这既是法律赋予公民的权利，也是公民应尽的义务。第二，张德军驾车追赶胡远辉和自诉人罗军的目的，意图是将实施飞车抢夺的犯罪分子扭送公安机关，这从张德军等人在追赶过程中多次电话报警并责令对方停车，可以推断其并不存在非法损害他人身体的主观故意，而且出发点完全是行使法律赋予公民的权利和履行公民的义务，是符合法律规定和道德规范的行为。第三，现有证据也不能证实张德军实施了主动撞击或者放任汽车碰撞摩托车的行为，客观上具有致使对方伤亡的行为。证据显示胡远辉为摆脱追赶而驾驶摩托车高速行驶，因车速过快操作失误撞到立交桥护栏和张德军驾驶的轿车而导致摩托车侧翻，是造成本案伤亡后果发生的直接原因。因此，自诉人要求追究被告人张德军犯故意伤害罪的诉求缺乏事实根据和法律根据，一审、二审法院据此认定被告人张德军无罪并无不当。

基于同样的理由，被告人张德军也无须承担民事赔偿责任。自诉人在起诉被告人张德军犯故意伤害罪的同时，又提出附带民事诉讼，要求张德军赔偿各种费用共计人民币 568,840.50 元。本文认为，成立刑事附带民事诉讼须具备以下三个条件：一是只有刑事诉讼成立后，才能提起附带民事诉讼；二是被告人的行为已构成犯罪，并且给被害人或者国家、集体造成物质方面的损失，应当负赔偿责任；三是在刑事诉讼过程中有赔偿请求权的人提出了赔偿要求。最高人民法院《关于刑事附带民事诉讼范围问题的规定》对此又进一步明确规定：因人身权利受到犯罪侵犯而遭受物质损失或者财物被犯罪分子毁坏而遭受物质损失的，可以提起附带民事诉讼。这说明，当事人若要能够获得刑事附带民事诉讼赔偿，前提条件是必须证明所遭受的物质损失是由被告人的犯罪行为造成，而且损害事实与被告人犯罪行为之间存在因果关系是不可或缺的重要条件。本案中，虽然有伤亡后果的损害事实发生，但造成伤亡的原因并非是张德军的加害行为所致，且张德军对此后果不存在主观过错，其行为也不构成犯罪，故依法不应承担本案的民事赔偿义务。

值得注意的是，鉴于见义勇为行为人的行为都是在紧急情况下作出的，往往来不及全面考虑和仔细斟酌，很可能出现诸如假想防卫、假想避险、防卫过当、避险过当等情形，从而损害他人不应损害的合法权益。所以，在处理此类案件时，要注意兼顾鼓励见义勇为和保护个人权益两者之间的平衡，合法合理、切合实际地界定各方责任。

■ 知识点梳理

故意伤害罪,是指故意非法损害他人身体健康的行为。故意伤害罪的具体构成要件为:

(1)故意伤害致人重伤或者死亡的主体是已满14周岁,具有辨认控制能力的自然人;故意伤害致人轻伤的主体则必须已满16周岁,并具有辨认控制能力。

(2)主观上必须具有伤害的故意。即对伤害结果具有认识和希望或放任的态度。如果仅具有殴打的意图,只是希望或者放任造成被害人暂时的肉体疼痛或者轻微的神经刺激,则不能认定有伤害的故意。因此,在仅出于殴打的意图而无伤害故意的情况下,造成他人伤害的,不宜认定为故意伤害罪。基于同样的道理,在殴打行为导致他人死亡的情况下,不应认定为故意伤害致人死亡。在通常情况下,行为人对于自己的伤害行为会给被害人造成何种程度的伤害,事先不一定有明确认识。因此,如果实际造成轻伤结果的,就按轻伤害处理;如果实际造成重伤结果的,就按重伤害处理。

(3)客观方面表现为非法损害他人身体健康。第一,行为对象是他人的身体。伤害自己身体的,不成立故意伤害罪;自伤行为侵犯了社会利益从而触犯了刑法规范时,可能构成犯罪。例如,军人为了逃避军事义务,在战时自伤身体的,应按《刑法》第四百三十四条的规定追究刑事责任。毁坏尸体的行为,不成立故意伤害罪。基于同样的理由,伤害胎儿身体的,也不构成犯罪。

第二,实施了伤害行为。伤害,一般是指非法损害他人身体健康的行为。关于伤害的具体含义,刑法理论上存在分歧:第一种观点认为,伤害是指对身体的完整性(包括身体外形)的侵害;第二种观点认为,伤害是指造成生理机能的障碍;第三种观点认为,伤害是指造成生理机能的障碍以及身体外形的重大变化。[1] 上述三种观点在实际上的差异并不多见,因为破坏身体完整性的行为大多破坏了生理机能。例外的有两种情况:一是外形的完整性没有受到损害,但生理机能受到了侵

---

〔1〕 参见[日]前田雅英:《刑法各论讲义》(第3版),东京大学出版会1999年版,第27页。

害，如使人视力降低、听力减退；二是外形的完整性受到损害，但没有妨害其生理机能，典型的是去除他人头发与指甲。显然，如果行为侵害了生理机能，即使没有损害外形的完整性，也应当认定为伤害行为；反之，则没有必要认定为伤害。因此，原则上应当认为，只有侵害了他人生理机能的行为，才属于伤害。伤害行为既可以是作为，也可以是不作为。以不作为方式致人伤害构成故意伤害罪的，要求行为人负有特定的保护他人身体健康的作为义务；其义务来源应当根据不作为犯罪义务来源的一般原理予以确定。伤害行为既可以是有形的；也可以是无形的。前者如使用暴力殴打、行凶等方法致人伤害；后者如故意以性行为等方式使他人染上严重性病，欺骗被害人服用毒药而造成生理机能损伤，以胁迫等方法致使被害人精神严重失常等。伤害行为的结果也是多种多样的，如内伤、外伤、肉体伤害、精神伤害等。根据我国刑法规定，伤害结果的程度分为轻伤、重伤与伤害致死。这三种情况直接反映伤害行为的罪行轻重，因而对量刑起重要影响作用。

第三，伤害行为必须具有非法性，因正当防卫、紧急避险而伤害他人，因治疗上的需要为病人截肢，体育运动项目中规则所允许的伤害等，都不构成犯罪。

附带民事诉讼，是指司法机关在刑事诉讼过程中，在解决被告人刑事责任的同时，附带解决因被告人的犯罪行为所造成的物质损失的赔偿问题而进行的诉讼活动。《刑事诉讼法》(2012 年修正版)第九十九条规定：“被害人由于被告人的犯罪行为而遭受物质损失的，在刑事诉讼过程中，有权提起附带民事诉讼。被害人死亡或者丧失行为能力的，被害人的法定代理人、近亲属有权提起附带民事诉讼。如果是国家财产、集体财产遭受损失的，人民检察院在提起公诉的时候，可以提起附带民事诉讼。”人民法院在必要的时候，可以采取保全措施，查封、扣押或者冻结被告人的财产。附带民事诉讼中承担赔偿责任的前提条件，一是刑事方面因被告人的犯罪行为造成被害人的物质损失；二是民事方面被告人的行为和损害结果之间存在因果关系。成立刑事附带民事诉讼须具备以下三个条件：一是只有刑事诉讼成立后，才能提起附带民事诉讼；二是被告人的行为已构成犯罪，并且给被害人或者国家、集体造成物质方面的损失，应当负赔偿责任；三是在刑事诉讼过程中有赔偿请求权的人提出了赔偿要求。最高人民法院《关于刑事附带民事诉讼范围问题的规定》对此又进一步明确规定：因人身权利受到犯罪侵犯而遭受物质损失或者财物被犯罪分子毁坏而遭受物质损失的，可以提起附带民事诉讼。这说明，当事人若要能够获得刑事附带民事诉讼赔偿,前提条件是必须证明所遭受的物质损失是由被告人的犯罪行为造成,而且损害事实与被告人犯罪行为之间存在因果关系是不可或缺的重要条件。

19

Case Study

高泳故意伤害案

职务行为 | 民事责任

■ 研读指导

1. 被告人高泳在本案中的行为是否是职务行为?
2. 行为人在执行职务过程中故意伤害他人身体,由此而产生的民事赔偿责任应该由行为人承担还是由行为人所在单位承担?
3. 一审法院判决被告人高泳应对广东省电信有限公司潮安县分公司龙湖支局对附带民事诉讼原告人成继松的赔偿责任承担连带责任是否正确?
4. 比较研读近似案例中职务行为的认定,注意其中的差异并分析原因。

■ 相关法条

《中华人民共和国刑法》第二百三十四条【故意伤害罪】、第三十六条【民事赔偿责任】、第七十二条【缓刑的适用条件】、第七十三条【缓刑考验期限】

《中华人民共和国刑事诉讼法》(1996 年修正版)第一百八十九条[1]【二审对一审判决的处理】

《中华人民共和国民法通则》第一百一十九条【侵害生命健康权的民事责任】、第一百三十一条【混合过错】

最高人民法院《关于审理人身损害赔偿案件适用法律若干问题的解释》第八条、第九条、第十七条、第十九条、第二十条、第二十一条、第二十三条、第二十五条、第三十五条

---

〔1〕 本条对应《中华人民共和国刑事诉讼法》(2018 年修正版)第二百三十六条。

■ 近似案例

马良生故意伤害案(刑事审判参考第389号)

梁刚故意伤害案[(2015)汉中刑再终字第00001号]

■ 案情介绍

附带民事诉讼原告人成继松,男,1949年2月1日出生,系广东省潮州市隆裕工艺陶瓷有限公司董事长。

被告人高泳,男,1979年3月11日出生,大专文化,系广东省电信有限公司潮安县分公司职工,因涉嫌犯故意伤害罪于2004年6月9日被潮安县公安局取保候审。

附带民事诉讼被告人广东省电信有限公司潮安县分公司龙湖支局,住所地潮安县龙湖镇。负责人李瑞桐。

广东省潮安县人民检察院以被告人高泳犯过失致人重伤罪向潮安县人民法院提起公诉,被害人成继松同时提起附带民事诉讼要求赔偿。

潮安县人民法院经公开审理查明:2002年12月9日下午,潮州市隆裕工艺陶瓷有限公司把在潮安县龙湖镇三英村护堤公路隆裕公司路口一电线杆上的“隆裕”招牌移高。2002年12月10日下午1时许,龙湖电信支局外线工李某通发现在该电线杆上的电话线盒不见了,遂通知时任龙湖电信支局外线组组长的被告人高泳和潮州市隆裕工艺陶瓷有限公司董事长被害人成继松。被告人高泳与被害人成继松先后赶到该处,后两人因此事而发生争吵,并互相推打。在互相推打的过程中,被告人高泳致被害人成继松跌倒在斜坡上,造成腿部受伤。随后成继松之子成某杰等人闻讯赶到现场并与高泳厮打,后被围观群众劝开。

被害人成继松于当天下午被送往潮州市中心医院治疗,经检查系左股骨粗隆间粉碎性骨折,并于2002年12月12日行骨折复位、克氏针钢丝内固定术,住院至2003年5月3日,出院医嘱:积极功能锻炼,定期门诊,二期手术取内固定物。2004年3月2日至10日第二次住院行内固定物取出术,出院医嘱:继续休息治疗3个月。前后共用去医药费人民币 96,837.35 元。

经潮安县公安局法医鉴定:成继松左大腿损伤系钝性物所伤,且致左股骨骨折,左髋关节活动障碍,经治疗后左髋关节运动活动度恢复 43.5%,即丧失 56.5%,依据《人体重伤鉴定标准》第八条之十一的规定,构成重伤。经广东省高级人民法院法医伤情重新鉴定和伤残等级评定:成继松的损伤属重伤、九级伤残。

另查明:成继松 1999 年 12 月至 2002 年 11 月 3 日日平均工资为 137.22 元。案发后,被告人高泳通过龙湖派出所预付给被害人成继松医药费人民币 85,000 元。

潮安县人民法院认为,被告人高泳故意伤害他人身体,致人重伤,其行为已构成故意伤害罪,应依法予以惩处。公诉机关的指控定性错误,应予纠正。鉴于本案系纠纷引起,被害方也存在一定过错,且高泳系在履行职务之中,主观恶性较小,犯罪情节相对较轻,又能承认其致被害人成继松跌倒受伤的主要犯罪事实,并预交了部分医药费,故对高泳予以从轻处罚,并宣告缓刑。被告人高泳系龙湖电信支局员工,在履行职务过程中,故意伤害他人身体,致人重伤,依法应由其所在单位龙湖电信支局对被害人成继松因此而造成的经济损失承担赔偿责任,同时被告人高泳应对此承担连带赔偿责任。附带民事诉讼原告人成继松请求二被告人赔偿的请求合法有据部分予以支持。依照《刑法》第二百三十四条第二款、第七十二条、第三十六条、《民法通则》第一百一十九条、第一百三十一条和最高人民法院《关于审理人身损害赔偿案件适用法律若干问题的解释》第九条的规定,于 2005 年 6 月 10 日判决如下:(1)被告人高泳犯故意伤害罪,判处有期徒刑 3 年,缓刑 4 年。(2)附带民事诉讼被告人广东省电信有限公司潮安县分公司龙湖支局应赔偿附带民事诉讼原告人成继松医药费、误工费、护理费、住院伙食补助费、残疾赔偿金五项合计人民币 151,704.15 元。该款已支付了人民币 85,000 元,余款人民币 66,704.15 元,应于本判决发生法律效力之日起 10 日内支付。(3)被告人高泳应对附带民事诉讼被告人广东省电信有限公司潮安县分公司龙湖支局对附带民事诉讼原告人成继松的赔偿责任承担连带责任。其他诉讼费用人民币3200 元,由被告人高泳、附带民事诉讼被告人广东省电信有限公司潮安县分公司龙湖支局承担 2560 元,由附带民事诉讼原告人成继松承担 640 元。

一审宣判后,被告人高泳以潮安县公安局和广东省高级人民法院的鉴定结论有疑点，不能采信为证据，被害人成继松的损伤程度不构成重伤为由，提出上诉。附带民事诉讼原告人成继松以其在本案中没有过错，法院应全部支持其诉讼请求为由，提出上诉。

潮州市中级人民法院经审理后认为，被告人高泳无视国家法律，在执行职务过程中故意伤害他人身体，致人重伤，其行为已构成故意伤害罪，应依法予以惩处。被告人高泳在执行职务中致人损害，依照最高人民法院《关于审理人身损害赔偿案件适用法律若干问题的解释》第八条的规定，由广东省电信有限公司潮安县分公司龙湖支局承担民事赔偿责任。鉴于本案系纠纷引起，被害方也存在一定过错，且高泳系在执行职务之中，主观恶性较小，犯罪情节相对较轻，又能承认其致被害人成继松跌倒受伤的主要犯罪事实，故依法可对高泳酌情从轻处罚。附带民事诉讼原告人成继松要求附带民事诉讼被告人广东省电信有限公司潮安县分公司龙湖支局赔偿其医疗费、护理费、误工费、住院伙食补助费、残疾赔偿金的请求，合法有据部分予以支持，但其他请求经查依法无据或缺乏证据，不予支持。鉴于成继松在本案中存在一定的过错，依法可减轻广东省电信有限公司潮安县分公司龙湖支局应负的赔偿责任，并由成继松承担本案部分诉讼费用。被告人高泳和附带民事诉讼原告人成继松上诉所提的意见经查均据理不足，不予采纳。原审判决认定基本事实清楚，定罪正确，量刑适当，审判程序合法，但适用最高人民法院《关于审理人身损害赔偿案件适用法律若干问题的解释》第九条的规定，判决高泳对广东省电信有限公司潮安县分公司龙湖支局对成继松的赔偿责任承担连带责任并共同承担本案其他诉讼费用2560元不当，应予以纠正。依照《刑事诉讼法》第一百八十九条第（一）、（二）项和《刑法》第二百三十四条第二款、第七十二条第一款、第七十三条第二、三款、第三十六条，《中华人民共和国民法通则》第一百一十九条、第一百三十一条和最高人民法院《关于审理人身损害赔偿案件适用法律若干问题的解释》第八条第一款、第十七条第一、二款、第十九条、第二十条、第二十一条第一、二款、第二十三条、第二十五条、第三十五条的规定，于2005年9月5日判决如下：（1）维持潮安县人民法院（2005）安刑初字第32号刑事附带民事判决的第（一）项；（2）撤销潮安县人民法院（2005）安刑初字第32号刑事附带民事判决的第（二）、（三）项；（3）原审附带民事诉讼被告人广东省电信有限公司潮安县分公司龙湖支局应赔偿上诉人成继松医药费、误工费、护理费、住院伙食补助费、残疾赔偿金合计人民币 151,704.15 元,限于本判决发生法律效力之日起 10 日内支付;(4)本案其他诉讼费用人民币 3200 元,由原审附带民事诉讼被告人广东省电信有限公司潮安县分公司龙湖支局承担 2560 元,由上诉人成继松承担 640 元。

■ 案例评析

□ 重点示意图

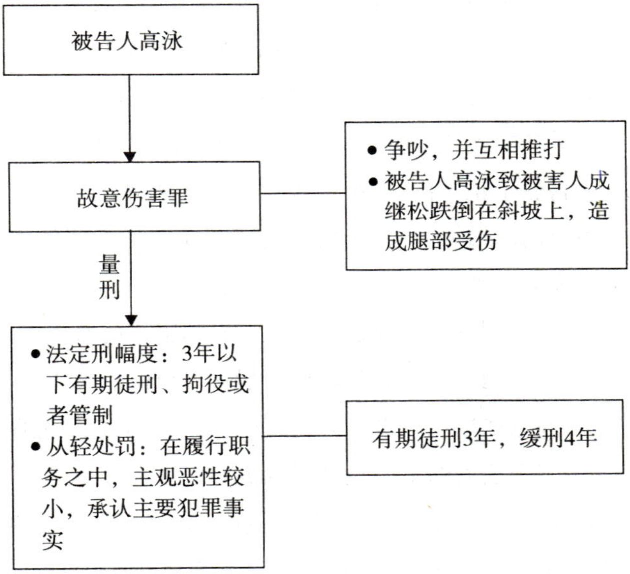

□ 疑难点释析

1. 被告人高泳在本案中的行为是否属于职务行为

所谓职务行为,是指与法人或其他组织的工作人员的职责范围密切相关的行为,凡是法律规范明确规定和法人的章程、条例中明确设定的应当由法人行使的职权以及为了实现法人的生产经营活动的目的和维护法人自身管理及社会活动需要而实施的行为,都属于职务行为。在民法理论上,对职务行为的界定有两种观点:主观说和客观说。主观说包括法人主观说和法人工作人员主观说。法人主观说是以法人的意思表示为标准,执行职务的范围应以法人所指示办理的事件来决定。法人的工作人员主观说,是以法人的工作人员的主观愿望为标准,执行职务原则上应依法人指示办理的事件所决定,但当法人的工作人员是为法人的利益而为之的时候,亦应属于执行职务的范围。客观说,即以执行职务的外在表现形态为标准,如果行为在客观上表现为与法人指示办理的事件要求相一致,具有利用职务的形式,就应当认为属于执行职务的范围。民法学界以客观说为通说。

在刑事附带民事诉讼案件中,判断刑事被告人的犯罪行为是否属于执行职务或实施业务活动的行为是一个比较困难的问题。笔者认为,只要行为人实施犯罪行为的目的或起因是出于执行职务或实施业务活动,其引起的损失就应当由其单位承担。但行为人在实施业务活动和执行职务的过程中并非出于实施业务活动和执行职务的目的或并非由实施业务活动和执行职务而实施的犯罪行为,其造成的损失就应由行为人自己承担。例如,被告人作为市场管理人员为清理市场内乱摆摊乱设点而打伤市场内乱摆摊的人,则由此造成物质损失引起的附带民事诉讼应由市场作为附带民事诉讼被告人。但如果被告人的职务是在某公司当清洁工却乘机杀害来公司办事的人,则由此造成物质损失引起的附带民事诉讼,应由其本人作为附带民事诉讼被告人,而不应将其公司作为附带民事诉讼被告人。

本案中,案发时高泳在接到同事李某通的通知后,立刻赶到现场查看线盒受损情况,其行为是为了实现法人的生产经营活动的目的和维护法人自身管理及社会活动需要而实施的行为,本案的起因也是出于执行职务和实施业务活动(线路维护)所引起的,因此本案中高泳的行为明显属职务行为。

2. 一审法院的判罚缺乏法律依据

由法人或其他组织对刑事被告人的犯罪行为承担的民事赔偿责任的特征是一种特殊侵权责任。在一般侵权责任中,责任人对自己的行为负赔偿责任,因而此时责任人与行为人是同一的。而在特殊侵权责任的情况下,责任人不是为自己的侵权行为负赔偿责任,而是责任人与侵权行为人相分离,由责任人替代行为人承担赌偿责任。因而,由法人或其他组织承担的责任实际上是一种替代责任(由法人或其他组织承担责任,而造成损害的行为人自己不承担责任。如果造成损害的行为人在致人损害中存在过错的,法人或其他组织在承担了赔偿责任以后,有权向有过错的行为人进行追偿),而不是连带责任,不适用一般连带责任原理。之所以此时法人或其他组织必须承担替代责任,是基于以下理由:当一个人是法人或其他组织的成员时,他们之间就成立劳务关系——一方给予另一方报酬,另一方向他支付劳动力。这种关系是构成职务侵权的基础关系,也就是替代责任的基础关系,没有这个基础关系就不会发生这种责任。在这种基础上,当出卖劳动力的一方,即受雇的一方在执行职务的过程中致人损害时,就要由他的法人来承担责任。因此,在这种情况下,附带民事诉讼的被告人应该是"法人或其他组织",而不是刑事被告人,也不是刑事被告人与法人或其他组织共同承担连带责任。正由于法人或其他组织对刑事被告人的犯罪行为所承担的民事赔偿责任,是一种替代责任,而不是连带责任,因此就不能适用一般连带责任原理来要求被告人承担连带责任。

具体到本案中,一审法院认为在职务侵权的情况下,被告人高泳应与其法人一起承担连带赔偿责任,是共同的赔偿义务主体,这种说法是不正确的。因为如前所述,替代责任并不是连带责任,替代责任只是单个责任而非共同责任。在职务侵权的情况下,侵权行为人与赔偿责任人是相分离的,侵权行为人是刑事被告人,而赔偿的义务主体则是其他单位和个人,而不是刑事被告人,该法人或者其他组织承担的是一种替代责任,而不是连带责任。被害人应直接向法人或者其他单位请求赔偿,而不是向刑事被告人请求赔偿。

综上所述,本案中,由于案发时高泳是在执行职务,因此其在执行职务的过程中致成继松受伤的行为属于职务侵权的行为。根据最高人民法院《关于审理人身损害赔偿案件适用法律若干问题的解释》第八条的规定,法人或者其他组织的工作人员在执行职务中致人损害的……由该法人或者其他组织承担民事责任。因此本案中应由广东省电信有限公司潮安县分公司龙湖支局承担赔偿责任,高泳本人无须承担赔偿责任,但龙湖电信支局在进行赔偿后可以对有过错的高泳进行追偿。

■ 知识点梳理

法令行为是排除犯罪的事由之一,法令行为又包括四类行为:(1)法律基于政策理由排除犯罪性的行为,即某类行为本来具有犯罪性,但法律基于政策上的考虑,将其中的某种行为规定为合法行为。如发行彩票本来可谓赌博行为,但基于财政政策等理由,有关法律允许特定机构以特定形式发行彩票。这种行为便不成立犯罪。(2)法律有意明示了合法性条件的行为,即某类行为本来具有犯罪性,但法律特别规定,符合一定条件时属合法行为。(3)职权(职务)行为,即公务人员根据法律行使职务或者履行职责的行为。既包括基于法律的直接规定实施的行为,也包括基于上级的职务命令实施的行为。(4)权利(义务)行为,即在法律规定上作为公民的权利(义务)的行为,如一般人扭送现行犯。

正当业务行为,是指虽然没有法律、法令、法规的直接规定,在社会生活上被认为是正当的业务上的行为。业务是指基于社会生活中的地位反复实施的行为。但并非因为是“业务”就不成立犯罪,而是因为“正当”才排除犯罪。所以,只有正当业务中的正当行为才是排除犯罪的事由;即使一般来说属于正当业务,但超出正当范围的行为并不排除犯罪的成立。例如,记者的采访报道活动一般属于正当业务行为,但记者捏造事实诽谤他人的,并不排除犯罪的成立。因此,只有业务本身是正当的,而且没有超出业务的范围时,才排除犯罪。职业性的体育活动,属于正当业务行为;遵守了体育规则的行为,即使造成了他人伤害,也不成立故意伤害罪。律师的辩护活动也是正当业务行为。医生基于患者的承诺或推定的承诺,采取医学上所承认的方法,客观上伤害患者身体的治疗行为,可谓正当业务行为,但其排除犯罪的条件更为严格:治疗行为在医学上是被承认的方法,其实质是具有安全性、有效性与必要性;必须有患者的承诺或推定的承诺;必须以医治疾病为目的。人体实验、性转换手术,不属于治疗行为。

20
Case Study

王海涛等组织出卖人体器官案

出卖人体器官

■ 研读指导

1. 组织出卖人体器官罪是否以人体器官的实际摘取作为既遂、未遂的认定标准?
2. 本案是否属于组织出卖人体器官情节严重的情形?
3. 比较研读近似案例中组织出卖人体器官犯罪相关人员的责任认定,注意其中的差异并分析原因。

■ 相关法条

《中华人民共和国刑法》第二百三十四条之一第一款【组织出卖人体器官罪】、第二十五条第一款【共同犯罪】、第二十六条【主犯】、第二十七条【从犯】、第六十七条【自首】、第六十四条【犯罪物品的处理】

■ 近似案例

秦小亮组织出卖人体器官案[(2013)宁刑终字第129号]

周凯章等组织出卖人体器官案[(2013)东中法刑二终字第168号]

郑伟等组织出卖人体器官案[(2014)一中刑终字第2489号]

■ 案情介绍

被告人王海涛,男,1984年12月26日出生,无业。2012年3月14日因涉嫌犯组织出卖人体器官罪被逮捕。

被告人刘超、孙友玉、李明伟等基本情况略。

江苏省泰兴市人民检察院以被告人王海涛、刘超、孙友玉、李明伟犯组织出卖人体器官罪,向泰兴市人民法院提起公诉。

被告人王海涛辩称,朱其瑞是被告人刘超招揽的出卖肾脏的人,后自行离开,其没有安排朱其瑞去河北省石家庄市的医院实施肾脏移植手术,仅是向朱其瑞提供了介绍去医院做肾脏移植手术人员的联系电话,后由朱其瑞自己联系对方,其未从中得款。被告人刘超、孙友玉、李明伟对起诉书指控的事实和罪名没有提出异议。

泰兴市人民法院经审理查明:2011 年 9 月至 2012 年 2 月,被告人王海涛纠集被告人刘超、孙友玉、李明伟至泰兴市黄桥镇等地,组织他人出卖活体肾脏。刘超、孙友玉主要利用互联网发布收购肾源广告以招揽“供体”(指自愿出卖自己器官的人);李明伟主要负责收取供体的手机和身份证、管理供体、为供体提供食宿、安排供体体检及抽取配型血样等;王海涛主要负责联系将肾脏卖出。四名被告人先后组织朱其瑞、徐欣、钟明志、杨维东等多名供体出卖活体肾脏,其中朱其瑞由刘超招揽至泰兴市黄桥镇,后朱其瑞离开,王海涛又向朱其瑞提供了介绍去医院做肾脏移植手术人员的联系电话,朱其瑞于 2011 年 12 月在河北省石家庄市一家医院实施了肾脏移植手术,得款人民币(以下币种同)3.5 万元,经鉴定其左侧肾脏缺失,构成重伤;徐欣在孙友玉招揽及王海涛安排下,于 2011 年 12 月在印度尼西亚雅加达市一家医院实施了肾脏移植手术,得款 3.8 万元,后因无法联系其损伤程度未能鉴定;王海涛从中得款 3.8 万元,并将此款用于钟明志、杨维东等供体的食宿支出。案发时,钟明志、杨维东尚未实施肾脏移植手术。

泰兴市人民法院经审理认为,被告人王海涛、刘超、孙友玉、李明伟组织多人出卖人体器官,情节严重,其行为均构成组织出卖人体器官罪,且系共同犯罪,依法应当予以惩处。王海涛在共同犯罪中起主要作用,系主犯,依法应当按照其所参与的全部犯罪处罚;刘超、孙友玉、李明伟在共同犯罪中起次要作用,系从犯,依法应当减轻处罚;四被告人归案后均能如实供述自己的罪行,依法均可以从轻处罚;其中李明伟主动缴纳财产刑保证金,依法可以酌情从轻处罚。据此,依照《刑法》第二百三十四条之一第一款,第二十五条第一款,第二十六条第一款、第四款,第二十七条，第六十七条第三款，第六十四条之规定，泰兴市人民法院判决如下：被告人王海涛犯组织出卖人体器官罪，判处有期徒刑5年，并处罚金人民币40,000元。（其他判罚情况略）

宣判后，被告人王海涛、刘超、孙友玉、李明伟未提出上诉，检察机关未抗诉，该判决已发生法律效力。

■ 案例评析

□ 重点示意图

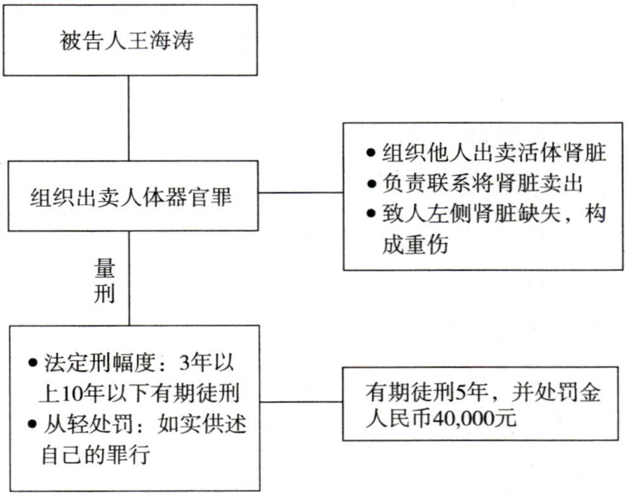

□ 疑难点释析

1. 组织出卖人体器官罪的既遂与未遂的认定标准

随着器官移植技术在临床医学中的广泛应用和发展，器官移植的供需矛盾日益突出，人体器官移植类违法犯罪行为时有发生。依法打击组织买卖或者变相买卖人体器官的违法犯罪行为，越来越受到理论界和实务界的关注。2011年2月25日颁布的《刑法修正案（八）》第三十七条（作为《刑法》第二百三十四条之一）规定："组织他人出卖人体器官的，处五年以下有期徒刑，并处罚金；情节严重的，处五年以上有期徒刑，并处罚金或者没收财产。”然而法条对组织出卖人体器官罪的规定采用了简单罪状的表述方式，导致审判实践中对该罪的理解和适用存在很多争议。

本案中，对四被告人构成组织出卖人体器官罪没有争议，但对具体犯罪的停止形态存在不同认识：一种观点认为，本罪应以损害结果的发生，即以实际摘除出卖者的身体器官作为认定既遂的标准。该罪侵害的主要客体是公民的人身权和健康权，只有当器官出卖者的身体器官被实际摘除后，即人身健康权利受到具体侵害时，才能成立犯罪既遂。本案四名被告人先后组织多名供体出卖活体肾脏，其中部分供体被实际摘除肾脏，并进行了器官移植手术，应当认定为犯罪既遂，另有部分供体尚在血型配对中，或者因配对不成而离开，对此部分犯罪应当认定为犯罪未遂，并在具体量刑中予以体现。另一种观点认为，组织出卖人体器官罪是行为犯，行为人只要实施了组织他人出卖人体器官的行为，即可构成本罪，不应以损害结果的发生作为认定既遂的标准，本案四被告人均应认定为既遂。

笔者赞同第二种观点。主要理由如下：

(1)组织出卖人体器官罪属于典型的行为犯，行为犯不以犯罪结果发生作为既遂认定的要件。我国《刑法》分则规定了不少“组织型”犯罪，如第二百二十四条之一规定的组织领导传销活动罪、第三百三十三条规定的非法组织卖血罪，第三百五十八条规定的组织卖淫罪等。根据刑法理论通说的观点，组织型犯罪是行为犯，而行为犯一般不要求危害结果必然实现，只要危害行为实施完毕即构成犯罪既遂。“组织型”犯罪作为行为犯中的一种独特类型，其既遂、未遂的认定是以行为人的组织、策划或指挥行为是否实施完成来作为界定标准。具体到本罪，只要行为人基于出卖人体器官的目的，实施了指挥、策划、招揽、控制自愿出卖自身器官的人的行为，即构成本罪的既遂，而不需要出现器官被实际摘取等特定的后果。

(2)组织出卖人体器官罪所侵犯的客体是复杂客体，只要侵犯其一即可认定既遂。本罪既侵犯了公民的人身权利，也侵犯了国家医疗秩序。组织出卖人体器官行为，一方面容易诱使、鼓励处于经济困境的人为摆脱困境而出卖器官，严重损害出卖人的身体健康和生命安全；另一方面这种非法人体器官交易因缺乏监管，无法保证所出卖器官的安全性，这也可能危及器官受移植者的身体健康和生命安全。《人体器官移植条例》第三条明确了“任何组织或者个人不得以任何形式买卖人体器官”的刚性原则,并对人体器官的捐献、移植、法律责任,以及医疗机构从事器官移植应当具备的条件和承担的义务等都进行了具体的规定,目的就是为了规范人体器官移植活动,保证器官移植医疗行为能够有序开展。组织出卖人体器官行为使原本分散的、零星的出卖人体器官行为,由于组织行为的存在变得更具群体性、规模化,导致器官移植活动脱离国家监管,严重破坏国家器官移植医疗管理秩序。因此,即使出卖者未被实际摘取器官,但只要组织者的组织出卖人体器官行为实施完毕,国家器官移植医疗管理秩序受到严重侵害,组织行为即构成既遂。

(3)以实际摘取器官与否作为本罪的既、未遂认定标准,与预防和惩治犯罪的立法意图相悖。组织出卖人体器官的行为客观上为人体器官的非法买卖推波助澜,只有斩断组织出卖行为这个非法买卖人体器官犯罪利益链条的关键节点,才能切断人体器官的非法来源,维护规范有序的器官移植医疗秩序。司法实践中,由于非法买卖人体器官犯罪一般具有被害人自愿有偿出卖器官(非自愿的情况下,应当以故意杀人罪、故意伤害罪等其他犯罪论处)、犯罪分子组织分工细化和作案隐蔽等特点,案件侦破、证据收集和认定往往会面临较大的困难。如果坚持以器官是否被摘取作为既、未遂的认定标准,显然不利于有效打击此类犯罪,与组织出卖人体器官罪的社会危害性以及当前打击此类犯罪的严峻形势不相适应。

本案中,王海涛等四被告人实际供述的组织出卖器官人数远多于检察机关的指控,但由于部分出卖器官者下落不明,实际认定的摘取器官的数量并不多。但不管实际认定摘取的数量有多少,也不管被组织者是否实际被摘取器官,都不影响组织出卖人体器官罪既遂的认定。

2. 本案是否属于组织出卖人体器官情节严重的情形

《刑法》第二百三十四条之一仅规定“情节严重的,处5年以上有期徒刑,并处罚金或者没收财产”。由于相关司法解释未对“情节严重”的具体认定进行解释或者明确标准,故本案审理过程中,对王海涛等四被告人的行为是否属于情节严重,存在不同认识。

判断本案四名被告人的行为是否属于“情节严重”,要综合犯罪动机、目的、行为、手段、客观损害等进行判断,并根据本罪侵害复杂客体的实际,结合针对侵犯公民人身权利罪、危害公共卫生罪等犯罪的法律以及相关司法解释的规定和精神进行判断。如危害公共卫生罪中的非法行医罪,最高人民法院《关于审理非法行医刑事案件具体应用法律若干问题的解释》第二条规定情节严重的认定标准为：(1)造成就诊人轻度残疾、器官组织损伤导致一般功能障碍的；(2)造成甲类传染病传播、流行或者有传播、流行危险的；(3)使用假药、劣药或不符合国家规定标准的卫生材料、医疗器械，足以严重危害人体健康的；(4)非法行医被卫生行政部门行政处罚两次以后，再次非法行医的；(5)其他情节严重的情形。参照上述类似罪名的规定，我们认为，具有以下情形之一的，可以认定为组织出卖人体器官罪的“情节严重”：在医疗机构中执业的医务人员组织出卖的；组织多人（指3人以上，含3人）或者多次（指三次以上，含三次）出卖人体器官的；通过网络发布信息招揽、组织出卖的；组织未成年人出卖人体器官的；造成出卖人或者受移植人重伤、死亡等严重后果的；组织他人出卖人体器官非法获利数额巨大的；组织他人出卖人体器官造成恶劣的社会影响的，等等。

具体到本案，王海涛等四被告人在长达半年多的时间内，通过网络先后招揽、组织多人出卖人体器官，形成了分工明确的犯罪团伙；其中有两名出卖者实际实施了器官移植手术，一人经鉴定为重伤；该犯罪组织甚至组织向境外出卖人体器官，造成了恶劣的影响。综合这些情节，认定四被告人的行为构成组织出卖人体器官罪的情节严重，是适当的。

3. 被害人朱其瑞出卖器官是否应当认定为被告人王海涛组织控制下的出卖行为

本案被害人朱其瑞（器官出卖人之一）在等候被告人王海涛安排器官移植期间因故离开，后被告人王海涛向其提供了介绍去异地医院做肾脏移植手术人员的联系电话，由被害人自行联系对方并接受了器官移植手术，被告人等人未从该次移植手术中获取中介款。由此，被告人王海涛辩称该起犯罪事实不应认定为其组织的犯罪。笔者认为，被害人器官被摘除的后果是否应当纳入被告等人组织行为的范围，可以从以下两个方面进行分析：(1)朱其瑞为出卖自身器官而接受王海涛等人招揽来到江苏省泰兴市，王海涛等人为朱其瑞提供食宿、安排验血配型并发布供体信息，此时王海涛等人对朱其瑞出卖人体器官的组织行为即已实施完成，即便朱其瑞最终未能移植器官，也不影响对王海涛等人组织其出卖人体器官行为的认定。(2)朱其瑞虽然在等候安排移植器官期间因故离开，但在离开时刘超曾明确要求朱其瑞随时等候指令接受配型移植，后朱其瑞也是按照王海涛等人的指令及提供的联系渠道，在异地成功实施了器官移植手术，其出卖器官的全过程均系通过王海涛等人的指示、安排最终得以完成。因此，朱其瑞器官被摘除的后果应当纳入王海涛等人组织行为的范围。当然在具体量刑时，又有必要与其他组织摘除器官以及收取中介费的行为予以区别。

■ 知识点梳理

组织出卖人体器官罪，是指组织他人出卖人体器官的行为。本罪为行为犯，不以损害结果的发生为既遂标准，对所有以营利为目的的组织他人进行收购人体器官、出卖人体器官的行为应当纳入本罪的范畴。其犯罪构成要件为：

（1）本罪的主体为一般主体，即凡是年满16周岁具有刑事责任能力的自然人都可以成为本罪的主体，不满16周岁的人不是本罪的主体。

（2）本罪的主观方面表现为故意，过失不能构成本罪，是否出于营利目的不影响本罪的成立。有学者认为，本罪的故意应界定为直接故意，而非间接故意，因为组织他人出卖人体器官者在实施此种行为是明知的，并且希望组织行为和出卖行为的顺利进行。组织行为在本质上对于法益的侵害性持持积极的态度，与直接故意的意志因素——“希望”——对危害后果积极追求的心态具有内在的一致性，然而“放任”则持的是一种“听之任之”的心理态度，与“组织行为”的积极性相冲突。

（3）本罪的客体具有双重性。组织他人出卖人体器官的行为，既侵犯了器官出卖者的身体健康权，也危害了国家有关器官移植的医疗管理秩序。一方面，组织他人出卖人体器官者，把他人的器官当作商品进行买卖，进行交易，损害了他人身体健康完整权，尽管本罪成立的前提之一是必须得到器官出卖者本人的同意，但这并不阻却“组织行为”的违法性。人体器官作为本罪的犯罪对象，不同于市场中的交易物品，不能够用金钱来衡量，是无价的，对人体器官进行买卖也是对社会风俗的一种侵害。另一方面，国家对于器官移植都有明文规定，都有一定的程序来进行保障，组织出卖人体器官不利于医疗管理秩序的维护，是对这种秩序的破坏。尽管《刑法修正案（八）》将本罪纳入分则第四章“侵犯公民人身权利、民主权利罪”，更多的是保护器官出卖者的身体健康权，但笔者认为本罪同时也严重破坏了国家器官移植的医疗管理程序。

(4)本罪的客观方面是组织他人进行出卖人体器官的行为。在这里需要对“组织”“出卖”“人体器官”三个词语进行分析,这也是区分罪与非罪、此罪与彼罪的关键。第一,组织他人出卖人体器官,是指组织人体器官的出卖或者以招募、雇用(供养器官提供者)、介绍、引诱等手段使他人出卖器官的行为。只要行为人所从事的行为中包含了组织出卖的内容,即可成立本罪。但是,组织他人捐献器官的行为,不成立本罪。使用强迫、欺骗手段组织他人出卖人体器官的,同时触犯了故意杀人罪、故意伤害罪(狭义的包括一罪),从一重罪论处。由于本罪的行为并不是出卖行为,而是组织出卖的行为,所以,出卖者直接将自己的器官出卖给他人的,不成立本罪。同样,单纯购买人体器官的行为,也不成立本罪。但是,为了购买而组织他人出卖的,依然成立本罪。第二,被组织的他人没有特别的限定,既可以是打算出卖器官的人,也可以是没有打算出卖器官的人;既可能是直接出卖器官的人,也可能是组织他人出卖器官的人(对组织者在组织的,也成立本罪)。但是,组织不满18周岁的人出卖人体器官的,同时触犯了本罪与故意杀人罪、故意伤害罪(狭义的包括一罪),从一重罪论处。第三,人体器官是指由不同类型的人体组织构成的,能够发挥特定生理机能的集合体。只要某种人体组织的丧失会侵害被害人的身体健康,该人体组织就能被评价为“器官”,就包含在本罪的对象之内。本罪的人体器官不仅包括心脏、肺脏、肝脏、肾脏或者胰腺等器官的全部或部分,而且包括眼角膜、皮肤、肢体、骨头等,但血液、骨髓、脂肪、细胞不是器官。作为本罪对象的人体器官必须是活体的器官,不包括尸体的器官。器官包括某个器官的全部,也包括某个器官的一部分。此外,由于刑法将本罪规定为侵犯他人身体健康的犯罪,所以,只要对被摘取人体器官的出卖者的身体达到了伤害的程度,就成立本罪的既遂。

根据《刑法》第二百三十四条之一的规定,犯本罪的,处5年以下有期徒刑,并处罚金;情节严重的,处5年以上有期徒刑,并处罚金或者没收财产。由于本罪是侵犯身体健康的犯罪,所以,情节严重包括以下两种情形:被组织出卖人体器官的人数较多,导致出卖者死亡或者身体遭受严重伤害。[1]

---

〔1〕 参见张明楷:《刑法学》(第5版),法律出版社2016年版,第864页。

21 Case Study 张甲、张乙强奸案

强奸 | 轮奸

■ 研读指导

1. 本案审判法院如何确定被告人张甲、张乙的犯罪行为性质？请提炼法院的推理要点。
2. 被告人张乙是否构成强奸既遂？如何区分该类犯罪案件中的主、从犯地位？
3. 比较研读近似案例，归纳共同犯罪中主、从犯的判断标准。

■ 相关法条

《中华人民共和国刑法》第二百三十六条【强奸罪】、第二十五条【共同犯罪】、第二十七条【从犯】、第五十五条【剥夺政治权利的期限】、第五十六条【剥夺政治权利的适用】

《中华人民共和国刑事诉讼法》(1996 年修正版)第一百八十九条[1]【二审对一审判决的处理】

■ 近似案例

李尧强奸案(刑事审判参考 280 号)

唐胜海、杨勇强奸案(刑事审判参考 281 号)

苑建民、李佳绑架、强奸案(刑事审判参考 792 号)

---

〔1〕 本条对应《中华人民共和国刑事诉讼法》(2018 年修正版)第二百三十条。

■ 案情介绍

被告人张甲,男,1984 年 11 月 10 日出生,务工。因涉嫌犯强奸罪于 2010 年 7 月 30 日被逮捕。

被告人张乙,男,1987 年 5 月 20 日出生,务工。因涉嫌犯强奸罪于 2010 年 7 月 30 日被逮捕。

Z 市某区人民检察院以被告人张甲、张乙犯强奸罪,向 Z 市某区人民法院提起公诉。

Z 市某区人民法院经审理查明:被告人张甲和张乙共谋强奸被害人杨某(女,时年已满 16 周岁)。2010 年 6 月 28 日 13 时许,张乙到被害人杨某家中,以有朋友打电话找她为名,将杨某骗至张甲、张乙在 Z 市某区暂住的出租屋后,张乙实施暴力,欲强行与杨某发生性关系而未得逞。而后,张甲强奸杨某得逞。案发后,被害人杨某向公安机关报案。公安机关于当日下午将张甲、张乙抓获归案。

Z 市某区人民法院认为,被告人张甲、张乙共谋强奸被害人杨某,系违背妇女意志,以暴力、胁迫手段强行与妇女发生性关系,其行为均构成强奸罪,且具有轮奸情节。张乙在强奸妇女过程中,因意志以外的原因而未能得逞,是犯罪未遂,依法可以减轻处罚。据此,依照《刑法》第二百三十六条第三款第四项、第二十三条、第五十五条第一款、第五十六条第一款之规定,Z 市某区人民法院判决如下:(1)被告人张甲犯强奸罪,判处有期徒刑 10 年,剥夺政治权利 1 年。(2)被告人张乙犯强奸罪,判处有期徒刑 5 年。

宣判后,被告人张甲、张乙均提出上诉。

被告人张甲上诉提出,将被害人骗至案发现场的是张乙,其事先不知情,二人未共谋强奸被害人;被害人是自愿与其发生性关系,没有反抗。其辩护人提出,张甲与张乙无共谋,且张乙强奸未得逞,不能认定张甲具有轮奸情节;原判量刑过重。

被告人张乙上诉提出,其未与张甲共谋强奸,其行为不构成轮奸。其辩护人提出,张乙与张甲事前并无强奸共谋,张乙强奸未遂,不能认定其具有轮奸情节;原判量刑过重。

Z 市中级人民法院经审理认为,被告人张甲、张乙违背妇女意志,轮流以暴力、胁迫手段强行与妇女发生性关系,其行为均构成强奸罪,并具有轮奸情节。在共同强奸犯罪中,张乙系从犯,依法可以减轻处罚。原判认定的事实清楚,定罪准确,量刑适当,审判程序合法,但适用《刑法》第二十三条错误,认定张乙在共同犯罪中构成犯罪未遂不当,应予纠正。据此,依照《刑法》第二百三十六条第三款第四项、第二十五条第一款、第二十七条、第五十五条第一款、第五十六条第一款以及《刑事诉讼法》第一百八十九条第一项之规定,Z市中级人民法院裁定驳回上诉,维持原判。

■ 案例评析

□ 重点示意图

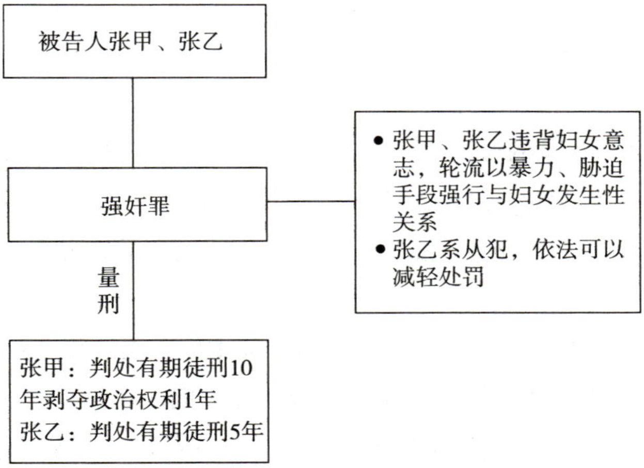

□ 疑难点释析

本案在审理过程中,对被告人张甲、张乙的行为均构成强奸罪没有异议,但对被告人是否具有轮奸情节、是否应当认定犯罪既遂和从犯存在较大争议。第一种意见认为,二被告人的行为不构成轮奸,对张甲、张乙应当分别认定为强奸罪既遂和强奸罪未遂;第二种意见认为,二被告人的行为构成轮奸,应当适用具有轮奸情节的法定刑,但对张甲、张乙应当分别认定为强奸罪既遂和强奸罪未遂;第三种意见认为,二被告人的行为构成轮奸,均应认定为强奸罪既遂,但张乙强奸未得逞,可以认定为从犯。

1. 共同轮奸犯罪案件中,其中某一行为人的强奸行为是否得逞不影响对各行为人具有轮奸情节的认定

轮奸,是指两名以上男子基于共同的强奸故意,在同一段时间先后对同一被害人实施强奸的行为。理论界和实务界对轮奸是情节加重犯还是结果加重犯,存在不同的认识。根据刑法的规定,情节加重犯与结果加重犯适用的法定刑均比基本犯更重,其区别在于适用更重的法定刑的理由不同,前者系具有法定的"严重情节",后者系具有法定的"严重结果"。

在审理过程中,有观点认为,轮奸系结果加重犯,只有一人得逞而其他行为人未得逞的,不能认定行为人具有轮奸情节。笔者认为,轮奸系情节加重犯,而非结果加重犯。两名以上行为人只要基于共同的强奸故意,在同一段时间先后对同一被害人实施强奸行为的,就应当依法认定为具有轮奸情节:各行为人的强奸行为是否得逞,并不影响对各行为人具有轮奸情节的认定。对本案被告人张甲和张乙二人达成强奸被害人杨某的通谋,并对被害人杨某轮流实施强奸行为,虽然张乙的行为未得逞,但并不影响对二被告人具有轮奸情节的认定。

2. 共同犯罪中,部分行为人强奸行为已得逞,未得逞的行为人亦应认定为强奸犯罪既遂

轮奸并非独立的罪名,而是强奸罪的情节加重犯。该情节本身只有构成与不构成的问题,而不涉及犯罪既遂与未遂的停止形态问题。根据共同犯罪"一人既遂,全体既遂"的基本原理,只要共同行为人中有一人的犯罪行为得逞,各共同行为人的犯罪行为均应认定为犯罪既遂,部分行为人的强奸行为未得逞,不影响犯罪既遂的认定。当然,如果共同行为人的强奸行为均未得逞,则应当认定所有行为人的犯罪形态为未遂。

本案被告人张甲和张乙共同实行强奸被害人的行为,其中张甲得逞,张乙未得逞,但二被告人的行为依法均应认定为强奸犯罪既遂。一审判决认定二被告人的行为构成轮奸,但认定二被告人的行为分别构成犯罪既遂和犯罪未遂,违背了共同犯罪基本原理,故二审予以纠正。

3. 强奸行为未得逞的行为人是否认定为共同犯罪的从犯，应当根据其在犯罪中的地位、作用等多方面因素综合认定

本案被告人张乙首先提出强奸杨某的犯意，被告人张甲表示同意，之后二人商定轮流强奸被害人杨某的具体分工和细节。之后，张乙独自将杨某骗至其出租屋，并且先对杨某实施强奸行为，此时，张乙的行为已经完成了强奸罪的构成要素。在共同犯罪过程中，张乙是犯罪意图的提出者，并且其将杨某骗至案发地并率先实施了强奸行为，因此，张乙在共同犯罪中的作用不比张甲小，参与犯罪的环节比张甲多，参与犯罪的过程比张甲更为完整。虽然最终因为杨某奋力反抗，张乙没有完成强奸行为，但因为张乙的暴力强奸行为在一定程度上减弱了杨某的反抗能力，从而使张甲得以顺利完成强奸行为。从这一角度分析，杨某最终被张甲强奸的后果，是张乙与张甲二人共同行为所致。基于上述分析，本案二审法院基于张乙的犯罪行为与犯罪后果无直接因果关系而将张乙认定为从犯，值得商榷。

综上所述，在轮奸犯罪案件中，虽然未得逞者的强奸行为对被害妇女或者幼女的身心健康直接造成的危害程度低于已得逞者，但对未得逞者是否认定为从犯，应当结合案件实际情况，综合未得逞者在案件中的分工、地位、作用、实际参与程度等多方面因素予以全面分析，不应仅仅从其是否完成自身的强奸行为进行片面认定。

■ 知识点梳理

1. 与不满14周岁的人轮流奸淫同一幼女的行为是否应认定为轮奸

根据《刑法》第二百三十六条第三款第（四）项的规定，二人以上轮奸的，作为强奸罪情节严重的情形之一，可以处十年以上有期徒刑、无期徒刑或者死刑。所谓轮奸，是指两个以上的行为人基于共同认识，在一段时间内，先后连续、轮流地对同一名妇女（或幼女）实施奸淫的行为。轮奸作为强奸罪中的一种情形，其认定关键，首先是看两个以上的行为人是否具有在同一段时间内，对同一妇女（或幼女），先后连续、轮流地实施了奸淫行为，并不要求实施轮奸的人之间必须构成强奸共同犯罪。换言之，轮奸仅是一项共同的事实行为，只要行为人具有奸淫的共同认识，并在共同认识的支配下实施了轮流奸淫行为即可，而与是否符合共同犯罪并无必然关系。实践中，轮奸人之间通常表现为构成强奸共同犯罪，但也不排除不构成强

奸共同犯罪的特殊情形,如本案即是。本案中,虽然另一参与轮奸人,因不满 14 周岁,被排除在犯罪主体之外,二人之间不构成强奸共同犯罪(共同实行犯)。但对本案被告人而言,其具有伙同他人在同一段时间内,对同一幼女,先后连续、轮流地实施奸淫行为的认识和共同行为,因此,仍应认定其具备了轮奸这一事实情节。换一角度说,申某某对王某实施奸淫行为时虽不满 14 周岁,依法不负刑事责任,但不能因此否认其奸淫行为的存在。相反,被告人李尧与申某某对同一幼女轮流实施了奸淫行为,却是客观存在的事实。因此,即使申某某不负刑事责任,亦应认定李尧的行为构成强奸罪,且属于"轮奸"。

立法规定了轮奸这一量刑情节,表明立法者认为轮奸比单独实施的强奸犯罪更为严重,对被害人的危害更大。若坚持"轮奸"的行为人必须构成强奸共同犯罪(共同实行犯),参与轮奸的人都必须具备犯罪主体的一般要件,否则就不认定为轮奸,显然既不利于打击犯罪分子,也不能有力地保护被害人的合法权益,有违立法本意。

2. 对奸淫幼女的行为应如何适用罪名

对奸淫幼女的行为应如何适用罪名问题,刑法实施以后,有关司法解释有过不同的规定。1997 年最高人民法院《关于执行〈中华人民共和国刑法〉确定罪名的规定》,将刑法第二百三十六条第一、二款分别确定为强奸罪和奸淫幼女罪两个罪名。2000 年 2 月最高人民法院制定了《关于审理强奸案件有关问题的解释》(本文以下简称《强奸案件解释》),其中规定"对于已满 14 周岁不满 16 周岁的人,与幼女发生性关系构成犯罪的,依照刑法第十七条、第二百三十六条第二款的规定,以强奸罪定罪处罚"。可见,《强奸案件解释》实质上已将刑法第二百三十六条第二款的罪名又修改回为强奸罪,只不过适用的前提仅是"对于已满 14 周岁不满 16 周岁的人,与幼女发生性关系构成犯罪的"(对 16 周岁以上的人与幼女发生性关系构成犯罪的,无法适用《强奸案件解释》)。其后,2002 年最高人民法院、最高人民检察院联合颁布的《关于执行〈中华人民共和国刑法〉确定罪名的补充规定》(以下简称《补充规定》),又进一步明确地表明,取消奸淫幼女罪的罪名,将刑法第二百三十六条第二款的行为亦定名为强奸罪。《强奸案件解释》中因犯罪主体年龄不同适用不同罪名的情形得以解决。对本案被告人李尧对幼女实施奸淫行为发生在 2000 年 7 月,犯罪时已满 14 周岁不满 16 周岁,一审审判时《强奸案件解释》已经颁布实施。根据司法解释相冲突的情况下，新的司法解释优于旧的司法解释的一般适用原则，本案一审就应该适用《强奸案件解释》的规定，以强奸罪罪名定罪。而一审法院于 2001 年审理本案时，对李尧仍以奸淫幼女罪定罪显然不当，二审改定为强奸罪是正确的。需要说明的是，目前，《补充规定》已经颁布实施，因此，今后审判奸淫幼女构成犯罪的案件，都应当无一例外地按《补充规定》适用罪名，即以强奸罪定罪处罚。

22
Case Study

雷小飞等非法拘禁案

索债 | 扣押

■ 研读指导

1. 本案法院如何确定犯罪人实施的“索债型”扣押、拘禁他人的行为的性质？请提炼法院的推理要点。
2. 如何区分“索财型”绑架罪和“索债型”非法拘禁罪？
3. 比较研读近似案例中非法拘禁罪的认定，注意其中的差异并分析原因。

■ 相关法条

《中华人民共和国刑法》第二百三十八条【非法拘禁罪】、第二十五条第一款【共同犯罪】、第二十六条【主犯】、第六十一条【量刑根据】、第六十四条【犯罪物品的处理】、第六十八条【立功】

《中华人民共和国刑事诉讼法》(1996 年修正版)第一百八十九条[1]【二审对一审判决的处理】

最高人民法院《关于处理自首和立功具体应用法律若干问题的解释》第五条【立功的表现】

最高人民法院《关于对为索取法律不予保护的债务，非法拘禁他人行为如何定罪问题的解释》

---

〔1〕 本条对应《中华人民共和国刑事诉讼法》(2018 年修正版)第二百三十六条。

■ 近似案例

陈祥国绑架案［最高人民法院公报（2017）第 1 期］

黄永柱非法拘禁案［最高人民法院公报（2007）第 6 期］

蔡星光等非法拘禁案［（2012）启刑初字第 30 号］

■ 案情介绍

1. 一审情况

北京市人民检察院第一分院指控称，被告人雷小飞、吴立群、尹春良等人预谋后，于 2002 年 3 月 10 日 17 时许，在北京市朝阳区甘露园南里 25 号朝阳园公寓 4 号楼下，将加拿大阿维马克思集团公司北京办事处亚太区航空主任戴夫绑架至北京市大兴区德茂小区 1 号楼 1 门 103 室，强迫戴夫打电话给公司经理，让其从戴夫的办公抽屉内取出 4000 美元及护照等物品交给吴立群等人，被告人雷小飞还指使孙凯多次打电话向戴夫的妻子索要 25 万美元。2002 年 3 月 15 日 17 时许，公安机关将戴夫解救。

公诉机关认为，被告人雷小飞、吴立群、尹春良的行为触犯了《刑法》第二百三十条第一款的规定，已构成绑架罪。

被告人雷小飞及其辩护人辩称：雷小飞与被害人戴夫是合伙投资关系，戴夫应对债务承担连带赔偿责任；雷小飞与吴立群等人在拘禁戴夫的问题上没有预谋，吴立群等人拘禁戴夫是为索取好处费，有其独立的性质，故雷小飞的行为构成非法拘禁罪；且雷小飞在犯罪中起次要作用，请求法院对雷小飞予以从轻或减轻处罚。

被告人吴立群及其辩护人辩称：吴立群的行为应认定为非法拘禁罪；且在本案中系从犯，亦未造成严重后果，应对吴立群从轻或减轻处罚。

被告人尹春良辩称：其只是帮助要债，没有预谋绑架。

北京市第一中级人民法院经公开审理查明：被告人雷小飞与加拿大阿维马克思集团公司北京办事处亚太区航空主任戴夫因生意纠纷产生矛盾，后雷小飞找到被告人吴立群帮忙，吴立群又纠集被告人尹春良等人预谋绑架戴夫。吴立群、尹春良为实施绑架行为承租了北京市大兴区德茂小区1号楼1门103号房屋一处。2002年3月10日17时许，被告人雷小飞、吴立群、尹春良等人在北京市朝阳区甘露园南里25号朝阳园公寓4号楼下，将戴夫骗上吴立群驾驶的汽车后带至北京市大兴区德茂小区1号楼1门103号的租房处，对戴夫进行扣押、威胁，并强迫戴夫打电话，让其公司经理取出戴夫办公室抽屉内的4000美元及护照等物交给吴立群等人。后三被告人伙同他人让戴夫多次给其亲属打电话索要25万美元。2002年3月15日17时许，公安人员将被告人雷小飞抓获，雷小飞交代了关押戴夫的地点后，公安人员前往上述地点将吴立群、尹春良抓获，同时将被害人戴夫解救。

根据上述事实和证据，北京市第一中级人民法院认为，被告人吴立群、尹春良均供述在绑架戴夫前多次找雷小飞商量绑架戴夫的事宜并在绑架当天预谋将戴夫带至关押地点，被害人戴夫的陈述亦证实被绑架后雷小飞对其威胁并索要赎金50万美元。在案证据不足以证实雷小飞向戴夫追索欠款行为的合理性，辩护人亦未提供雷小飞所负债务的有效证明，且雷小飞等人向戴夫的家属索要25万美元赎金亦超出雷小飞所称要向戴夫追索欠款的数额，故辩护人的此项辩护意见不能成立，不予采纳。

雷小飞称戴夫欠其人民币70余万元，后找到吴立群帮助追索债务，吴立群、尹春良等人将戴夫拘禁，但雷小飞等被告人拘禁被害人戴夫后向其家属勒索25万美元，此时，吴立群、尹春良的犯罪故意已由索要债务转变为勒索钱财。

北京市第一中级人民法院认为，被告人雷小飞、吴立群、尹春良以勒索财物为目的绑架他人，其行为均已构成绑架罪，均应依法惩处。鉴于被告人雷小飞被抓获后能协助公安机关抓获同案犯吴立群、尹春良，有立功表现，故对雷小飞依法应予从轻处罚。北京市人民检察院第一分院指控被告人雷小飞、吴立群、尹春良犯绑架罪的事实清楚，证据确凿，指控罪名成立。被告人雷小飞指使吴立群等人绑架戴夫，并共同实施了绑架行为，后威胁被害人给其家属打电话索要赎金，其在共同犯罪中起主要作用；吴立群纠集尹春良等人预谋绑架戴夫，为此吴立群等人还在北京市大兴区租房一处，在关押被害人期间，吴立群曾到被害人戴夫的公司取回戴的钱物，在整个犯罪过程中吴立群即是纠集者又是积极参与者，起主要作用，不能认定为从犯。

北京市第一中级人民法院依照《刑法》第二百三十九条第一款、第五十六条第一款、第五十五条第一款、第二十五条第一款、第二十六条第一款、第四款、第六十八条第一款、第三十五条、第六十条及最高人民法院《关于处理自首和立功具体应用法律若干问题的解释》第五条之规定,作出如下判决:(1)雷小飞犯绑架罪,判处有期徒刑12年,并处罚金人民币24,000元,驱逐出境。(2)吴立群犯绑架罪,判处有期徒刑11年,剥夺政治权利2年,并处罚金人民币22,000元。(3)尹春良犯绑架罪,判处有期徒刑10年,剥夺政治权利2年,并处罚金人民币20,000万元。(4)追缴被告人雷小飞、吴立群、尹春良的违法所得美元4000元发还被害人戴夫。

2. 二审情况

上诉人(原审被告人)雷小飞及其辩护人诉称:雷小飞没有预谋绑架的主观故意,也未实施绑架勒索的客观行为,原审判决其犯绑架罪,认定事实不清,定性不准;雷小飞与戴夫之间存在合法的债权债务关系,雷小飞索要的数额并未超过对方所欠的数额,雷小飞的行为应认定为非法拘禁罪;雷小飞无前科,其行为未造成严重后果,且雷小飞有协助公安机关抓获其他同案犯的立功表现,建议二审法院对雷小飞从轻或减轻处罚。

上诉人(原审被告人)吴立群诉称:原审判决认定事实不清,定性不准;其没有勒索钱财的目的,是雷小飞让其找对方索要欠款。

北京市人民检察院意见:原审判决认定雷小飞、吴立群、尹春良犯罪的事实清楚,证据确实、充分,定罪及适用法律正确,量刑适当,审判程序合法,建议二审法院驳回雷小飞、吴立群的上诉,维持原判。

上诉人二审期间未提供新的事实和证据证明。

北京市高级人民法院经审理认为能够同案人供述能够证明,雷小飞与戴夫因经济纠纷产生矛盾后,三位被告多次预谋劫持戴夫;被害人戴夫的陈述亦证明,其被被告等人劫持、扣押后,多次给其家属联系索要钱财;戴夫的陈述与多名证人的证言相一致,且与同案人吴立群、尹春良的供述相吻合,事实清楚,足以认定。经查,三名被告与被害人戴夫均无宿怨,吴立群、尹春良二人的供述能够相互印证系受雷小飞指使,共同劫持并拘禁被害人戴夫,后又强迫被害人给其家属打电话索要钱财的事实。

据此,北京市高级人民法院认为,上诉人雷小飞与他人因经济纠纷产生矛盾后，与上诉人吴立群、原审被告人尹春良采用非法扣押、拘禁他人的手段索取债务，根据最高人民法院《关于对为索取法律不予保护的债务非法拘禁他人行为如何定罪问题的解释》，应构成非法拘禁罪，依照我国法律均应予以惩处。鉴于雷小飞被抓获后能协助公安机关抓获同案人吴立群、尹春良，有立功表现，故对雷小飞依法可予从轻处罚。原审法院根据雷小飞、吴立群、尹春良犯罪的事实，犯罪的性质、情节和对于社会的危害程度所作的判决，认定的事实清楚，证据确实、充分，审判程序合法；但原审判决以绑架罪，分别判处雷小飞、吴立群、尹春良刑罚，定罪及适用法律有误，应予改判。

北京市高级人民法院依照《刑事诉讼法》第一百八十九条第（一）、（二）项，《刑法》第二百三十八条第一、三款，第二十五条第一款，第二十六条第一、四款，第六十八条第一款，第六十四条，第六十一条及最高人民法院《关于对为索取法律不予保护的债务非法拘禁他人行为如何定罪问题的解释》、最高人民法院《关于处理自首和立功具体应用法律若干问题的解释》第五条的规定，作出如下判决：（1）雷小飞犯非法拘禁罪，判处有期徒刑 2 年；（2）吴立群犯非法拘禁罪，判处有期徒刑 2 年；（3）尹春良犯非法拘禁罪，判处有期徒刑 1 年 6 个月。

■ 案例评析

□ 重点示意图

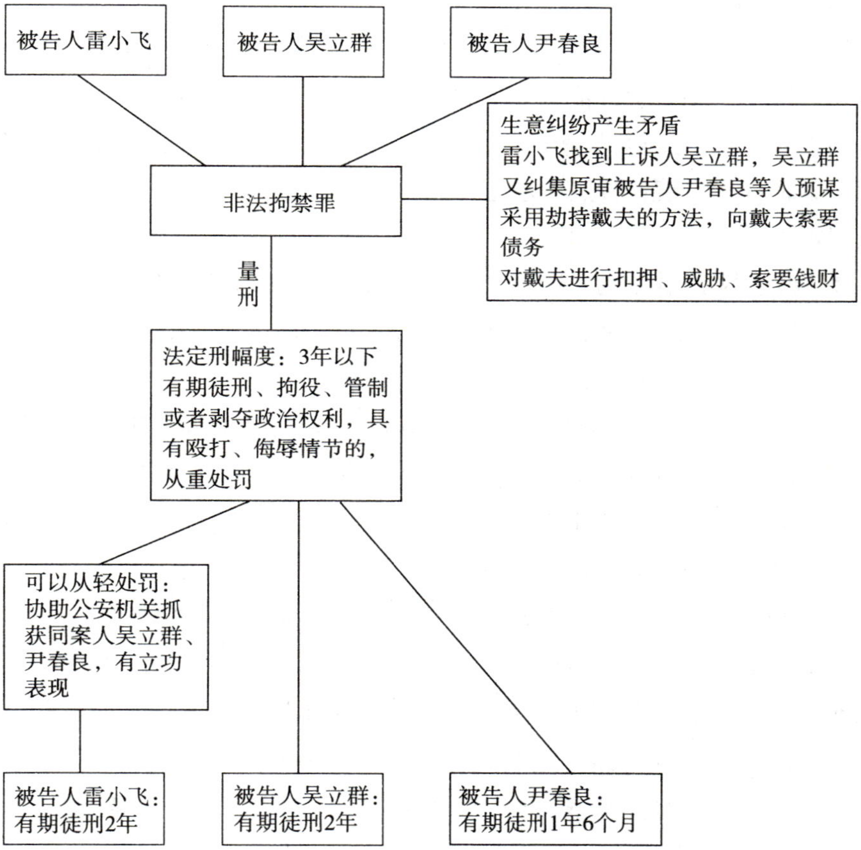

□ 疑难点释析

对本案行为人实施的“索债型”扣押、拘禁他人的行为的定性，有两种意见：一种意见认为行为人以勒索财物为目的绑架他人，已构成绑架罪，一审法院及公诉机关、二审出庭检察院均持此种观点；另一种意见认为行为人的行为系因经济纠纷，而采用非法扣押、拘禁他人的手段索取债务，应构成非法拘禁罪，二审法院持此种观点。

本案双方当事人之间确实存在因经济纠纷产生的债权债务关系，但在具体数额上认识不一，而且被告人索要的钱财超出了自己估算的债务的数额。被告人的行为应认定为绑架罪还是非法拘禁罪，要根据本案的实际情况，结合犯罪人的主观因素和其他具体情节作出判断。

根据本案具体情节来看，三被告是在“索要债务”的主观认识下实施扣押、拘禁被害人的行为的；且被告雷小飞索要的数额虽高于犯罪人主观估算的债务数额，但其超额部分系用于支付吴立群、尹春良帮助讨债的费用，因此“索要债务”仍为犯罪人犯罪的主要目的，按照主客观相统一和有利于犯罪人的原则，本案应以非法拘禁罪定罪。

需要注意的是，在审判实践中，“索财型”绑架罪和以索取债务为目的的“索债型”非法拘禁罪都表现为实施了剥夺他人的人身自由，并向他人索要财物的行为，但两者在犯罪构成上有较大区别：

(1)犯罪的主观故意不同。“索财型”绑架罪以勒索财物即非法占有他人财物为目的；“索债型”非法拘禁罪以追索债务(既包括合法债物，也包括赌债等法律不予保护的债务)，即以索要自己的财物，实现自己的债权为目的，而不是想将他人的财产占为己有，不具有勒索财物的目的。

(2)犯罪起因不同。“索财型”绑架罪的行为人为实现勒索财物的目的，往往是无中生有地选择富有的、不特定的犯罪对象，被害人一般无过错；“索债型”非法拘禁罪的行为人与被害人之间存在特定的债权债务关系，属于“事出有因”，而被害人大多自身有一定的过错，即欠债不还或有客观存在的债务纠纷。债权债务关系的存在与否是区分“索债型”非法拘禁罪与“索财型”绑架罪的关键特征。

(3)侵犯的客体不同。“索财型”绑架罪侵犯的是复杂客体，即他人的人身权利和财产权利；“索债型”非法拘禁罪侵犯的客体是简单客体，即他人的人身权利。

(4)客观表现不同。“索财型”绑架罪以暴力、胁迫、麻醉等方法为必备条件；“索债型”非法拘禁罪在客观上则不要求采用暴力、胁迫、麻醉等方法，虽然在实施非法拘禁的过程中，也可能会有捆绑、殴打等行为，但对他人的生命、健康造成的损害一般比绑架罪小得多。

(5)社会危害不同。“索财型”绑架罪与“索债型”非法拘禁罪给被害人、被害人的亲属和社会造成的心理影响、不安全感和危害有很大不同,前者的不利影响和社会危害性比后者更为严重。

上述区别,有助于区分“索财型”绑架罪和“索债型”非法拘禁罪的性质,特别是行为人的主观故意和犯罪起因方面的不同,是区分两个罪的关键。

但是并非所有的“索债型”扣押、拘禁行为,都以非法拘禁罪定罪处罚,还可能涉及绑架罪的适用。这类案件,都以一定的债权债务关系为前提,由于在民事或经济纠纷中“债”的关系十分复杂,在定性时可能涉及绑架罪和非法拘禁罪的选择。绑架罪的法定最低刑为十年,其处罚大大重于非法拘禁罪,因此,在对“索债型”扣押、拘禁行为定性时,在把握好两罪区别的前提下,严格依照刑法主客观相统一的原则,根据案件的具体情况作出慎重的判断。

情形一:原债务数额难以确定。在一些“索债型”扣押、拘禁案件中,行为人认为确实存在债务,而被害人予以否认,或者行为人与被害人虽然均承认存在债务关系,但是双方在具体数额上说法不一致,由于缺乏证据而难以查清原债权债务关系中涉及的具体数额。如果行为人主观上认为确实存在债务或者确认债务为某一数额,即使有证据证明行为人对债务或数额的认识是基于某种错误,行为人也是在“索要债务”的主观认识之下实施扣押、拘禁被害人的行为,而不存在“勒索他人财物的目的”,因此应以非法拘禁罪定罪处罚。如果以绑架罪定罪,则有客观归罪之嫌。

情形二:索要数额高于原债务。在“索债型”扣押、拘禁案件中,行为人可能因为多种原因向被害人索要高于原债务数额的财物,有的是出于对被害人久拖不还债务的气愤,有的是为弥补讨债费用或商业损失,有的是借机勒索更多的财物等等。不能仅因索要数额超过原债务,就认定该行为构成绑架罪,而要具体情况具体分析。如果索要的数额大大超过原债务数额,且与其他情节相结合,足以证明行为人的主观目的已经由索债转化为勒索财物,则该行为已触犯了绑架罪和非法拘禁罪两个罪名,按照想象竞合犯的处罚原则,应以绑架罪定罪处罚。如果索要的数额超过原债务的数额不大,或者虽然索要的数额超过原债务的数额较大,但超出的部分是用于弥补讨债费用或由此带来的其他损失,行为人认为这些费用和损失应由被害人承担,其主要目的仍是索债,而不是勒索财物。从有利于被告人的刑法原则上看,上述行为应当以相对较轻的非法拘禁罪定罪,而不宜定绑架罪,从而更符合刑法主客观相统一原则的要求。如果索要数额大大超过原债务,当被害人拿出与原债务数额相近的财物后,行为人主动停止犯罪,从客观上可以证明行为人并不具备勒索他人财物的目的,也不宜定绑架罪,而应定非法拘禁罪。

■ 知识点梳理

非法拘禁罪,是指故意非法拘禁他人或者以其他方法非法剥夺他人人身自由的行为。本罪的法益是人的身体活动的自由。

1. 非法拘禁罪的特征

(1)客观上表现为非法剥夺他人身体自由的行为。作为行为对象的"他人"没有限制,既可以是守法公民,也可以是犯有错误或有一般违法行为的人,还可以是犯罪嫌疑人、被告人等,但必须是具有身体活动自由的自然人;身体活动自由虽以意识活动自由为前提,但只要具有基于意识从事身体活动的能力即可,不要求具有刑法上的辨认控制能力与民法上的法律行为能力,故能够行走的幼儿、精神病患者均可成为本罪的对象。根据限定说,如果某人没有认识到自己被剥夺自由,就表明行为没有妨害其意思活动,因而没有侵犯其人身自由;换言之,本罪的对象必须认识到自己被剥夺自由的事实。

行为的特征是非法拘禁他人或者以其他方法非法剥夺他人的身体自由。凡符合这一特征的均应认定为非法拘禁罪,如非法逮捕、拘留、监禁、扣押、绑架,办封闭式"学习班""隔离审查"等,均属非法剥夺人身自由的行为。概言之,非法剥夺人身自由包括两类:一类是直接拘束他人的身体,剥夺其身体活动自由;如捆绑他人四肢,使用手铐拘束他人双手。另一类是间接拘束人的身体,剥夺其身体活动自由,即将他人监禁于一定场所,使其不能或明显难以离开、逃出。剥夺人身自由的方法既可以是有形的,也可以是无形的。例如,将妇女洗澡时的换洗衣服拿走,使其基于羞耻心无法走出浴室的行为,就是无形的方法。此外,无论是以暴力、胁迫方法拘禁他人,还是利用他人的恐惧心理予以拘禁,均不影响本罪的成立。使用欺诈方法剥夺他人自由的,如果违反了被害人的现实意识,侵害了其身体活动自由,依然成立非法拘禁罪。非法拘禁还可能由不作为成立,即负有使被害人逃出一定场所的法律义务的人,故意不履行义务的,也可能成立非法拘禁罪。

非法拘禁是一种持续行为，该行为在一定时间内处于继续状态，使他人在一定时间内失去身体自由。时间持续的长短原则上不影响本罪的成立，只影响量刑。但时间过短、瞬间性的剥夺人身自由的行为，则难以认定为本罪。

剥夺人身自由的行为必须具有非法性。司法机关根据法律规定，对于有犯罪事实和重大嫌疑的人，依法采取拘留、逮捕等限制人身自由的强制措施的行为，不成立本罪。但发现不应拘捕时，借故不予释放，继续羁押的，或者故意超期羁押的，应认定为非法拘禁罪。公民将正在实行犯罪或犯罪后及时被发觉的、通缉在案的、越狱逃跑的、正在被追捕的人，依法扭送至司法机关的，是合法行为。依法收容精神病患者的，也不属于非法拘禁。

（2）主观上只能出于故意。行为人明知自己的行为会发生剥夺他人身体自由权利的危害结果，并希望或者放任这种结果的发生，但不以出卖、勒索财物为目的。当前，出于迫使他人偿还债务的动机而非法扣押、拘禁他人的案件比较突出，应严格依法处理。

2. 非法拘禁罪的认定及量刑

关于非法拘禁罪的认定，非法拘禁情节显著轻微的，不宜认定为本罪。依照最高人民检察院 1999 年 8 月 6 日《关于人民检察院直接受理立案侦查案件立案标准的规定（试行）》，非法拘禁具有下列情形之一的，应予追诉：（1）非法拘禁持续时间超过 24 小时的；（2）3 次以上非法拘禁他人，或者 1 次非法拘禁 3 人以上的；（3）非法拘禁他人，并实施捆绑、殴打、侮辱等行为的；（4）非法拘禁，致人伤残、死亡、精神失常的；（5）为索取债务非法扣押、拘禁他人，具有上述情形之一的；（6）司法工作人员对明知是无辜的人而非法拘禁的。非法拘禁行为与结果又触犯其他罪名的，应根据其情节与有关规定处理。例如，以非法绑架、扣留他人的方法勒索财物的，成立绑架罪；以出卖为目的非法绑架妇女、儿童的，构成拐卖妇女、儿童罪；收买被拐卖的妇女、儿童后，非法剥夺其人身自由的，应实行数罪并罚。

根据《刑法》第二百三十八条规定，犯非法拘禁罪的，处 3 年以下有期徒刑、拘役、管制或者剥夺政治权利。在拘禁过程中具有殴打、侮辱情节的，从重处罚。非法拘禁致人重伤的，处 3 年以上 10 年以下有期徒刑；致人死亡的，处 10 年以上有期徒刑。所谓非法拘禁致人重伤、死亡，是指非法拘禁行为本身致被害人重伤、死亡或在非法拘禁期间被害人自杀身亡。行为人对重伤、死亡结果只能出于过失，不能出于故意。非法拘禁他人,使用暴力致人伤残、死亡的,应分别以故意伤害罪、故意杀人罪论处。本规定属于法律拟制,而非注意规定。这里的"暴力"应限于超出了非法拘禁范围的暴力;非法拘禁行为本身也可能表现为暴力,但作为非法拘禁行为内容的暴力导致他人伤残、死亡的,不属于"使用暴力致人伤残、死亡";只有当非法拘禁行为以外的暴力致人伤残、死亡时,才能认定为故意伤害罪或者故意杀人罪。国家机关工作人员利用职权犯本罪的,从重处罚。

23
Case Study

张兴等绑架案

致使被绑架人死亡

■ 研读指导

1. 绑架犯罪案件中，非因被告人的故意、过失行为导致被害人死亡的，能否认定为“致使被绑架人死亡”？
2. 本案的审判法院如何确定被告人张兴等人仅对其绑架行为承担刑事责任，而无须对被害人死亡的结果承担刑事责任？请提炼法院的推理要点。
3. 比较研读近似案例，注意绑架罪在刑事案件中的运用，并进行归纳总结。

■ 相关法条

《**中华人民共和国刑法**》第二百三十九条第一款【绑架罪】、第二十五条【共同犯罪】

■ 近似案例

王建平绑架案（刑事审判参考第299号）
俞志刚绑架案（刑事审判参考第496号）
白宇良、肖益军绑架案（刑事审判参考第570号）

■ 案情介绍

广东省东莞市人民检察院以被告人张兴、符安仁、张文青、张启刚犯绑架罪，向东莞市中级人民法院提起公诉。

被告人张兴等人辩称，其在控制被害人时没有殴打被害人头部，其行为均不构成绑架罪。

东莞市中级人民法院经审理查明，被告人张兴与被害人王凤英（女，殁年34岁）于2008年12月开始保持不正当两性关系。2009年4月30日晚，张兴在东莞市万江区共联溜冰场见王凤英与另几名男子玩，欲将王凤英带走，但遭王凤英拒绝，二人遂发生矛盾。后张兴纠集被告人符安仁、张文青、张启刚以及符来贵、张启明、陈勇（后三人另案处理）等六人帮忙将王凤英强行带走，反遭与王凤英在一起玩的几名男子殴打。当晚，张兴等人密谋绑架王凤英。次日中午，王凤英打电话约张兴见面，张兴等七人即到东莞市道滘镇小河村一出租屋租下房间，符安仁、张启刚、符来贵、张启明、陈勇五人在该房间守候，由张兴、张文青将王凤英带至该房间。此后，张兴等人殴打王凤英并索要人民币（以下币种同）5000元。王凤英被迫拿出1000元后，又打电话给其他亲戚朋友，要他们将钱汇至张兴提供的账户。后张兴等人怕被发现，欲将王凤英转移。张兴、符安仁、张启刚三人挟持王凤英搭乘一辆出租车，张文青等人随后。当张兴等人行至道滘镇绿福酒店门前路段时，所乘出租车与一辆小汽车发生碰撞，张兴、符安仁、张启刚三人逃离，王凤英因钝性外力打击头部致严重颅脑损伤死亡。

东莞市中级人民法院认为，被告人张兴、符安仁、张文青、张启刚以勒索财物为目的绑架他人，其行为均构成绑架罪，依法应当惩处。张兴等人在控制被害人王凤英的过程中，虽有殴打行为，但在转移王凤英途中发生交通事故，在案证据不足以证实王凤英头部损伤系殴打行为所致，且不能排除王凤英头部受到损伤系交通事故所致，故不认定张兴、符安仁、张文青、张启刚的行为属绑架致人死亡情形。据此，依照《刑法》第二百三十九条第一款、第二十五条之规定，东莞市中级人民法院判决如下：（1）被告人张兴犯绑架罪，判处有期徒刑15年，剥夺政治权利5年，并处罚金2万元。（2）被告人符安仁犯绑架罪，判处有期徒刑13年，剥夺政治权利3年，并处罚金1万元。（3）被告人张文青犯绑架罪，判处有期徒刑8年，并处罚金1万元。（4）被告人张启刚犯绑架罪，判处有期徒刑6年，并处罚金人民币8000元。

宣判后，张兴等人没有提出上诉，检察院没有抗诉。该判决已发生法律效力。

■ 案例评析

□ 重点示意图

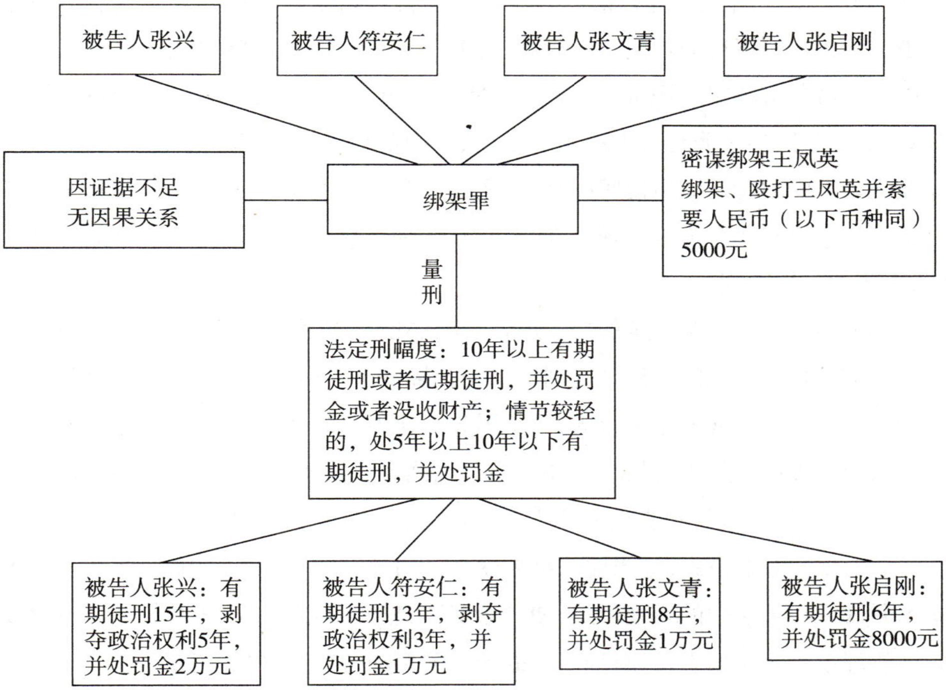

□ 疑难点释析

本案在审理过程中，对各被告人的行为能否认定为《刑法》第二百三十九条第二款规定的“被绑架人死亡”，形成两种意见。一种意见认为，本案被害人的死亡结果发生在被绑架过程中，没有被告人的绑架行为，就不会发生被害人死亡的结果，就这个角度而言，被害人的死亡结果与被告人的绑架行为之间存在因果联系，各被告人的行为应当认定为“致使被绑架人死亡”。另一种意见则认为，在案证据不足以证明被害人的死亡系被告人绑架过程中实施的暴力行为所致，对各被告人应当依照《刑法》第二百三十九条第一款定罪量刑，但被害人死亡的结果可作为酌定情节予以考虑。

笔者同意后一种意见,具体理由如下:

(1)本案证据不足以证明被害人死亡的结果是其绑架过程中实施的暴力行为所致,不具有刑法上的因果关系。

《刑法》第二百三十九条第二款对因绑架行为致使被绑架人死亡或者故意杀害被绑架人的犯罪行为规定了绝对确定的法定刑死刑,这意味着刑法对此类绑架行为作了最严厉的罪行评价。这一规定除了表明上述两种情形都具有极其严重的客观危害之外,还表明行为人的主观恶性、人身危险性程度,达到或者接近故意杀害被绑架人的程度。应当说明的是,上述所要对比的主观恶性、人身危险性程度不是指实施绑架犯罪行为这一环节,而是指在致使被绑架人死亡这一环节的主观恶性、人身危险性程度。

具体案件中对刑法规定的“致使被绑架人死亡”情形的认定,要求绑架过程中的行为与死亡结果之间必须具有刑法上的因果关系。如果被害人的死亡结果不是因为行为人的故意或者过失行为,而是因为其他因素的介入所致,那么意味着行为人在绑架过程中的行为与被害人死亡结果之间不存在刑法上的因果关系,即不能认定行为人承担“致使被绑架人死亡”的刑事责任,否则就是客观归责。

对因果关系的考察,应当注重因果联系的内容和性质,并在此前提下进一步考察因果联系在刑法中的表现形式,使其紧紧围绕着解决刑事责任的任务。按照我国刑法理论界通说的观点,对刑法上的因果关系的考察,最根本的就是要审查实行行为在一定的条件下,是否合乎规律地引起危害结果的发生。一方面,作为原因的实行行为,必然具有引起危害结果发生的实在可能性,即作为原因的危害行为,一定包含着引起某种结果发生的根据和内容;另一方面,作为原因的实行行为,必须合乎规律地引起危害结果。实施某种危害行为只是有可能发生某种危害结果,这是因果关系存在的必要前提,但并不等于二者之间必然存在刑法上的因果关系。只有当这种实在可能性合乎规律地引起了危害结果的发生,才能确认行为与结果之间存在刑法上的因果关系。

本案被告人张兴等人以勒索财物为目的绑架他人,其行为均构成绑架罪,依法应当惩处,但其在控制被害人王凤英的过程中,虽有殴打行为,但在转移途中发生交通事故,在案证据不足以证实被害人头部损伤系殴打行为所致,且不能排除其头部受到损伤系交通事故所致,故不认定被告人张兴、符安仁、张文青、张启刚的行为属绑架致人死亡情形。

(2)被告人张兴等人转移被害人途中发生交通事故,属于非正常介入因素,致使绑架行为与被害人死亡结果的因果关系中断。

在致使被绑架人死亡案件中,非正常因素的介入情形通常表现为以下五种形式:

第一,被害人自身的因素。这既包括被害人自身的身体状况,如身体上的疾病,也包括被害人基于其自由意志而实施的行为。如行为人甲将被害人乙绑架后,向乙家属索要赎金遭拒绝,并且乙的家属表现出对乙的极端不关心。乙即产生轻生之念,乘甲不备跳楼身亡。本案中,乙死亡的直接原因是其自己跳楼行为所致,间接原因是对家人对其人身安全毫不关心的心理反应,因此不能认定是甲的绑架行为致使被绑架人死亡。

第二,自然因素,包括洪水、地震、火灾等因素。并非自然因素一律都会导致因果关系的中断。在绑架过程中,如果该自然因素的介入具有高度的盖然性,行为人对自然因素可能发生的危害后果应当能够预见,则不能以自然因素的介入而中断因果关系;如甲将乙绑架后,关押至一山脚低洼处小屋内,适逢连日暴雨,山洪暴发在即,甲不顾乙的生死,将乙囚禁在该屋内。后山洪暴发,甲独自逃生,乙溺水身亡,对甲的行为应当认定属于"致使被绑架人死亡"的情形。

第三,第三方行为,包括第三方无过错行为和第三方有过错行为。第三方无过错行为是指第三方的行为主观上不存在刑法上的过错。如甲绑架被害人乙后,乙乘甲不备,逃离被关押场所,恰逢警方围捕持枪逃犯,在鸣枪警告后,乙因受惊狂奔,警方误认为乙就是逃犯而将其击毙。甲、乙的行为都不能直接引起乙死亡的结果,乙死亡是警方开枪所致,而警方的行为系无过错行为。第三方有过错行为,是指第三方的行为主观上存在刑法上的过错。如甲绑架乙后,在转移乙的过程中,第三人丙酗酒醉驾,将在路边行走的甲和乙撞伤,乙因抢救无效死亡。本案中被害人乙的死亡结果就是由丙造成的。这两个案例中,都不能认定绑架人的绑架行为致使被绑架人死亡。

第四,行为人无过错的行为。如甲将熟人乙绑架至一室内,甲见床底下有一瓶酒,遂与乙对饮,后乙死亡,甲因此致盲。经查,该酒瓶内存放的是工业酒精。本案中,甲与乙饮酒的行为本身与绑架行为没有关系,且在饮酒方面甲主观上也没有刑法上的过错,如果将乙的死亡认定系甲绑架所致,则有客观归责之嫌。

第五,行为人实施的与绑架行为无关的其他有过错行为,该行为致被害人死亡的,一般也不能认定为“致使被绑架死亡”。如行为人绑架他人后,因天气寒冷,在室内烤火,不慎引发火灾,将被害人烧死。本案中,即便行为人同时构成绑架罪和失火罪,也不宜以“致使被绑架人死亡”情形追究绑架人的刑事责任。

基于上述分析,笔者认为,绑架过程中发生被绑架人死亡的结果,对行为人未必都以“致使被绑架人死亡”情形追究刑事责任。上述五种情形下,虽然存在如果没有行为人的绑架行为,就不会发生被害人的死亡结果这种条件关系;但上述诸情形中,被害人的死亡结果都是在行为人的预料之外,行为人无法预见绑架行为会发生被害人死亡的结果,也无法预见绑架过程中会有介入因素导致被害人死亡的情况。因此,行为人对被害人死亡的结果缺乏承担刑事责任的主观基础,绑架行为与死亡结果之间也就不存在因果关系的相当性。只有绑架行为人实施的故意、过失行为导致被绑架人死亡的,才对“致使被绑架人死亡”承担刑事责任。值得强调的是,这里的故意行为仅是指行为人对其实施行为是故意的,但对被害人死亡结果的发生持否定态度,即被害人死亡的结果在其意料之外,否则就属于杀害被绑架人的情形。

本案中,被告张兴等人在绑架被害人后,没有对被害人实施严重的暴力,现有证据也不足以证明被害人死亡的结果是其绑架过程中实施的暴力行为所致。相反,在案证据证明被告等人将被绑架人转移过程中,由于第三人的原因发生了车祸,即发生类似于上述第三种情形的第三方行为介入的情况,致被绑架人死亡,这种异常介入因素中断了绑架行为与死亡结果之间刑法上的因果关系,因此被告等人仅对其绑架行为承担刑事责任,而无须对被害人死亡的结果承担刑事责任。东莞市中级人民法院对张兴、符安仁、张文青、张启刚等人的定罪量刑是正确的。

■ 知识点梳理

绑架罪,是指利用被绑架人的近亲属或者其他人对被绑架人安危的忧虑,以勒索财物或满足其他不法要求为目的,使用暴力、胁迫或者麻醉方法劫持或以实力控制他人的行为。绑架行为使用了暴力、胁迫等强制手段，因而严重侵犯了被绑架人在本来的生活场所的安全与行动自由。与此同时，行为人还可能向被绑架人的亲属或其他人勒索财物，或提出其他不法要求，故可能同时侵犯他人的财产权利及其他权利。本罪的基本特征如下：

（1）主体必须是已满 16 周岁，具有辨认控制能力的自然人。已满 14 周岁不满 16 周岁的人实施绑架行为，故意杀害被绑架人的，应认定为故意杀人罪。

（2）主观上只能出于故意。行为人一方面利用被绑架人的近亲属或者其他人对被绑架人安危的忧虑，这里的“其他人”包括单位乃至国家。另一方面以勒索财物或满足其他不法要求为目的。如果不具有这种心理状态，则不构成绑架罪。以勒赎为目的，偷盗婴幼儿的，应以本罪论处。同样，为了将婴儿作为人质以实现其他不法要求，而偷盗婴幼儿的，也成立本罪。勒索财物或满足其他不法要求为目的，不需要现实化。换言之，只要行为人具有这种目的，即使客观上没有对被绑架人的近亲属或其他人勒索财物或提出其他不法要求，也成立绑架罪；如果行为人客观上向被绑架人的近亲属或其他人勒索财物或提出了其他不法要求，也不另成立其他犯罪。但是，如果行为人绑架他人是为了直接向被绑架人索取财物，则不构成本罪，而应认定为抢劫罪。值得研究的有两种情况：一是行为人出于其他目的、动机以实力支配他人后，才产生勒索财物意图进而勒索财物的，应如何处理？二是收买被拐卖的妇女、儿童后，以暴力、胁迫手段对其进行实力控制，进而向其近亲属或有关人员勒索财物或提出其他不法要求的，应如何处理？笔者认为，这两种行为原则上也成立绑架罪。

（3）客观方面表现为利用被绑架人的近亲属或其他人对被绑架人安危的忧虑，使用暴力、胁迫或者麻醉方法劫持或以实力控制他人。绑架的对象是任何他人，包括妇女、儿童和婴幼儿乃至行为人的子女或者父母。绑架的实质是使被害人处于行为人或第三者的实力支配下，事实上存在使未成年人的父母离开生活场所而将未成年人控制在行为人实力范围内的情况，也存在使被害人滞留在本来的生活场所但使其丧失行动自由的绑架案件（如 2002 年的俄罗斯人质案），所以，绑架不要求使被害人离开原来的生活场所。绑架行为应具有强制性，即使用暴力、胁迫或者麻醉方法控制他人。对于缺乏或者丧失行动能力的被害人，行为人采取偷盗、引诱等方法使其处于行为人或第三者实力支配下的，也可能成立绑架罪。例如，以勒赎为目的,偷盗婴幼儿的,成立绑架罪。

对于绑架罪与非法拘禁罪的区别,根据《刑法》第二百三十八条第三款的规定,行为人为索取债务非法扣押、拘禁他人的,只构成非法拘禁罪,不成立绑架罪。最高人民法院2000年6月30日《关于对为索取法律不予保护的债务非法拘禁他人行为如何定罪问题的解释》指出,行为人为索取高利贷、赌债等法律不予保护的债务,非法扣押、拘禁他人的,依照非法拘禁罪定罪处罚。司法实践中也出现了这样的现象:只要行为人与被害人之间存在债务,不管是否为合法债务,不管是双方承认的债务还是行为人单方面主张的债务,也不管行为人对被害人人身自由的剥夺程度,均认定为非法拘禁罪。如果行为人为了索取法律保护的债务,而非法扣押、拘禁他人的,理应认定为非法拘禁罪。对于那些为了索取法律不予保护的债务,而非法扣押、拘禁他人,但不以杀害、伤害等相威胁,声称只要还债便放人的行为,也宜认定为非法拘禁罪。但是,如果行为人为了索取法律不予保护的债务或者单方面主张的债务,以实力支配、控制被害人后,以杀害、伤害被害人相威胁的,宜认定为绑架罪。行为人为了索取债务,而将与债务人没有共同财产关系、扶养、抚养关系的第三者作为人质的,也应认定为绑架罪。

根据《刑法》第二百三十九条的规定,犯绑架罪的,处10年以上有期徒刑或者无期徒刑,并处罚金或者没收财产;致使被绑架人死亡或者杀害被绑架人的,处死刑,并处没收财产。刑法对本罪规定如此重的法定刑,主要是考虑到不论行为人是否勒索到财物或实现了其他要求,其绑架行为都已经给被害人的人身与自由造成了严重的侵害,而且给被绑架人的近亲属或其他人造成了痛苦与忧伤,是一种极为严重的犯罪。此外,行为人在绑架他人后,因过失致被绑架人死亡,或者故意杀害被绑架人的(俗称"撕票"),处死刑,不按数罪处理。其中的"杀害"应限于故意杀人既遂;行为人绑架他人后,故意实施伤害、强奸等行为的,则应实行数罪并罚。

24
Case Study

武亚军、关倩倩拐卖儿童案

出卖亲生子女

■ 研读指导

1. 如何认定出卖亲生子女行为的性质?
2. 如何把握出卖亲生子女构成拐卖儿童罪的量刑?
3. 行为人在不了解对方基本条件的情况下,不考虑对方是否具有抚养目的以及有无抚养能力等事实,为收取明显不属于营养费的巨额钱财,将孩子送给他人的,构成何罪?
4. 比较研读近似案例中拐卖亲生子女行为的责任认定,注意其中的差异并分析原因。

■ 相关法条

《中华人民共和国刑法》第二百四十条【拐卖妇女儿童罪】、第六十三条第二款【减轻处罚】、第七十二条【缓刑适用条件】

■ 近似案例

王献光等拐卖儿童案[(2011)二中刑终字第2158号]
惠军虎、李瑞勤拐卖儿童案[(2009)海刑初字第3351号]
刑志华等拐卖儿童案[(2010)石铁刑初字第20号]

■ 案情介绍

被告人关倩倩于2009年2月8日生育一男孩,后因孩子经常生病,家庭生活困难,被告人武亚军、关倩倩夫妻二人决定将孩子送人。2009年6月初,武亚军、关倩倩找到山西省临汾市先平红十字医院的护士乔瑜,让其帮忙联系。第二天,乔瑜将此事告知张永珍,张永珍又让段麦寸(同案被告人,已判刑)询问情况。段麦寸与关倩倩电话联系后约定付给关倩倩26,000元。后段麦寸将此情况告知景九菊(同案被告人,已判刑),景九菊经与赵临珍(同案被告人,已判刑)联系看过孩子后,赵临珍又通过郭秋萍(同案被告人,已判刑)介绍买家。2009年6月13日在赵临珍家中,武亚军、关倩倩将出生仅4个月的孩子以26,000元的价格卖给蔡怀光(在逃)。赵临珍、景九菊、段麦寸、郭秋萍分别获利1400元、600元、500元、1500元。赵临珍、郭秋萍、王洪生(同案被告人,已判刑)与蔡怀光一同将婴儿送至山东省台儿庄。后武亚军的父亲向公安机关报警称孙子被武亚军夫妇卖掉,2009年7月17日,公安机关解救出被拐卖的婴儿。

山西省临汾市尧都区人民检察院以被告人武亚军、关倩倩犯拐卖儿童罪,向尧都区人民法院提起公诉。

被告人武亚军、关倩倩辩称,其因家庭生活困难将孩子送给条件好的人家抚养,所收取的人民币(以下币种同)26,000元是营养费,不是出卖价,其行为不属于出卖亲生子女。

临汾市尧都区人民法院认为,被告人武亚军、关倩倩将出生仅4个月的男婴,以26,000元的价格出卖给他人,其行为均构成拐卖儿童罪。关于被告人武亚军、关倩倩辩解无罪的意见,经查,武亚军、关倩倩在不了解对方基本条件的情况下,不考虑对方是否具有抚养目的以及有无抚养能力等事实,为收取明显不属于营养费的巨额钱财,将孩子送给他人,属于出卖亲生儿子的行为,应当以拐卖儿童罪论处,且依法应当处五年以上十年以下有期徒刑。鉴于武亚军、关倩倩由于家庭生活困难,将孩子出卖给他人,后孩子被公安机关成功解救,没有造成严重的社会危害后果,且具有认罪、悔罪情节,对二人可在法定刑以下判处刑罚。根据《刑法》第二百四十条、第七十二条、第六十三条第二款之规定,临汾市尧都区人民法院以被告人武亚军、关倩倩犯拐卖儿童罪，各判处有期徒刑 3 年，缓刑 5 年，并处罚金 3 万元。

宣判后，被告人武亚军、关倩倩在法定期限内没有上诉，检察机关没有提出抗诉，临汾市尧都区人民法院将本案层报最高人民法院核准。

最高人民法院经依法复核，依法裁定核准临汾市尧都区人民法院对被告人武亚军、关倩倩在法定刑以下判处刑罚的刑事判决。

■ 案例评析

□ 重点示意图

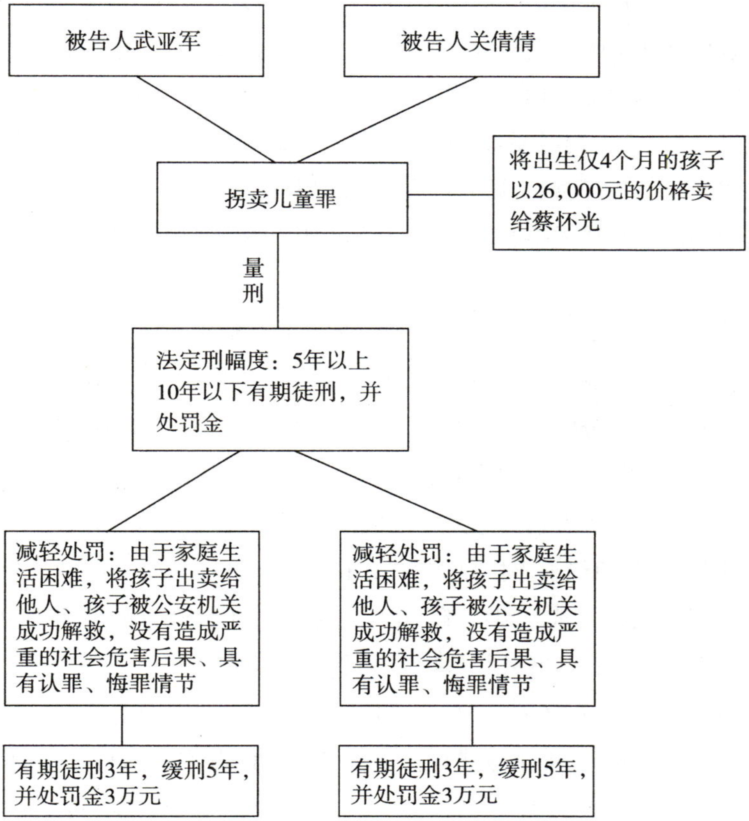

□ 疑难点释析

1. 对于将亲生子女送给他人并收取一定数额钱财的行为，如何准确区分罪与非罪、此罪与彼罪

一般的拐卖儿童犯罪，通常表现为采取收买、哄骗、偷盗或者强抢等方式取得对儿童的控制，然后将儿童卖出。实践中，父母将处于监护之下的亲生子女送给他人并收取一定数额的金钱的行为与一般的拐卖儿童犯罪存在差异，具有一定特殊性。这种行为往往由于存在拒绝抚养和获取财物等不同情形，对其是否认定为犯罪，是认定为拐卖儿童罪，还是认定为遗弃罪，都存在一定争议。

为明确法律适用依据，准确区分行为性质，最高人民法院、最高人民检察院、公安部、司法部2010年联合发布的《关于依法惩治拐卖妇女儿童犯罪的意见》在关于定性一节中明确规定，"以非法获利为目的，出卖亲生子女的，应当以拐卖妇女、儿童罪论处"。该意见同时要求严格区分借送养之名出卖亲生子女与民间私自送养行为的界限，确属民间私自送养行为的，不能以拐卖儿童罪论处；对私自送养导致子女身心健康受到严重损害，或者具有其他恶劣情节，符合遗弃罪特征的，可以以遗弃罪论处。

值得注意的是，《关于依法惩治拐卖妇女儿童犯罪的意见》的指导精神是要求依法打击将子女当作商品买卖的行为，因此要严格将拐卖儿童与民间私自送养、遗弃行为区分开来。区分的关键就在于，行为人是否具有非法获利目的。所谓非法获利，就是把子女当作商品，把收取的钱财作为出卖子女的身价。

对行为人将亲生子女送给他人并收取一定数额的钱财的行为，判断其主观目的是非法获利，还是拒绝承担抚养义务，具有一定难度。司法实践中，行为人多是以家庭经济困难无力抚养、未婚先育、超生逃避计划生育政策处罚等理由，辩称其行为属于私自送养，收取的钱财只是"感谢费""营养费"，因而不构成拐卖儿童罪。笔者认为，将监护权私自转移给他人，并收取数额较大钱财的行为，体现了行为人拒绝承担抚养的义务，也不排除其具有非法获利目的的可能，因此从中甄别出那些单纯为了非法获利而将子女当作商品出卖的行为，既有必要，也有可能。对于那些在决定是否将子女送人时，首先或者主要考虑的是子女以后的生活、教育成长等因素，对收养人是否给付钱财以及给付的多寡并不刻意关注、追求的，一般不宜将行

为人的行为定性为出卖亲生子女。

在具体案件中，对非法获利目的的认定，要注意从以下几个方面的证据综合进行审查：

（1）审查是否有证据证实行为人将生育作为非法获利的手段，生育子女后即将子女出卖。对非法获利目的的认定，不能局限于一次行为的评价，要综合被告人的关联行为，准确认定被告人是否属于因经济困难而送养小孩。如被告人杜某、耿某生育一名女婴，自称女婴有病，因无钱医治，遂通过中间人介绍，将女婴送给他人抚养，并从收养人处收取6600元。在接下来的3年时间里，二被告人先后将所生育的3个孩子全"送"给他人"抚养"，共收取68,000元。如果仅局限于第一次行为，很难准确认定被告人的主观目的。然而，其接下来将刚生育的3个子女都先后"送人"换取钱财的事实，足以体现出其借"送养"之名行敛财之实，具有非法获利目的，应当以拐卖儿童罪论处。

（2）审查行为人将子女送人的背景和真实原因，并审查行为时是否考虑对方有无抚养目的、抚养能力。实践中，父母将亲生子女送人的背景、原因很复杂，有的是家庭经济状况异常困难或者突然遭遇重大变故，如亲属身染重病，导致没有能力抚养子女的；或者未婚先育，短期内无法结婚又不具备抚养能力和条件的；等等。在上述情况下，父母将亲生子女送给他人，首先考虑的是子女以后的成长生活、教育等因素，一般会对收养方是否有抚养目的和抚养能力进行认真斟酌考量。对方给不给抚养费、给多少抚养费，父母不会特别在意。例如，被告人黄某与前妻育有一子，再婚后又生育两个女儿，后妻子离家出走，黄某无固定职业，经济收入较低，遂产生送养一个女儿以减轻负担的念头。黄某了解到孙某有收养的想法后，将女儿送给孙某抚养，并收取了孙某给的2万元。在该案中，黄某虽然从孙某处收取了一定钱财，但初衷是无力抚养子女，且在了解孙某确实想收养孩子后，才将孩子送出，并非单纯为了非法获利，故法院未认定黄某出卖亲生子女。如果行为人知道或应当知道对方是"人贩子"，或者根本不考虑对方是否具有抚养目的和抚养能力，为获取钱财将子女"送"给他人的，一般情况下，可以认定行为人具有非法获利目的，应当认定构成拐卖儿童罪。

（3）审查行为人收取钱财的多少以及在收取钱财过程中的态度。一方面，要考虑收取钱财的数额是否明显超出了抚育成本或"感谢费"的范围，但不能唯数额论。数额巨大的，未必都能认定行为人具有非法获利目的，如收养人经济状况较好，主动支付数额较大的“感谢费”的情形；收取钱财数额相对小的，也未必一概不认定具有非法获利目的，如父母为了偿还赌债或者挥霍享乐，以“较低价格”将子女“送人”，或者父母为出卖子女积极讨价还价，但最终只收取到少量钱财的情形，都足以体现出行为人具有非法获利目的。因此，行为人在收取钱财过程中的表现、态度，是判断其是否具有非法获利目的的一项重要因素。

总之，对于将亲生子女送给他人并收取一定数额钱财的行为，实践中一定要结合各种因素综合判断。如果认定行为人非法获利目的的证据存疑的，应当按照存疑有利于被告人的原则，根据案件具体情况，或者认定为遗弃罪，或者作无罪处理。

本案中，根据证人张永珍等的证言和同案被告人段麦寸的供述，张永珍听说有个亲戚想抱养男婴后，联系被告人关倩倩，关倩倩称要收取50,000元才能将儿子送人，双方没有谈成。张永珍将该情况告诉了医院的保洁员段麦寸，段麦寸又与被告人武亚军、关倩倩联系，关倩倩说要30,000元，经反复讲价，最终商定26,000元。后一名叫蔡怀光的男子付钱后将该男婴转卖至外省。关倩倩、武亚军虽辩称系因经济困难而将刚生育的婴儿送人“抚养”，并不是出卖亲生子女，但根据查明的案件事实，二人在决定是否将婴儿送人的过程中，积极与中间人讨价还价，根本不考虑对方是否具有抚养目的，也不了解、不关注孩子会被送至何处以及被何人“抚养”，由此足以体现出二被告人主观上首先考虑的是将子女作为商品出卖以获取非法利益，其行为不属于民间私自送养或者遗弃子女，法院认定其构成拐卖儿童罪，定性是准确的。

2. 出卖亲生子女构成拐卖儿童罪的，如何根据案件具体情况，合理确定量刑轻重

拐卖儿童犯罪严重侵犯儿童身心健康，只要构成拐卖儿童罪，就至少应当在五年以上十年以下有期徒刑这个法定刑幅度内判处刑罚，情节特别严重的还可能判处死刑。因此，总体上看，拐卖儿童是一种重罪。然而，拐卖儿童的情形非常复杂，在坚持整体上从严惩处的同时，还需要贯彻宽严相济刑事政策的精神和要求，做到区别对待，宽以济严。出卖亲生子女与“人贩子”所采取的收买、拐骗、偷盗、强抢等方式拐卖儿童相比，后者的社会危害更大。对于出卖亲生子女的案件，应当考虑行为人出卖亲生子女的动机，子女被卖出后是否受到摧残、虐待以及是否得到解救

等因素，合理确定量刑幅度。如果主观动机、客观情节并非十分恶劣的，一般可以酌情从轻处罚。对于那些一方面具有生活困难、未婚先育等特殊情节，但同时又有充分证据证实系为了非法获利而将子女作为商品出卖的行为人，如果根据案件具体情况，参酌社会一般人的道德伦理观念，考虑被解救儿童仍需由原家庭哺育抚养照顾等因素，在处罚上即使判处法定最低刑仍显过重的，可以在法定刑以下判处刑罚，依法层报最高人民法院核准。

本案被告人武亚军、关倩倩生育一男孩，因孩子经常生病，家庭生活困难，二人遂决定将孩子送人，并通过中间人介绍，将该男婴以26,000元的“价格”卖给他人，后婴儿的爷爷报警后，公安机关将婴儿成功解救，没有造成严重的社会危害后果，且婴儿幼小，迫切需要得到亲生父母的哺育照料，故原审法院对其在法定刑以下判处刑罚，最高人民法院经依法复核，裁定予以核准。

另外，值得注意的是，司法实践中，出卖亲生子女的案件往往涉及居间介绍等诸多中间环节，对于帮助介绍出卖他人亲生子女的行为人，是否追究其拐卖儿童罪的刑事责任，需要区分不同情况，分别处理，关键是看行为人是否具有非法获利目的。同时，还要注意贯彻好宽严相济的刑事政策，合理确定惩治范围。对于那些明显以非法获利为目的，积极参与介绍出卖他人亲生子女的；或者明知一方是“人贩子”仍然从中居间介绍，撮合买卖的；或者介绍人以帮助送养为名骗得他人的亲生子女后将其出卖的，对行为人应当依法以拐卖儿童罪定罪处罚。反之，如果只是出于邻里、亲朋私情，为行为人出卖亲生子女“牵线搭桥”，没有收取任何钱财或者只是事后被动分得少量“感谢费”，所起作用明显较小，犯罪情节较轻的，应当从轻、减轻或者免除处罚；情节显著轻微危害不大的，可以不以犯罪论处，避免打击面过宽。

■ 知识点梳理

1. 拐卖妇女、儿童罪概述

拐卖妇女、儿童罪，是指以出卖为目的，拐骗、绑架、收买、贩卖、接送、中转妇女、儿童的行为。本罪是选择性罪名，可分解为拐卖妇女罪与拐卖儿童罪。其主要特征如下：

（1）客观上实施了拐骗、绑架、收买、贩卖、接送、中转妇女、儿童的行为。妇女是指已满14周岁的女性；儿童是指不满14周岁的男女。妇女与儿童，既包括具有中国国籍的妇女与儿童，也包括具有外国国籍和无国籍的妇女与儿童。被拐卖的外国妇女、儿童没有身份证明的，不影响本罪的成立。拐卖已满14周岁的男性公民的行为，不成立本罪，符合其他犯罪构成的，可按其他犯罪论处。拐骗是指以欺骗、利诱等非暴力方法将妇女、儿童拐走。绑架是指使用暴力、胁迫或者麻醉方法劫持、控制妇女、儿童。收买是指以金钱或其他财物买取妇女、儿童。贩卖是指出卖妇女、儿童以获取非法利益。接送是指为拐卖妇女、儿童的罪犯接收、运送妇女、儿童。中转是指为拐卖妇女、儿童的罪犯提供中途场所或机会。此外还包括偷盗婴儿的行为。只要实施上述其中一种行为的，就构成本罪。此外，以贩卖牟利为目的"收养"子女的，应以拐卖儿童罪处理。同时实施上述几种行为的，或者既拐卖妇女，又拐卖儿童的，只构成一罪，不实行数罪并罚。可以肯定的是，拐卖儿童的，即使征得儿童同意，也成立拐卖儿童罪。但现实生活中，有的妇女因为生活困难等原因，愿意甚至主动让他人出卖自己，对出卖者的行为应否认定为拐卖妇女罪，尚需研究。

（2）主体是已满16周岁，具有辨认控制能力的自然人。已满14周岁不满16周岁的人拐卖妇女、儿童的不成立犯罪，但是，如果在拐卖妇女、儿童的过程中强奸妇女或者奸淫幼女的则以强奸罪论处。

（3）主观上只能出于故意，而且必须以出卖为目的。即行为人明知自己的拐卖行为侵犯了妇女、儿童的人身权利，但为了出卖获利，仍决意实施拐卖行为。至于行为人实施拐卖妇女、儿童的行为后实际上是否获利，则不影响本罪的成立。在共同犯罪案件中，没有出卖目的的人认识到他人具有出卖目的，参与拐卖妇女、儿童的行为的，成立本罪的共犯。行为人出于其他目的拐骗、绑架、收买、接送、中转妇女、儿童的，不构成本罪。

2. 出卖亲生子女的行为性质

根据最高人民法院1999年10月27日《全国法院维护农村稳定刑事审判工作座谈会纪要》精神，对那些迫于生活困难、受重男轻女思想影响而出卖亲生子女或收养子女的，可不作为犯罪处理；对于出卖子女确属情节恶劣的，可按遗弃罪处罚。根据最高人民法院、最高人民检察院、公安部、民政部、司法部、中华全国妇女联合会2000年3月20日联合发布的《关于打击拐卖妇女儿童犯罪有关问题的通知》，以营利为目的，出卖不满14周岁子女，情节恶劣的，借收养名义拐卖儿童的，以及出卖捡拾的儿童的，均应以拐卖儿童罪追究刑事责任。出卖14周岁以下女性亲属或者其他不满14周岁亲属的，以拐卖妇女、儿童罪追究刑事责任。

在刑法中，拐卖儿童罪与遗弃罪均属侵犯公民民主权利与人身权利犯罪，同时《刑法》第二百四十条并未将亲生父母排除在拐卖儿童罪的犯罪主体之外，因而亲生子女完全可以同时成为拐卖儿童罪与遗弃罪的犯罪对象，父母也同样可以成为以亲生子女为对象的拐卖儿童罪的犯罪主体。就以亲生子女为对象的犯罪而言，拐卖儿童罪与遗弃罪在如下方面存在一定的区别：(1)在客观行为上，拐卖儿童罪在客观上只能表现为贩卖子女的行为，因为不可能存在拐骗、绑架、接送、中转及收买亲生子女等行为。尽管在有的刑法条文中，贩卖行为包括买进后再卖出的行为，但在本条中，因为刑法已经将收买行为列为要惩治的犯罪行为之列，因而此处的贩卖只能解释为单纯的出卖行为，即用自己的亲生子女换取一定数额金钱的行为。遗弃罪在客观上表现为放弃抚养，即对自己亲生子女应当承担的抚养义务而拒绝承担，表现为一种不作为犯罪。(2)在具体情节要求上，拐卖儿童犯罪视人为商品，严重矮化亲生子女的人格，本身即属于情节极为恶劣的犯罪行为，因而其犯罪构成要件不再额外要求情节恶劣。换言之，情节恶劣是拐卖儿童犯罪的必然之意；而遗弃亲生子女行为表现形式多样，情节恶劣程度差异较大，因而刑法只是将遗弃亲生子女情节恶劣的行为予以犯罪化，情节恶劣或者表现为行为手段恶劣，或者表现为行为结果严重。(3)在主观目的上，拐卖儿童罪要求行为人具有出卖的目的，即意图将亲生子女换成金钱，因为出卖意即拿东西换钱；而遗弃罪在主观上虽不排斥将亲生子女换取一定数量金钱的行为，但重在强调行为人主观上具有拒绝承担抚养义务的目的。

实践中，将亲生子女转手他人并换取一定数量金钱的行为，客观表现形式多样，转手原因也呈现各异，实际换取金钱数额也不相均等。相比较典型的遗弃犯罪或者拐卖儿童犯罪，出卖亲生子女的犯罪具有一定的特殊性。(1)犯罪主体与犯罪对象的关系特殊。基于逃避法律追究与避免社会非难的考虑，一般的拐卖儿童犯罪，犯罪主体不会将犯罪的矛头指向与自己关系较为密切的人，同时社会伦理也极端反对贩卖亲生子女行为，而出卖亲生子女犯罪行为的犯罪主体与犯罪对象之间恰恰具有直系血亲关系,因而一般容易将这种行为排除在拐卖儿童罪之外。(2)犯罪行为特殊。实践中的遗弃犯罪大多表现为行为人对亲生子女不提供经济供给,不给予必要的照料,移置于自己的监护范围之外,或者自己离开亲生子女甚至阻碍他人扶助亲生子女,实质上表现为消极地不履行所承担的抚养义务。而出卖亲生子女除了表现为行为人放弃对亲生子女的抚养之外,还收取了数额不等的金钱,由于人的价值不可评估性与收取金钱数额的不等性,社会公众极易将所收取的金钱视为转让亲生子女的对价,因而容易倾向于将这种行为一概评价为拐卖儿童行为。(3)犯罪主观方面的判断难度特殊。实践中行为人在接受讯问时基本上否认自己的行为属于出卖子女,多以超生逃避计划生育政策处罚、未婚先育逃避社会道德非难、家庭经济困难逃避抚育职责等理由来强调自己的行为属于不得已而为之,而"判断行为人是否具有法定的故意、过失时,必须坚持从客观到主观的顺序,而不能相反;换言之,只有在查明了客观事实的前提下,才能判断主观心理状态"。但这类案件的客观事实是行为人将亲生子女的监护权转移给了他人,同时收取了一定数额的金钱。此种情形下司法者是着重评价行为人转让亲生子女监护权的行为,还是着重评价收取一定数额金钱的行为,特别是所收取的金钱能否视为孩子的身价?因而实践中在判断行为人的主观心理状态时,根据近乎相同的客观事实,不同的司法者基于判断的视角不同作出了不同的判断,进而导致这类案件在行为性质的认定上呈现极大的差异,在量刑上差距更大。

出卖亲生子女行为性质认定的复杂,从现行相关法律文件对该问题的不同规定可略见一斑。现行《刑法》并未对出卖亲生子女的行为直接规范,而最早涉及该问题的是1991年《收养法》。该法第三十条第二款规定出卖亲生子女,情节恶劣的行为,构成遗弃罪。1997年《刑法》并未明确规定此问题,而1998年修正后的《收养法》不再将这种行为一概认定为遗弃罪,这表明在1997年后,立法机关已经改变了将出卖亲生子女的行为一概认定为遗弃犯罪的不妥当立场。

25
Case Study

朱斌等强迫劳动案

强迫劳动

■ 研读指导

1. 如何区分强迫劳动犯罪行为与一般行政违法行为?
2. 如何理解强迫劳动罪中的“情节严重”?
3. 比较研读近似案例中强迫劳动犯罪相关人员的责任认定,注意其中的差异并分析原因。

■ 相关法条

《中华人民共和国刑法》第二百四十四条第一款【强迫劳动罪】、第二十五条【共同犯罪】、第二十六条【主犯】、第二十七条【从犯】

■ 近似案例

范刚等强迫劳动案(最高人民法院公布八起侵害未成年人合法权益典型案例之七)
杜某某强迫劳动案[(2017)粤18刑终45号]
李某某强迫劳动案[(2016)豫05刑终452号]

■ 案情介绍

云南省元谋县人民检察院以被告人朱斌、余绍林、何相洪犯强迫劳动罪,向元谋县人民法院提起公诉。

元谋县人民法院经审理查明:2011年10月初,被告人朱斌与元谋县闽福新型墙体材料有限公司(以下简称闽福机砖厂)签订劳动合同,承包砖厂砖块的进、出窑和装车工作。朱斌先找到刘开福、杜克、杨忠荣、范开平、叶小红,被告人余绍林找到李华安,同被告人何相洪把所找到的人一起拉到闽福机砖厂,从事砖块进窑、出窑、装车的重体力劳动。之后,朱斌又到云南省各地找到付宝昆、冯仁凯、谢双华、简正黄、彭建河、樊久宣、杨继海、罗党才、杨光亮、王绍文等精神不正常和拾荒的流浪、乞讨人员及李云飞,将他们带到闽福机砖厂干活,由余绍林和何相洪负责看管。余绍林、何相洪每天早上六七点钟叫上述人员起床后干活,到中午12时左右供应午饭,13时左右接着干活,到晚上19时左右供应晚饭,有时晚饭后加班到23时。晚上,为防止工人逃跑,余绍林和何相洪把工人集中到三间房间里睡觉,把外门锁起来,工人就在住处大小便。干活期间,干不好、干得慢的人被朱斌、余绍林和何相洪辱骂、殴打。2011年10月26日,元谋县人力资源和社会保障局对闽福机砖厂用工情况进行检查,并发出整改指令书,要求按时发放工资、清退当时违规使用的12名工人。朱斌、余绍林、何相洪不但没有停止用工,反而将用工人数增加至17人。元谋县人力资源和社会保障局于2011年11月8日督促闽福机砖厂发放了共计人民币(以下币种同)8160元的工人工资。但当晚,工人工资即被朱斌收回。经司法精神病鉴定:除李云飞、樊久宣、付宝昆3人精神状态正常,为完全民事行为能力外,其余14名工人中,杨光亮等7人患精神分裂症,为限制民事行为能力,李华安等5人患轻度精神发育迟缓,为限制民事行为能力,杨继海、王绍文患重度精神发育迟缓,无民事行为能力。

元谋县人民法院认为,被告人朱斌、余绍林、何相洪以殴打、威胁、辱骂、限制人身自由等方法强迫他人劳动,情节严重,三被告人的行为均构成强迫劳动罪,且属于共同犯罪。其中,朱斌在与他人签订劳动合同后,为牟取暴利,刻意四处寻找精神病患者以及智力障碍人员,利用其法律意识薄弱、维权能力较差的实际情况,强迫其长时间无偿劳动,并找人专门对其进行管理,限制其人身自由,系本案主犯;余绍林、何相洪听从朱斌的工作安排,对劳动者进行看守、辱骂、殴打,协助朱斌实施强迫劳动行为,系从犯,应当从轻、减轻或者免除处罚。根据《刑法》第二百四十四条第一款、第二十五条、第二十六条、第二十七条之规定,元谋县人民法院判决如下:(1)被告人朱斌犯强迫劳动罪,判处有期徒刑5年,并处罚金人民币1万元。

(2)被告人余绍林犯强迫劳动罪,判处有期徒刑3年6个月,并处罚金人民币6000元。(3)被告人何相洪犯强迫劳动罪,判处有期徒刑3年6个月,并处罚金人民币6000元。

一审宣判后,三被告人未提出上诉,检察机关亦未提起抗诉,该判决已发生法律效力。

■ 案例评析

□ 重点示意图

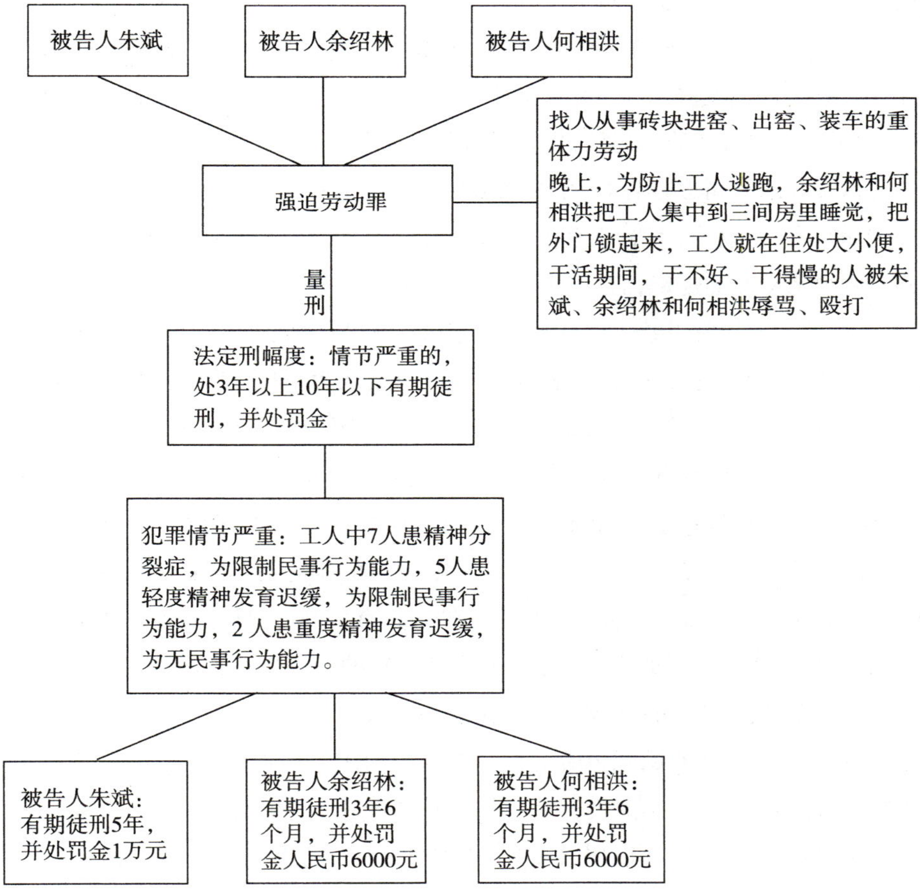

□ 疑难点释析

1. 强迫劳动犯罪行为与一般行政违法行为的区别

劳动权是公民的宪法权利，受到诸多部门法的调整。严重的强迫劳动，不仅侵犯了劳动者的人身权利，而且损害了公共秩序和善良风俗，应当纳入刑法的调整对象，同时民法也为被强迫的劳动者提供救济保障。

根据《刑法》第二百四十四条的规定，所谓强迫劳动罪，是指以暴力、威胁或者限制人身自由的方法强迫他人劳动的犯罪行为。对于强迫劳动的规制，除了《刑法》第二百四十四条有明确规定外，《劳动合同法》第三十八条第二款规定："用人单位以暴力、威胁或者非法限制人身自由的手段强迫劳动者劳动的……劳动者可以立即解除劳动合同，不需事先告知用人单位。"为保护劳动者的人格尊严和人身自由权，根据《劳动法》第九十六条规定，用人单位以暴力、威胁或者非法限制人身自由的手段强迫劳动的，由公安机关对责任人员处以 15 日以下拘留、罚款或者警告。《治安管理处罚法》第四十条对强迫他人劳动的行为，做了类似处罚规定。值得注意的是，《劳动合同法》《劳动法》《治安管理处罚法》的相关规定均早于《刑法》对强迫劳动罪的规定，而且 1997 年《刑法》规定的强迫职工劳动罪要求强迫劳动情节严重的才构成犯罪，而《刑法修正案（八）》规定的强迫劳动罪在罪状上取消了"情节严重"的规定。因此，实践中有一种观点认为，只要实施了强迫劳动的行为，就应当对行为人定罪处罚，而无须围绕情节是否严重进行审查。

笔者认为，这种观点值得商榷。犯罪是违反法律规定应受刑罚处罚的严重危害社会的行为，根据《刑法》第十三条"但书"条款的规定，情节显著轻微危害不大的，不认为是犯罪。鉴于"强迫劳动"是个很宽泛的概念，其法律后果又有民事责任、行政责任和刑事责任三种不同形态。刑法具有谦抑性，只有其他法律不能发挥应有的作用时才能适用刑法。劳动法对强迫劳动的行为规定了拘留、罚款、警告的制裁措施，而且在《刑法修正案（八）》施行后亦未进行修改，这一立法情况从一个侧面反映了并非对所有的强迫劳动行为都需要动用刑法进行规制。因此，强迫劳动的严重程度影响到强迫劳动行为罪与非罪的认定。对刑法分则规定的强迫劳动罪，不能脱离罪量的考察，以刑法在罪状中没有明文规定"情节严重"为由，主张对强迫劳动无须考察罪量的观点，无疑忽视了"但书"的规定精神，割裂了刑法总则与刑法分则的内在联系。

区分强迫劳动犯罪行为与一般行政违法行为的关键在于，从社会一般观念、伦理道德角度考察，行为人实施的强迫行为是否足以使他人陷入无法或者难以抗拒和自由选择，而不得不进行劳动的境地。具体而言，可以从“强迫手段与社会一般观念相背离的程度”和“劳动者非自愿性的程度”两个角度，判断强迫行为是否足以使劳动者陷入不能自由选择的境地而需要刑法介入和干预的程度。对于强迫劳动情节显著轻微，刑法干预的必要性不强的，则宜采用非刑罚制裁方式处理。实践中，强迫劳动入罪门槛设置的高与低，打击范围掌握的宽与严，处于动态变化之中，不可脱离特定阶段此类违法犯罪行为以及劳动者权益保障的实际状况。

笔者认为，对于具有以下情形之一的强迫劳动行为，一般应当予以刑罚处罚：(1)强迫3人以上劳动的，或者虽未达到3人，但强迫劳动持续时间长的；(2)强迫未成年人、严重残疾人、精神智力障碍达到限制民事行为能力程度的人或者其他处于特别脆弱状况的人劳动的；(3)采取殴打、多次体罚虐待、严重威胁、非法限制人身自由等正常人通常无法抗拒、难以抗拒的方式强迫劳动的；(4)从强迫他人劳动中获利数额较大的，数额较大的标准似可参考盗窃罪数额较大的标准确定。

对于那些偶尔强迫他人劳动、持续时间短、被强迫的人数较少、强迫程度较轻、被强迫者虽然不情愿但尚有选择自由的行为，可以不予刑事追究，而通过民事或者行政手段予以处理。另外，对于在正常用工单位日常管理工作中，因管理方式简单粗暴，偶尔发生的以克扣津贴、奖金，扣发、延发工资甚至开除等方式威胁职工加班，从事长时间、高强度劳动的，是否认定构成强迫劳动罪应当严格把握。

本案被告人朱斌承包机砖厂砖块的进、出窑和装车工作，为牟取暴利，四处寻找、诱骗14名精神不正常和拾荒的流浪、乞讨人员到砖厂，利用其无自我保护能力或者保护能力较低的弱势地位，连同控制另外3名被害人，指定专人看守管理，以锁闭房门的方法限制人身自由，防止其逃跑，并在工作中对被害人进行殴打、威胁、辱骂，强迫上述人员长时间无偿劳动。从这些情况看，朱斌的行为应当予以刑法处罚，属于应受刑法处罚行为，其行为构成强迫劳动罪。

2. 关于强迫劳动“情节严重”(加重处罚情形)的认定

根据《刑法》第二百四十四条的规定，强迫劳动情节严重的，处3年以上10年以下有期徒刑，并处罚金。但是，对于何谓强迫劳动“情节严重”，立法和司法解释均未明确规定，因此，该情节的认定有赖于司法实践进一步总结积累经验。笔者认为，根据强迫劳动罪的罪状及实践中此类案件审理情况，目前可以结合如下一项或者几项情形，对强迫劳动罪的情节严重进行认定：(1)被强迫劳动者人数在10人以上的；(2)被强迫劳动者属于未成年人、严重残疾人、精神智力障碍达到限制民事行为能力程度的人或者其他处于特别脆弱状况的人，且人数在3人以上的；(3)以非人道的恶劣手段对他人进行摧残、精神折磨，强迫其劳动的；(4)强迫他人在爆炸性、易燃性、放射性、毒害性等危险环境下从事劳动或从事常人难以忍受的超强度体力劳动的；(5)因强迫劳动造成被害人自残、自杀、精神失常等严重后果，但尚不构成故意杀人罪、故意伤害罪等其他严重犯罪的；(6)强迫劳动持续时间较长的；(7)因强迫劳动被劳动行政部门、公安机关处理、处罚过，又实施强迫劳动构成犯罪的；(8)强迫他人无偿劳动，或所支付的报酬与他人劳动付出明显不成比例，行为人从中获利数额巨大的，数额巨大的标准似可参考盗窃罪数额巨大的标准确定；(9)其他能够反映行为人主观恶性深、动机卑劣以及强迫程度高、对被害人身心伤害大的情节。

需要注意的是，强迫劳动使用的暴力、威胁或者限制人身自由手段往往容易侵害公民其他人身权利构成其他犯罪，因此，在强迫劳动案件中，应当准确区分一罪与数罪。行为人以限制人身自由的方法强迫他人劳动的，限制人身自由属于强迫劳动的手段行为，对行为人仍应以强迫劳动罪一罪定罪处罚；行为人强迫劳动本身已构成强迫劳动罪，又在日常工作中，实施暴力导致被害人人身严重伤害、死亡的，则分别构成强迫劳动罪和故意伤害罪、故意杀人罪，应当实行数罪并罚。

对本案被告人朱斌采取限制人身自由的方式控制、强迫17名被害人劳动，除3人精神状态正常外，其余14名工人或患精神分裂症，或患精神发育迟缓，为限制民事行为能力和无民事行为能力人，属于特别易受侵害、需要特殊保护的人员；强迫劳动工作强度大、生活条件恶劣，被害人每天被迫从事至少11个小时搬运砖块的重体力劳动，而只供应两顿饭菜，晚上则被集中关押，没有人身自由；在有关执法部门进行检查，要求清退非法用工人员后，仍然增加用工人数，继续强迫劳动，并在第二次检查后，将经执法部门责令补发给工人的工资又强行收回，足见其对劳动者权益和法律权威之肆意践踏和藐视程度。元谋县人民法院依法认定被告人朱斌等人构成强迫劳动罪，且属于情节严重，较好地把握了对严重强迫劳动犯罪从严惩处的刑事政策。

■ 知识点梳理

强迫劳动罪，是指用人单位违反劳动管理法规，以限制人身自由方法强迫职工劳动，情节严重的行为。

本罪客观方面表现为违反劳动管理法规，以限制人身自由方法强迫职工劳动的行为。限制人身自由方法，是指将职工的人身自由控制在一定范围、一定限度内的方法，如不准职工外出，不准职工参加社交活动等。如果采取剥夺人身自由的方法（如将职工长时间关闭在车间里），则成立非法拘禁罪。强迫职工劳动，主要是指违反职工意愿以及有关法规，迫使职工从事超体力、超时间的劳动。监狱强迫犯人劳动的，是执行刑罚的合法行为，不成立本罪。企业、事业单位对职工的劳动作严格要求的，不成立本罪。本罪主体是用人单位的直接责任人员。用人单位既包括具有合法地位的单位，也包括不具有合法地位的单位。直接责任人员，主要是指强迫职工劳动的具体决策者与直接实施者。本罪主观方面必须是故意，即明知非法强迫职工劳动的行为会发生侵犯职工人身自由权利的结果，并且希望或者放任这种结果的发生。此外，成立本罪还要求情节严重，如实施强迫行为的时间长、被强迫的人数多、造成的社会影响坏等。

明知他人以暴力、威胁或者限制人身自由的方法强迫他人劳动，而为其招募、运送人员或者以其他方式协助强迫他人劳动，属于协助强迫劳动，也成立强迫劳动罪。这一类型的犯罪虽然是帮助犯的正犯化，但成立这一类型的犯罪仍以被害人被他人强迫劳动为前提。如果行为人以欺骗、利诱等方法将被害人招募、运送至特定地点，但被害人没有被他人强迫劳动的，由于没有侵害被害人的人身自由，不应认定为犯罪。行为人采取非法拘禁等手段将被害人运送至特定地点，但被害人没有被强迫劳动的，应认定为非法拘禁罪。

需要注意的是，本罪是由特定含义的"用人单位"实施的犯罪，这些用人单位仅限于经济组织。实践中，对于机关、事业单位或团体强迫招用职工劳动的，不应以本罪论处。其次，本罪构成要有以暴力、威胁或者限制人，且是违背职工的意志，强迫劳动的行为。如果用人单位并没有使用这种法定的方法，只是对职工进行严格要求，或者职工自感超时间、超负荷地劳动，用人单位并未对其强迫的，不能以犯罪论处。

根据《刑法》第二百四十四条的规定，犯本罪的，处3年以下有期徒刑或者拘役，并处罚金；情节严重的，处3年以上10年以下有期徒刑，并处罚金。单位犯前两款罪的，对单位判处罚金，并对直接负责的主管人员和其他直接责任人员，依照上述规定处罚。

26

Case Study

邓家文组织未成年人进行违反治安管理活动案

组织未成年人进行违反治安管理活动罪

■ 研读指导

1. 本案的审判法院是如何确定被告人所犯罪名的？请提炼法院的推理要点。
2. 比较研读近似案例中相关人员的责任认定，注意其中的差异并分析原因。

■ 相关法条

《中华人民共和国刑法》第二百六十二条之二【组织未成年人进行违反治安管理活动罪】

■ 近似案例

赵毛毛等组织未成年人进行违反治安管理活动案[(2015)浙温刑终字第889号]

■ 案情介绍

经法院审理，本案查明的事实如下：

1. 关于组织未成年人进行违反治安管理活动事实

2010年8月至2011年2月，被告人邓家文先后在广东省翁源县城宝源宾馆、龙胜宾馆、雅泰宾馆、幸福宾馆、华美宾馆开房给未成年人杨某某、林某某、张某某、刘某A、李某某、刘某B、朱某某(其中杨某某、张某某、刘某A14岁，刘某B、朱某某

15 岁,林某某 13 岁,李某某 12 岁)住宿,并提供吃、玩等条件,多次组织、指使他们采取爬墙、踢门、撬门、撬锁等方式入室盗窃财物:

2010 年 8 月 8 日 19 时许,在被告人邓家文的组织、指使下,杨某某、林某某采取威吓的方式迫使黄某某(12 岁)带杨某某到翁源县前进路东七巷 10 号自己家中,杨某某盗得黄某某爷爷房间抽屉里的现金 200 元及其四婶的金鹏牌手机一部(未估价)。后杨某某将现金和手机交给邓家文。

2010 年 9 月 29 日 10 时许,在被告人邓家文的组织、指使下,杨某某、林某某去到翁源县朝阳路县建设局院内刘梅凤家,爬墙入室盗得黑色尼康牌相机一部(价值 1200 元)和手镯一只(未估价)。后两人到龙胜酒店 205 房将赃物交给邓家文。

2011 年 1 月 6 日 16 时许,在被告人邓家文的组织、指使下,张某某、刘某 A、朱某、刘某 B 到县城教育路龙仙粮所内何美霞的住处,踢开木门入室盗得现金 200 多元及松下相机一部,诺基亚、三星、海尔牌手机各一部和香烟等物,赃物共计价值 1900 元。后何美霞回到家中,张某某持菜刀对何美霞进行威吓,并与同伙逃离现场,将上述物品交给邓家文。

2011 年 1 月 12 日 10 时许,在被告人邓家文的组织、指使下,张某某、刘某 A 等人去到翁源县建设一路 19 号 4 栋 401 房甘兆明家,撬门入室盗得现金 2900 多元和组装电脑(价值 2500 元)等物,后将上述款物交给邓家文。

2011 年 1 月 22 日 15 时许,在被告人邓家文的组织、指使下,张某某、刘某 A、朱某某、李某某到翁源县龙英路 36 号 402 房黄碧发家,撬门入室盗得佳能、索尼牌数码相机各一部,飞利浦、诺基亚牌手机各一部,劳力士手表一块及酒、茶叶等物一批,赃物共计价值 4950 元。后将茶叶、手表交给邓家文,酒、相机、手机被朱某某、张某另外处理。

2. 关于敲诈勒索事实

2011 年 2 月的一天下午,被告人邓家文伙同邓敏红、邓秋生(均在逃)在翁源县龙仙镇田心小学门口,以刘华、赖成发等人盗窃所得大额款物未分赃款给邓家文为由,采取威胁、要挟的方法,强行索取刘华使用的黑色大众捷达小轿车一辆(价值 2 万元)、现金 2300 元及赖成发的戒指一枚(未估价)。

综上所述,被告人邓家文组织未成年人进行盗窃,其行为已构成组织未成年人进行违反治安管理活动罪;以非法占有为目的,伙同他人采取威胁的方法强行索取他人财物，其行为又构成敲诈勒索罪，应依法予以并罚。邓家文多次组织多名未成年人进行入户盗窃，情节严重，所犯敲诈勒索罪，数额巨大，均应依法惩处。邓家文在组织杨某某等人在黄某某家盗窃财物时未满18周岁，依法可以对其此次犯罪从轻处罚。据此，依法认定被告人邓家文犯组织未成年人进行违反治安管理活动罪，判处有期徒刑四年，并处罚金人民币2000元；犯敲诈勒索罪，判处有期徒刑3年9个月，并处罚金人民币2000元，决定执行有期徒刑7年6个月，并处罚金人民币4000元。

■ 案例评析

□ 重点示意图

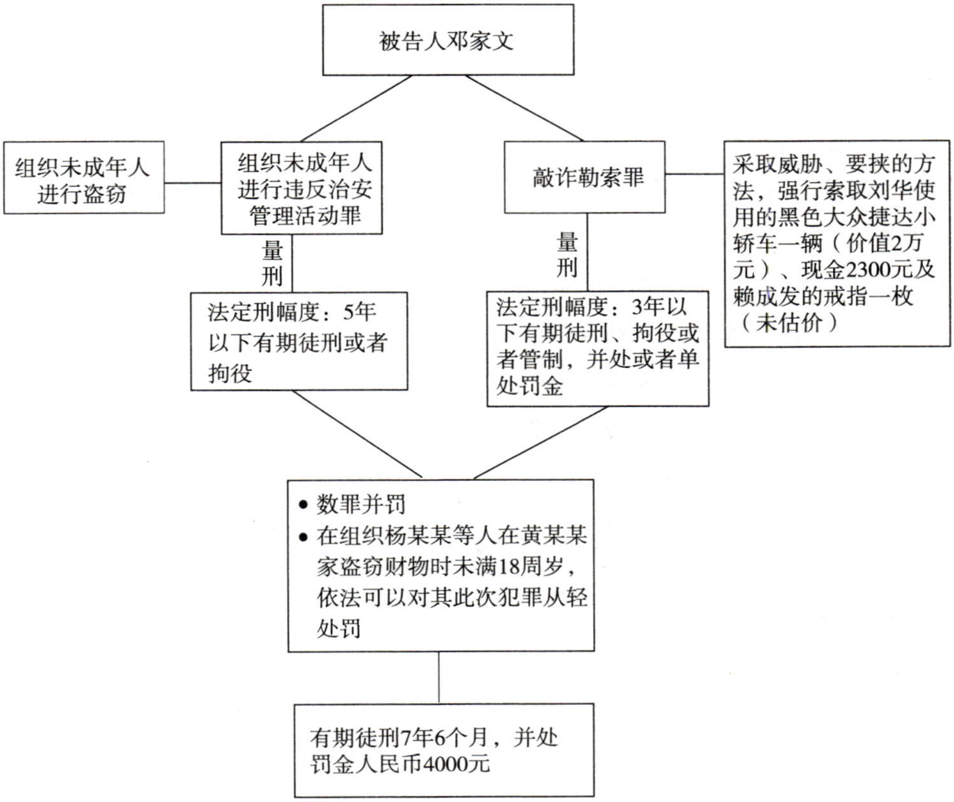

□ 疑难点释析

对于本案被告人邓家文组织未成年人进行盗窃的行为，是构成盗窃罪还是构成组织未成年人进行违反治安管理活动罪，存在两种不同的意见。笔者赞同法院的意见，认为其构成组织未成年人进行违反治安管理活动罪，理由如下：

1. 组织他人进行盗窃的行为属于违反治安活动范畴

《刑法》第二百六十二条第二款明确列明了“盗窃、诈骗、抢夺、设施勒索”四种行为，后缀还有“等违反治安管理活动”字样。刑法的解释方法和准则，是依照刑法的规范保护任务进行体系解释和目的解释，不断探求规范原意和规范目标。“违反治安管理”是对行为的价值判断而非法律判断，其评价的重点是被组织者所实施的行为在本质上是否具有违反社会治安管理的性质，组织他人进行盗窃的行为属于违反治安活动范畴。

2. 被告人邓家文的犯罪行为应认定为刑法上的“组织”行为

组织未成年组织未成年人进行违反治安管理活动罪的行为核心是“组织”行为，但该“组织行为”究竟具体何所指？刑法分则并无阐释。1992 年 12 月 11 日最高人民法院、最高人民检察院《关于执行全国人民代表大会常务委员会关于严禁卖淫嫖娼的决定的若干问题的解释》，罗列组织行为的行为方式仅限于“领导、策划、指挥”，并明确组织卖淫行为的核心为“控制多人从事卖淫”。对本案被告人邓家文以实施违反治安管理的活动为目的，将多名未成年人集中在一起，使之具有一定系统性或整体性；筹划、制定、布置具体的违反治安管理的活动，命令、调度 3 名未成年人具体实施。被告人等的犯罪行为体现了组织、策划、指挥等行为的高度概括，应认定为刑法上的“组织”行为。

综上所述，被告人的犯罪行为构成组织未成年人进行违反治安管理活动罪。

■ 知识点梳理

组织未成年人进行违反治安管理活动罪是指组织未成年人进行盗窃、诈骗、抢夺、敲诈勒索等违反治安管理活动的行为。根据《刑法》第二百六十二条之二的规定，犯组织未成年人进行违反治安管理活动罪，处 3 年以下有期徒刑或者拘役，并处罚金;情节严重的,处 3 年以上 7 年以下有期徒刑,并处罚金。

(1)本罪的主体需为年满 16 周岁的具有刑事责任能力的自然人。不可以将本罪的主体定义为成年人,由于我国的《未成年人保护法》第二条规定:“本法所称未成年人是指未满十八周岁的公民”,因此 16 ~ 18 周岁的具有刑事责任能力的未成年人亦可以成为本罪的主体。

(2)本罪的客体是复杂客体。即在侵犯了未成年人的人身自由及身心健康的同时,也侵害了社会管理秩序。打击本款规定的犯罪行为,首先能够保护未成年人的人身自由和权利免受侵犯、身心健康不受摧残,其次可以维护正常的社会秩序,因此,未成年人的人身自由和身心健康是本罪的主要客体,社会管理秩序是本罪的次要客体。

本罪的对象是未成年人,但是与《刑法》第二百六十二条第一款、第二款的规定不同,本罪的犯罪对象是不满十八周岁的未成年人,扩大了保护的范围。

(3)本罪的主观方面非常明确,即故意,既包括组织者明知自己是组织未成年人实施违犯治安管理的行为的直接故意,也包括组织者可以按照普通人的理解推断出是未成年人而仍旧组织其进行违犯治安管理的活动的间接故意。

如果行为人在实施组织行为时并不知道对象是未成年人,但是在实施行为之后的某个时刻了解了对象的年龄,但却没有停止行为,仍让其进行组织活动,也应当认定行为人主观上是故意。

本罪的客观方面表现为行为人实施了组织未成年人违犯治安管理活动的行为,这就是说行为人组织未成年人实施的盗窃、抢夺、敲诈勒索的行为没有达到我国刑法规定的犯罪的标准,但是已经违反了我国《治安管理处罚法》。《治安管理处罚法》第二十三条规定有下列侵犯公私财物行为之一,尚不够刑事处罚的,处 15 日以下拘留或者警告,可以单处或者并处二百元以下罚款:(1)偷窃、骗取、抢夺少量公私财物的;(2)哄抢国家、集体、个人财物的;(3)敲诈勒索公私财物的;(4)故意损坏公私财物的。

由此可见,只有符合上述 4 项内容的行为,才能被认定为违犯了《治安管理处罚法》,是属于违犯治安管理活动的行为,符合组织未成年人进行违反治安管理活动罪的客观方面的构成要件。

PART 03

社会管理秩序

27
Case Study

陈奇妨碍公务案

妨碍公务罪

■ 研读指导

1. 本案的审判法院如何确定行为人的行为构成妨碍公务罪？请提炼法院的推理要点。
2. 请注意妨碍公务罪的构成要件，区分犯罪故意与过失。
3. 比较研读近似案例中行为人的责任认定，注意其中的差异并分析原因。

■ 相关法条

《中华人民共和国刑法》第二百七十七条第一款【妨害公务罪】

《中华人民共和国刑事诉讼法》（2012年修正版）第二百二十五条[1]【二审对一审判决的处理】

■ 近似案例

李殿军妨害公务案（最高人民法院发布人民法院依法惩处拒执罪典型案例之十）

江世田等妨害公务案（刑事审判参考第205号）

周洪宝妨害公务案（刑事审判参考第731号）

---

〔1〕 本条对应《中华人民共和国刑事诉讼法》（2018年修正版）第二百三十六条。

■ 案情介绍

上海市普陀区人民法院在执行吴静华申请执行上海快恰房地产经纪事务所劳动人事争议仲裁案中，依法追加该经纪事务所的投资人陈奇为被执行人。2014 年 9 月 10 日上午，申请执行人吴静华致电执行法官称发现陈奇行踪，普陀区人民法院执行法官即至普陀区东新路传唤陈奇，但陈奇拒不配合并伺机逃跑，后陈奇将执行法官摔倒在地，致其头部着地，身体多处受伤。经司法鉴定，执行法官遭外力作用致头皮挫伤，右上臂、左肘部、左膝多处软组织挫伤，面积超过 15 平方厘米，构成轻微伤。

陈奇被接警至现场的民警带至公安机关，并因涉嫌妨害公务罪被上海市公安局普陀分局刑事拘留，同年 10 月 16 日被依法逮捕。同年 12 月 27 日，上海市普陀区人民检察院以陈奇犯妨害公务罪向普陀区人民法院提起公诉。普陀区人民法院经审理认为，陈奇以暴力方法，阻碍国家机关工作人员依法执行职务，致一人轻微伤，其行为已构成妨害公务罪，依法应予处罚。2015 年 1 月 20 日依法判决陈奇犯妨害公务罪，判处有期徒刑 10 个月。陈奇不服判决提出上诉，上海市第二中级人民法院经审理后，于 2015 年 3 月 24 日作出驳回上诉、维持原判的终审裁定。

■ 案例评析

□ 重点示意图

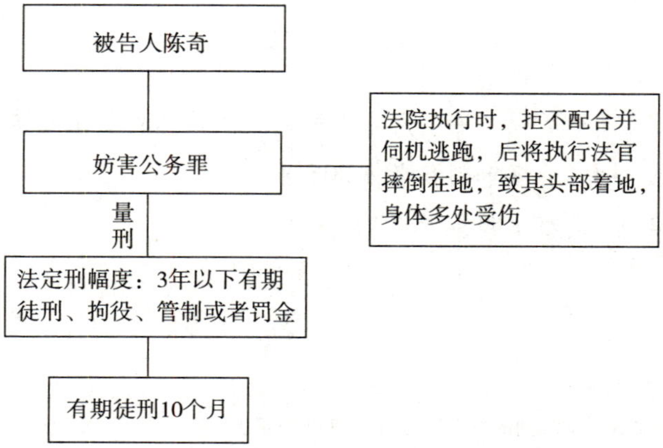

□ 疑难点释析

本案争议焦点在于：行为人被法院追加为民事案件被执行人后逃匿，此后在执行法官依法传唤时，以暴力手段将执行法官推倒，致其轻微伤，在此情况下，行为人的行为是否构成妨害公务罪。

行为人作为完全民事行为能力人，明知自身具有配合执行的法定义务，仍基于逃避执行的目的致执行法官受伤，具有暴力抗拒执法的主观故意，客观上妨害了执行法官执行职务、履行职责，其行为符合妨害公务罪的犯罪构成要件，构成妨害公务罪，应依法对其定罪处罚。

妨害公务罪，是指以暴力、威胁方法阻碍国家机关工作人员、人大代表依法执行职务，或者在自然灾害中和突发事件中，使用暴力、威胁方法阻碍红十字会工作人员依法履行职责，或故意阻碍国家安全机关、公安机关依法执行国家安全工作任务，虽未使用暴力，但造成严重后果的行为。本罪的构成要件为：(1)主观方面系故意，即明知上述人员正在依法执行公务而加以阻碍。其中，对犯罪故意的判断，应从认识与意志两方面出发，有证据能够直接证明对实施的危害行为认识清楚，实施时意志清晰，不存在外界因素影响，能判断产生危害的结果系对犯罪的认识。有证据证明为实现犯罪目的对被害人实施侵害行为系对犯罪的意志。明知危害社会的行为且有意实施，即为直接故意。明知可能发生危害结果而放任其发生，即为间接故意。(2)主体系具有刑事责任能力的自然人。(3)侵犯的客体为国家机关的管理活动。(4)客观方面表现为以暴力、威胁方法阻碍或者未使用暴力、威胁方法但造成严重后果的行为。其中以暴力、威胁方法进行阻碍的，对量刑情节具有直接影响。

妨害公务罪与拒不执行判决、裁定罪的区别在于：(1)犯罪主体不同。妨害公务罪的主体为一般主体，而拒不执行判决、裁定罪的主体为特殊主体，即对判决、裁定具有执行义务或者协助执行义务的人。(2)犯罪客体不完全相同。妨害公务罪的客体为国家机关的管理活动侵害的对象不同，而拒不执行判决、裁定罪的客体为人民法院的正常活动。(3)犯罪客观方面不同。妨害公务罪要求必须以暴力、威胁方法阻碍，未使用暴力、威胁方法，但造成严重后果，而拒不执行判决、裁定罪不要求使用暴力、威胁方法。妨害公务罪必须是正在执行职务履行职责中，拒不执行判决、裁定罪不要求发生的时间。

行为人在劳动人事争议仲裁案中被法院追加为被执行人后隐匿行踪，经相关人告知行踪，法院传唤行为人配合执行时，行为人将执行法官推倒致伤，经鉴定为轻微伤。(1)行为人在被追加为被执行人后，明知其负有配合执行的义务，仍逃避执行，被传唤时使用暴力手段致使执行法官受伤，具有暴力抗拒执法的主观故意。(2)在执行法官传唤时，行为人拒绝配合并且伺机逃跑，暴力阻碍执行，具有抗拒执法的客观外在表现。(3)行为人系具有刑事责任能力的自然人，其行为意思表示真实。(4)执行法官为国家机关工作人员，受害时正在执行职务履行职责。综上所述，行为人使用暴力手段阻碍国家机关工作人员依法执行职务的行为，符合妨害公务罪的犯罪构成要件，构成妨害公务罪，应依法对其定罪处罚。该案例表明，执行法官依法执行公务的行为不受侵犯，任何妨害公务的不法行为都将受到惩处。

■ 知识点梳理

妨害公务罪，是指以暴力、威胁方法阻碍国家机关工作人员、人大代表依法执行职务，或者在自然灾害中和突发事件中，使用暴力、威胁方法阻碍红十字会工作人员依法履行职责，或故意阻碍国家安全机关、公安机关依法执行国家安全工作任务，虽未使用暴力，但造成严重后果的行为。

本罪的法益为“公务”，公务的范围包括国家机关工作人员依法执行的职务，人民代表大会代表依法执行的代表职务，红十字会工作人员依法履行的职责，国家安全机关、公安机关依法执行的国家安全工作任务。所谓依法执行职务，是指国家机关工作人员在国家规定的范围内，运用其合法职权从事公务活动。因此，行为人以暴力方法，阻碍国家机关工作人员依法执行职务，并致人轻微伤的，已构成妨害公务罪。依照《刑法》第二百七十七条之规定，以暴力、威胁方法阻碍国家机关工作人员依法执行职务的，处3年以下有期徒刑、拘役、管制或者罚金。

妨害公务罪的类型及其特征如下：

1. 阻碍国家机关工作人员依法执行职务，是妨害公务罪的典型类型

其基本特征如下：(1)主体必须是已满16周岁，具有辨认控制能力的自然人，

至于行为人与国家机关工作人员的职务行为有无特定关系,则在所不问。国家机关工作人员也可能成为本罪主体。(2)主观方面只能是故意,行为人明知国家机关工作人员正在依法执行职务,而故意以暴力、胁迫方法予以阻碍,阻碍的动机不影响本罪的成立。实践中,行为人可能对国家机关工作人员的职务行为的合法性产生认识错误,例如,国家机关工作人员本来是在合法执行职务,但行为人误认为是非法的,进而以暴力、胁迫进行阻碍。法律的错误说认为,这种认识错误属于对法律的认识错误,不影响故意的成立,因而不影响本罪的成立。(3)客观方面表现为以暴力、胁迫方法阻碍国家机关工作人员依法执行职务。第一,行为所针对的对象必须是国家机关工作人员,即在中国各级立法机关、行政机关、司法机关中从事公务的人员。从现实出发,还应包括中国共产党的各级机关、中国人民政治协商会议的各级机关中从事公务的人员。根据最高人民检察院 2000 年 3 月 21 日《关于以暴力、威胁方法阻碍事业编制人员依法执行行政执法职务是否可对侵害人以妨害公务罪论处的批复》,对于以暴力、威胁方法阻碍国有事业单位人员依照法律、行政法规的规定执行行政执法职务的,或者以暴力、威胁方法阻碍国家机关中受委托从事行政执法活动的事业编制人员执行行政执法职务的,可以对侵害人以妨害公务罪追究刑事责任。本罪对象不包括在部队中从事公务的人员与外国公务员。阻碍军人执行职务的,构成《刑法》第三百六十八条的阻碍军人执行职务罪,而不成立本罪。阻碍外国公务员在中国境内执行职务的,不成立本罪。

全国人大常委会2002 年 12 月 28 日《关于〈中华人民共和国刑法〉第九章渎职罪主体适用问题的解释》指出:"在依照法律、法规规定行使国家行政管理职权的组织中从事公务的人员,或者在受国家机关委托代表国家机关行使职权的组织中从事公务的人员,或者虽未列入国家机关人员编制但在国家机关中从事公务的人员,在代表国家机关行使职权时,有渎职行为,构成犯罪的,依照刑法关于渎职罪的规定追究刑事责任。"该解释明文指出是对"渎职罪主体"的解释;但没有明示是对"国家机关工作人员"的解释,于是出现了这样的问题:该解释所列举的人员,能否成为妨害公务罪的对象? 由于渎职罪的主体均为国家机关工作人员,故可以认为该解释实为对"国家机关工作人员"的解释,因此,笔者倾向于持肯定回答。

第二,行为的内容是阻碍国家机关工作人员依法执行职务。职务,是指国家机关工作人员作为公务所处理的一切事务。执行,是指一般意义上的履行、实施,而非仅指强制执行。职务的执行必须具有合法性，即“依法”执行职务。对国家机关工作人员的违法行为予以阻碍的，当然不成立本罪。合法意味着国家机关工作人员执行职务的行为不仅实体上合法，而且程序上合法。换言之，不仅实质上合法，而且形式上合法。详言之，符合以下条件的才能认为是依法执行公务：其一，国家机关工作人员所实施的行为，属于该国家机关工作人员的抽象的职务权限或一般的职务权限；其二，国家机关工作人员具有实施该职务行为的具体的职务权限；其三，国家机关工作人员的职务行为必须符合法律上的重要条件、方式与程序。具备上述三个条件的，应认定为依法执行职务，其中前两个条件是保证职务行为实质上或内容上合法的条件，第三个条件是保证职务行为形式上合法的条件。问题是，以什么为标准判断职务行为的合法性？对此，刑法理论上存在三种学说：客观说认为，应当由法院通过对法律、法规进行解释，作出客观判断。主观说认为，应当根据该国家机关工作人员是否确信自己的行为合法进行判断，如果该国家机关工作人员确信自己的行为合法，则是依法执行职务。折中说认为，应当以社会一般人的见解作为判断合法性的标准。显然，如果采取主观说，合法性便没有标准可言；如果采取折中说，也难以得出正确结论；只有采取客观说，才具有合理性。在采取客观说的情况下，又出现了另一个问题：是以行为时为基准进行判断，还是以裁判时为基准进行判断？例如，警察以为是现行犯而先行拘留时，符合了刑事诉讼法上的先行拘留现行犯的条件，但裁判时发现被拘留者并非现行犯。如果以裁判时为基准进行判断，则上述先行拘留是非法的，被拘留者或其他人予以阻碍时，就不成立犯罪；反之，以行为时为基准进行判断，则上述先行拘留具有合法性，以暴力、胁迫方法阻碍警察先行拘留的行为，就可能成立本罪。刑法规定本罪，是为了保护合法的职务活动，而职务行为是否合法当然应以实施职务行为时为基准进行判断，即以行为时的具体状况为基础进行客观判断，而不能在事后进行纯客观的判断。〔1〕

第三，必须在国家机关工作人员执行职务时实施阻碍行为。从保护依法执行职务的角度来考虑，执行职务，不仅包括正在执行职务的过程中，而且包括将要开始执行职务的准备过程，以及与执行职务密切联系的待命状态。就一体性或连续性的职务行为而言，不能将其行为分割、分段考虑进而分别判断其职务行为的开始

---

〔1〕　参见［日］前田雅英：《刑法各论讲义》，东京大学出版会1999年版，第439页以下。

与终了,而应从整体上认定其职务行为的开始与终了,即使外观上暂时中断或偶尔停止,也应认为是在职务的执行过程中。[1]

第四,必须以暴力、胁迫方法阻碍执行职务。这里的暴力,是指对国家机关工作人员不法行使有形力,即广义的暴力。不要求直接针对国家机关工作人员的身体实施,只要求针对正在执行职务的国家机关工作人员实施,既可以通过针对与国家机关工作人员执行职务具有密不可分关系的辅助者实施暴力,以阻碍国家机关工作人员执行职务,也可以通过对物行使有形力,从而给国家机关工作人员的身体以物理影响(间接暴力),以阻碍国家机关工作人员执行职务。这里的胁迫,是指以使国家机关工作人员产生恐惧心理为目的,以恶害相通告,迫使国家机关工作人员放弃职务行为或者不正确执行职务行为。恶害的内容、性质、通告方法没有限制。暴力、胁迫行为只要足以阻碍国家机关工作人员执行职务即可,不要求客观上已经阻碍了国家机关工作人员执行职务。

2. 阻碍人大代表依法执行代表职务,是妨害公务罪的第二种类型

具体表现为,以暴力、胁迫方法阻碍全国人民代表大会和地方各级人民代表大会代表依法执行代表职务的行为。人大代表依法在本级人民代表大会会议期间的工作和在本级人民代表大会闭会期间的活动,都是执行代表职务。

3. 阻碍红十字会工作人员依法履行职责,是妨害公务罪的第三种类型

具体表现为,即以暴力、胁迫方法阻碍红十字会工作人员依法履行职责的行为。根据《红十字会法》第十二条的规定,红十字会的工作职责是:(1)开展救灾的准备工作;在自然灾害和突发事件中,对伤病人员和其他受害者进行救助;(2)普及卫生救护和防病知识,进行初级卫生救护培训,组织群众参加现场救护;参与输血、献血工作,推动无偿献血;开展其他人道主义活动;(3)开展红十字青少年活动;(4)参加国际人道主义救援工作;(5)宣传国际红十字会和红新月运动的基本原则和日内瓦公约及其附加议定书;(6)依照国际红十字会和红新月的基本原则,完成人民政府委托事宜;(7)依照日内瓦公约及其附加议定书的有关规定开展工作。因此,以暴力、胁迫方法阻碍红十字会工作人员依法履行上述任何职责的,均成立本罪。

---

〔1〕 参见[日]早稻田司法考试研究室:《刑法各论》,早稻田经营出版1990年版,第326页。

4. 阻碍国家安全机关、公安机关依法执行国家安全工作任务，是妨害公务罪的第四种类型

具体表现为，故意阻碍国家安全机关、公安机关依法执行国家安全工作任务，未使用暴力、威胁方法，造成严重后果的行为。与前三种类型不同，阻碍执行国家安全工作任务的行为，不要求使用暴力、胁迫方法，但要求造成严重后果。行为人以暴力、胁迫方法阻碍国家安全机关、公安机关依法执行国家安全任务，没有造成严重后果的，应认定为阻碍国家机关工作人员依法执行职务，适用《刑法》第二百七十七条第一款。

28
Case Study

马再祥、赵东旭非法获取国家秘密案

非法获取国家秘密罪

■ 研读指导

1. 本案的审判法院如何确定行为人的行为构成非法获取国家秘密罪？请提炼法院的推理要点。
2. 区分非法获取国家秘密、泄露国家秘密罪、窃取、刺探、收买、非法提供国家秘密、情报罪。

■ 相关法条

《中华人民共和国刑法》第二百八十二条第一款【非法获取国家秘密罪】、第二十五条【共同犯罪】、第二十六条【主犯】、第六十七条【自首】

■ 近似案例

冀某、赵某等犯非法获取国家秘密罪[(2015)晋中中法刑终字第52号]
于萍故意泄露国家秘密案(刑事审判参考第210号)

■ 案情介绍

马再祥、赵东旭于2012年6月预谋通过帮助高考考生作弊获取非法利益。其二人利用互联网寻找到上家并约定以每科考题1万元的价格获取高考试题答案，在每科考试完后付款。二人为实施犯罪购买了高考作弊所用器材并卖给作弊考生。

2012年6月7日全国统一高等学校招生考试的当天上午9时许，二被告人在临江市东嘉花园16号楼1单元601室通过网络QQ系统，利用其购买的高考作弊器材，帮助考生作弊。两名被告人在接收到两道语文试题尚未来得及传送时被公安机关当场抓获。因在案件定性上存在分歧公安机关当时未对二被告人采取强制措施。在将两名被告人列为网上在逃人员后，两名被告人到公安机关投案自首。公安机关依法收缴非法所得5.4万元。

吉林省临江市人民检察院以临检刑〔2012〕62号起诉书指控被告人马再祥、赵东旭犯非法获取国家秘密罪一案，于2012年9月11日向临江市人民法院提起公诉，法院依法组成合议庭，适用普通程序简化审，于2012年9月28日公开开庭审理了本案。

临江市人民法院认为，被告人马再祥、赵东旭以收买的方式非法获取国家秘密，其行为已构成非法获取国家秘密罪，公诉机关指控的罪名成立，应予处罚。二被告人在共同犯罪中均系主犯。二被告人在侦查机关尚未采取强制措施前主动到公安机关投案，如实供述自己所犯罪行，系自首，依法从轻处罚。依照《刑法》第二百八十二条第一款、第二十五条第一款、第二十六条第一款、第四款、第六十七条第一款之规定，判决如下：(1)被告人马再祥犯非法获取国家秘密罪，判处拘役3个月；(2)被告人赵东旭犯非法获取国家秘密罪，判处拘役3个月。

■ 案例评析

□ 重点示意图

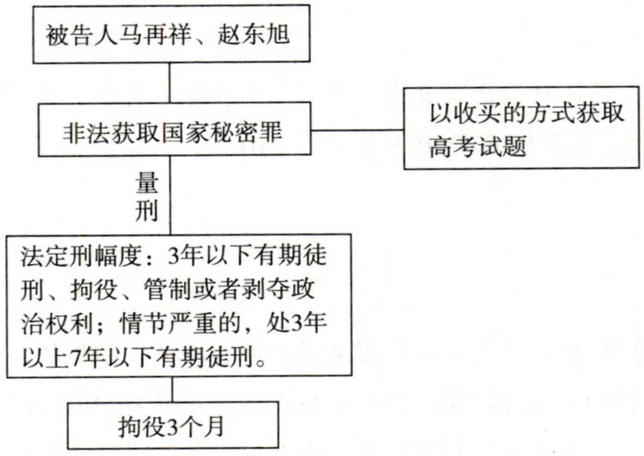

■ 知识点梳理

根据《保守国家秘密法》第二条的规定，国家秘密，是指关系国家的安全和利益，依照法定程序确定，在一定时间内只限一定范围的人员知悉的事项。根据该法第九条的规定，国家秘密的范围主要包括：(1)国家事务的重大决策中的秘密事项；(2)国防建设和武装力量活动中的秘密事项；(3)外交和外要活动中的秘密事项以及对外承担保密义务的事项；(4)国民经济和社会发展中的秘密事项；(5)科学技术中的秘密事项；(6)维护国家安全活动和追查刑事犯罪中的秘密事项；(7)其他经国家保密工作部门确定应当保守的国家秘密事项。

保守国家秘密是中国公民的基本义务之一。行为人以窃取、刺探、收买方法，非法获取国家秘密的行为，构成非法获取国家秘密罪。依照《刑法》第二百八十二条第一款规定以窃取、刺探、收买方法，非法获取国家秘密的，处 3 年以下有期徒刑、拘役、管制或者剥夺政治权利；情节严重的，处 3 年以上 7 年以下有期徒刑。第二百八十七条规定利用计算机实施金融诈骗、盗窃、贪污、挪用公款、窃取国家秘密或者其他犯罪的，依照《刑法》有关规定定罪处罚。

非法获取国家秘密罪，是指以窃取、刺探、收买方法，非法获取国家秘密的行为。本罪侵犯了国家对国家秘密的管理制度。一切国家秘密都关系国家的安全和人民的利益，而非法获取国家秘密直接破坏了国家对国家秘密的管理制度，严重威胁到国家的安全与人民的利益，刑法对此严加禁止。本罪的犯罪对象是国家秘密。“国家秘密”，是指关系国家的安全和利益，依照法定程序确定，在一定时间内只限一定范围的人员知悉的事项。按重要性程度，国家秘密被分为绝密、机密和秘密三个等级，只要行为人非法获取三种国家秘密中任一种秘密，都足以构成本罪。本罪主体是一般主体，即已满 16 周岁并具刑事责任能力的自然人均可成为本罪主体。本罪在主观方面是故意，即行为人明知是国家秘密，且自己不应知悉该国家秘密，仍故意非法获取。犯罪目的不影响本罪构成，如果行为人是为了将非法获取的国家秘密提供给境外的机构、组织或者人员，不构成本罪，而成立为境外窃取、刺探、收买、非法提供国家秘密、情报罪。行为人实施窃取、刺探、收买国家秘密的行为时，没有非法提供给境外机构、组织、人员的故意，但非法获取国家秘密之后，非法提供给境外机构、组织或人员的，原则上仅成立《刑法》第一百一十一条规定的犯罪，不必实行数罪并罚。

本罪行为方式"非法获取"指依法不应知悉、取得某项国家秘密的人从知悉、取得某项国家秘密的人那里知悉、取得该项国家秘密或者可以知悉某项国家秘密的人未经办理手续取得该项国家秘密。只有以窃取、刺探、收买这三种法定方法之一"非法获取"国家秘密的，本罪才可成立。"窃取"指采取秘密的方式，偷取属于国家秘密的文件、资料和其他物品的行为，窃取的形式包括：直接窃取国家秘密文件，用计算机窃取国家秘密；通过电磁波窃取国家秘密；采用照相的形式偷拍国家秘密。"刺探"指行为人暗中对掌有国家秘密的人，采取各种手段探听、侦查、了解国家秘密的行为。探听的方式主要包括：利用与知密者的特殊身份关系向知密者探询国家秘密；利用社交手段打通关系，向知密者探问国家秘密；利用公开合法形式，例如贸易洽谈会、学术交流会等探听国家秘密。侦查的方式主要包括：使用窃听装置侦查国家秘密；使用电子监控及远红外线扫描等高科技手段侦查国家秘密；采用色情引诱、向有关部门渗透等形式侦查国家秘密。"收买"指用金钱、物质、色情以及其他方法，向掌有国家秘密的人交换国家秘密的行为。收买的形式有采用小恩小惠、低价收买的，也有采用重金收买、高价拉拢的。

非法获取国家秘密罪与泄露国家秘密罪的犯罪对象都是国家秘密，客观上都违反了保密法规。二者的区别表现在以下几个方面：(1)在主体要件方面，泄露国家秘密罪是职务犯罪，其主体主要是国家机关工作人员；本罪的主体是一般主体。(2)客观要件不同，泄露国家秘密罪表现为"泄露"，而非法获取国家秘密罪表现为"获取"。(3)在主观方面，泄露国家秘密罪可以是故意的，也可以是过失的；而非法获取国家秘密罪必须是故意。

29
Case Study

李骏杰等破坏计算机信息系统案

破坏计算机信息系统罪

■ 研读指导

1. 注意区分破坏计算机信息系统罪和非法控制计算机系统罪。
2. 比较研读近似案例中的行为人的责任认定，注意其中差异并分析原因。

■ 相关法条

《中华人民共和国刑法》第二百八十六条【破坏计算机信息系统罪】

■ 近似案例

张某、唐某某破坏计算机信息系统[(2017)陕刑终271号]
周伟林、吴霞破坏计算机信息系统罪[(2012)浙甬刑二终字第497号]

■ 案情介绍

2011年5月至2012年12月，被告人李骏杰在工作单位及自己家中，单独或伙同他人通过聊天软件联系需要修改中差评的某购物网站卖家，并从被告人黄福权等处购买发表中差评的该购物网站买家信息300余条。李骏杰冒用买家身份，骗取客服审核通过后重置账号密码，登录该购物网站内部评价系统，删改买家的中差评347个，获利9万余元。

2014年3月24日，浙江省杭州市滨江区人民检察院以被告人李骏杰犯破坏计算机信息系统罪、被告人胡榕犯出售公民个人信息罪、被告人黄福权等人犯非法获取公民个人信息罪,向浙江省杭州市滨江区人民法院提起公诉。2015 年 1 月 12 日,杭州市滨江区人民法院作出判决,认定被告人李骏杰的行为构成破坏计算机信息系统罪,判处有期徒刑 5 年;被告人胡榕的行为构成出售公民个人信息罪,判处有期徒刑 10 个月,并处罚金人民币 2 万元;被告人黄福权、董伟、王凤昭的行为构成非法获取公民个人信息罪,分别判处有期徒刑、拘役,并处罚金

一审宣判后,被告人董伟提出上诉。杭州市中级人民法院二审裁定驳回上诉,维持原判。判决已生效。

■ 案例评析

□ 重点示意图

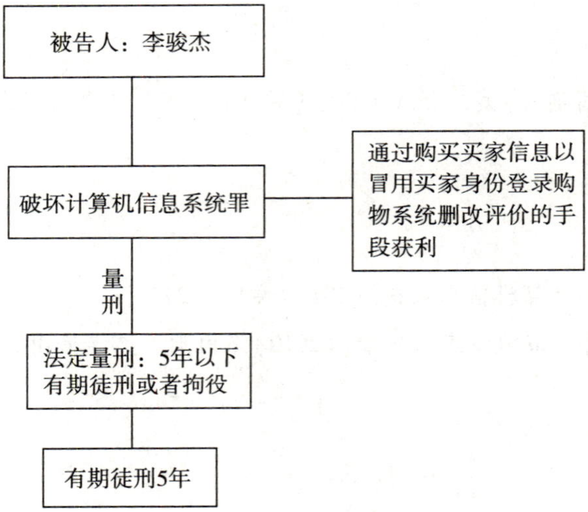

□ 疑难点释析

本案争议焦点在于:行为人在某购物网站中冒用买家身份进入网站内部评价系统删改购物评价获利,此情况下行为人的行为是否构成破坏计算机信息系统罪。

行为人在某购物网站中冒用买家身份进入网站内部评价系统删改购物评价造

成严重后果。(1)行为人主动联系需要修改评价的卖家,并购买相关买家信息,通过冒用买家身份进入网站内部系统来修改购物评价,明知自己的行为会发生影响计算机系统正常运作等结果,并且希望这种结果的发生具有主观的故意。其次,行为人系具有刑事责任能力的自然人。(2)行为人冒用买家身份,骗取客服审核通过后重置账号密码,进入内部评论系统删改买家评价,侵害了计算机信息系统的安全。侵害了计算机信息系统功能及计算机信息系统中存储的数据。(3)行为人删改买家评价的行为具有客观上通过删除和修改数据破坏计算机信息系统中存储的数据的外在表现。(4)行为人获利所得超过5000元以上,可以认定其行为造成严重后果。综上,行为人在某购物网站中冒用买家身份进入网站内部评价系统删改购物评价,并造成严重后果的行为,符合破坏计算机信息系统罪的犯罪构成要件,构成破坏计算机信息系统罪,应依法对其定罪处罚。

■ 知识点梳理

破坏计算机信息系统罪,是指违反国家规定,对计算机信息系统功能进行删除、修改、增加、干扰,造成计算机信息系统不能正常运行,对计算机信息系统中存储、处理或者传输的数据和应用程序进行删除、修改、增加的操作,或者故意制作、传播计算机病毒等破坏性程序,影响计算机系统的正常运行,后果严重的行为。构成要件为主观上故意,即明知自己的行为会发生影响计算机系统正常运作等结果,并且希望或者放任这种结果的发生;犯罪主体系具有刑事责任能力的自然人;犯罪对象为各种计算机信息系统功能及计算机信息系统中存储、处理或者传输的数据和应用程序。本罪的行为方式包括三种:

第一种是违反国家规定,对计算机信息系统功能进行删除、修改、增加、干扰,造成计算机信息系统不能正常运行,后果严重的行为。计算机信息系统功能,是指计算机互统内,按照一定的应用目标和规则,对信息进行采集、加工、存储、传输、检索等的功能。造成计算机信息系统不能正常运行,包括使计算机信息系统不能运行和不能按原来的设计要求运行。根据《计算机案件解释》,破坏计算机信息系统功能,具有下列情形之一的,应当认定为“后果严重”:(1)造成10台以上计算机信息系统的主要软件或者硬件不能正常运行的;(2)对20台以上计算机信息系统中存储、处理或者传输的数据进行删除、修改、增加操作的；（3）违法所得5000元以上或者造成经济损失1万元以上的；（4）造成为100台以上计算机信息系统提供域名解析、身份认证、计费等基础服务或者为1万以上用户提供服务的计算机信息系统不能正常运行累计1小时以上的；（5）造成其他严重后果的。

第二种是违反国家规定，对计算机信息系统中存储、处理或者传输的数据和应用程序进行删除、修改增加的操作，后果严重的行为。后果严重的认定标准与第一种相同。

第三种是制作、传播计算机病毒等破坏性程序，影响计算机系统的正常运行，后果严重的行为。破坏性程序，是指隐藏在可执行程序或数据中在计算机内部运行的一种干扰程序，其中典型的是计算机病毒。计算机病毒，是指在计算机中编制的或者在计算机程序中插入的破坏计算机功能或者毁坏数据，影响计算机使用，并能自我复制的一组计算机指令或者程序代码。它具有可传播、可激发和可潜伏性对于各种类型的计算机和计算机网络都具有巨大的危害性和破坏性。根据《计算机案件解释》的规定，具有下列情形之一的程序，应当认定为“计算机病毒等破坏性程序”：（1）能够通过网络、存储介质、文件等媒介，将自身的部分、全部或者变种进行复制、传播，并破坏计算机系统功能、数据或者应用程序的；（2）能够在预先设定条件下自动触发，并破坏计算机系统功能、数据或者应用程序的；（3）其他专门设计用于破坏计算机系统功能、数据或者应用程序的程序。“制作”指故意设计、编制计算机病毒等破坏性程序；“传播”指向计算机输入破坏性程序，或者将已输入破坏性程序的软件加以派送、散发、销售。故意制作、传播计算机病毒等破坏性程序，具有下列情形之一应当认定为“后果严重”：第一，制作、提供、传输上述第（1）种程序，导致该程序通过网络、存储介质、文件等媒介传播的；第二，造成20台以上计算机系统被植入上述第（2）、（3）种程序的；第三，提供计算机病毒等破坏性程序10人次以上的；第四，违法所得5000元以上或者造成经济损失1万元以上的；第五，造成其他严重后果的。

破坏计算机信息系统罪与非法控制计算机信息系统罪的区别在于：（1）行为方式不同。破坏计算机信息系统罪犯罪行为为删除、修改、增加数据，非法控制计算机信息系统罪犯罪行为为非法获取数据。（2）犯罪对象不同。破坏计算机信息系统罪为任意计算机信息系统中的数据和程序，非法控制计算机信息系统罪犯罪对象为普通计算机信息系统中的数据。(3)犯罪成立要求不同。破坏计算机信息系统罪要求“后果严重”,此处“后果”指计算机信息系统的正常运转和功能受到的毁损,非法控制计算机信息系统罪要求情节严重。

对于利用计算机病毒等破坏性程序非法占有他人财物的或者实施其他犯罪的,应当依照刑法的有关规定定罪处罚。例如,利用计算机病毒盗窃财物的,应认定为盗窃罪。如果按照其他犯罪论处不能全面评价行为的不法内容的,应认定为想象竞合,从一重罪处罚。例如,破坏计算机信息系统功能、数据或者应用程序,或者故意制作、传播计算机病毒等破坏性程序,影响计算机系统正常运行,达到后果特别严重的程度,但仅窃取数额较大财物的,应当认定为想象竞合,从一重罪处罚。

30 Case Study 余胜利、尤庆波聚众扰乱交通秩序案

聚众扰乱交通秩序

■ 研读指导

1. 行为人聚众堵塞交通，抗拒、阻碍国家治安管理工作人员依法执行职务，情节严重，则行为人构成何罪？
2. 如何认定聚众扰乱交通秩序罪中的“首要分子”和“情节严重”？
3. 比较研读近似案例中行为人的责任认定，注意其中的差异并分析原因。

■ 相关法条

《中华人民共和国刑法》第二百九十一条【聚众扰乱公共场所秩序、交通秩序罪】、第二十五条第一款【共同犯罪】、第六十七条【自首】

■ 近似案例

郑之兴聚众扰乱交通秩序案[(2008)甬刑终字第69号]

周云波聚众扰乱交通秩序案[(2004)刑初字第78号]

陈先贵聚众扰乱社会秩序案(刑事审判参考第61号)

■ 案情介绍

被告人余胜利，男，1977年11月12日出生，系上海荣欣酒店厨师长。2012年8月3日因涉嫌犯聚众扰乱交通秩序罪被逮捕。

被告人尤庆波，男，1983 年 4 月 24 日出生，系上海荣欣酒店点心师。2012 年 8 月 3 日因涉嫌犯聚众扰乱交通秩序罪被逮捕。

上海市虹口区人民检察院以被告人余胜利、尤庆波犯聚众扰乱交通秩序罪，向上海市虹口区人民法院提起公诉。

被告人余胜利、尤庆波及其辩护人对起诉书指控的犯罪事实及罪名均无异议。

上海市虹口区人民法院经公开审理查明：被告人余胜利、尤庆波合谋，由尤庆波提议，余胜利号召，以讨要工资为由，于 2012 年 6 月 28 日 11 时 30 分许，组织、鼓动上海荣欣酒店员工韩占起、孙留明（另案处理）等 30 余人，聚集到上海市四川北路 1851 号上海荣欣酒店门口，封堵道路、截断往来车辆，且在警察出警后仍不听劝阻，造成该路段交通严重堵塞。嗣后，余胜利、尤庆波等人被带至公安机关，尤庆波到案后如实供述了自己的罪行，余胜利在庭审中供认了其犯罪事实。

上海市虹口区人民法院经审理认为，被告人余胜利、尤庆波合谋，聚众堵塞交通，抗拒、阻碍国家治安管理工作人员依法执行职务，情节严重，其行为均构成聚众扰乱交通秩序罪。上海市虹口区人民检察院指控被告人余胜利、尤庆波犯聚众扰乱交通秩序罪的罪名成立。尤庆波到案后能如实供述自己的犯罪事实，依法可以从轻处罚。余胜利在庭审中能供认自己的犯罪事实，可以酌情从轻处罚。余胜利的辩护人关于余胜利在庭审中认罪态度较好，可以酌情从轻处罚的辩护意见，予以采纳。据此，依照《刑法》第二百九十一条、第二十五条第一款、第六十七条第三款之规定，上海市虹口区人民法院以被告人余胜利犯聚众扰乱交通秩序罪，判处有期徒刑 9 个月；以被告人尤庆波犯聚众扰乱交通秩序罪，判处有期徒刑 6 个月。

一审宣判后，被告人余胜利、尤庆波均未提起上诉，检察院亦未抗诉，该判决已发生法律效力。

■ 案例评析

□ 重点示意图

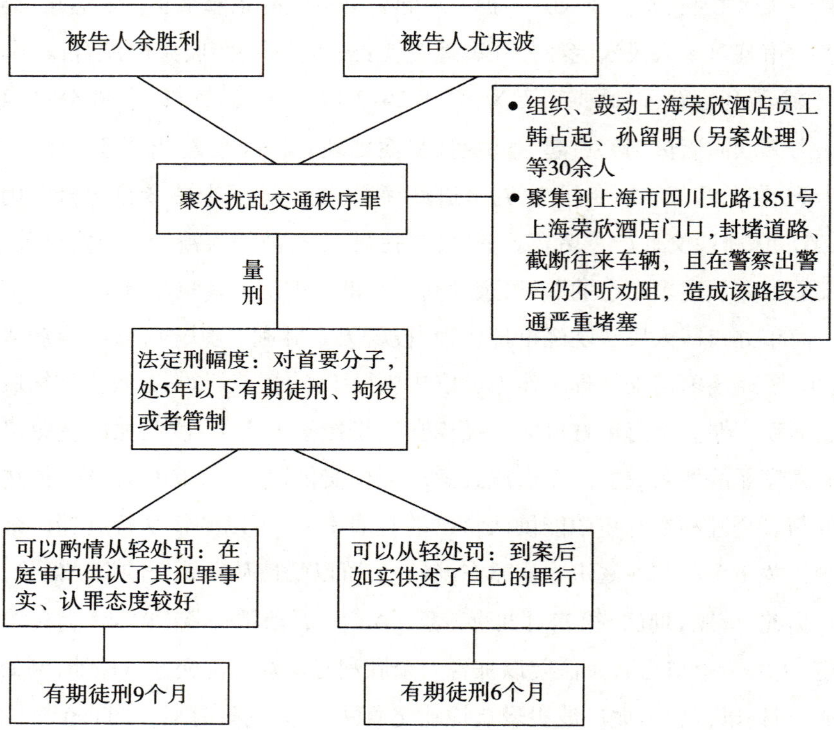

□ 疑难点释析

根据《刑法》第二百九十一条之规定，聚众扰乱交通秩序罪是指聚众堵塞交通或者破坏交通秩序，抗拒、阻碍国家治安管理工作人员依法执行职务，情节严重的行为。该罪的成立的关键点在于判断行为人是否属于“首要分子”以及行为是否达到“情节严重”程度。

1. 聚众扰乱活动的造意者、煽动者应当认定为聚众扰乱交通秩序罪中的“首要分子”

聚众型犯罪是在首要分子的纠集下实施的一种犯罪类型，参与聚众型犯罪活动的人员可以分为三类，首要分子、积极参与者和一般参与者。刑法规定了不同的刑罚处罚原则：一是规定三类参与人员均需负刑事责任，如煽动分裂国家罪；二是仅规定首要分子和积极参与者需负刑事责任，如聚众淫乱罪；三是仅规定首要分子需负刑事责任，积极参与者和一般参与者均不构成犯罪，本案中的聚众扰乱交通秩序罪属于只需首要分子承担刑事责任。

根据《刑法》第九十七条的规定，聚众犯罪中的首要分子是指在犯罪中“起组织、策划、指挥作用的犯罪分子”。“组织”指采用拉帮结派、煽动教唆等方式使他人产生冲动、狂热情绪，并借此将其纠集在一起。“策划”指在聚众犯罪活动具体实施之前，对犯罪时间地点确定、犯罪采取的手段、各参与人员的分工等犯罪方案进行谋划的活动。“指挥”指在犯罪实施之前和实施过程中统率调度、协调指使，其在聚众犯罪中处于核心地位。简言之，聚众犯罪中的首要分子是聚众犯罪的犯意发动者、参与人员的聚集者、犯罪实施过程的指挥操控者，在整个犯罪中起着关键性作用。“组织、策划、指挥”为选择性要件，只需具备其中之一即可认定为“首要分子”。

本案中扰乱交通秩序的犯意发起者为被告人余胜利，其借助上海荣欣酒店员工与所在酒店之间的矛盾，煽动、刺激、拉拢他人，应当认定为“组织者”；后又与被告人尤庆波等人协商堵塞交通的时间、地点、人员分工及具体采取的方式等事宜，属于对犯罪活动实施的策划行为，余胜利和尤庆波均应当认定为“策划者”；尤庆波又将犯罪计划传达给酒店员工，进行鼓动唆使、分工布置并现场坐镇指挥，负责扰乱活动现场的沟通协调，应当认定为“指挥者”。故余胜利、尤庆波均应当认定为本案聚众犯罪中的“首要分子”，符合聚众扰乱交通秩序罪的主体特征。

2. 关于聚众扰乱交通秩序罪中“情节严重”的司法认定

“情节严重”是构成聚众扰乱交通秩序罪的必备要件，对于“情节严重”的理解以及在本案中是否已达到情节严重的程度，审理过程中存在两种意见：一种意见认为，被告人余胜利、尤庆波聚众堵塞交通的行为已达到“情节严重”的标准，应当以聚众扰乱交通秩序罪定罪处罚；另一种意见认为，聚众扰乱交通秩序罪，不仅要求

“聚众堵塞交通或者破坏交通秩序”情节严重,还要求“抗拒、阻碍国家治安管理工作人员依法执行职务”的行为也达到情节严重的程度。本案被告人“抗拒、阻碍国家治安管理工作人员依法执行职务”的情形未达到情节严重,故不构成犯罪。

笔者同意前一种意见,即“聚众扰乱交通秩序罪”不要求“聚众堵塞交通或者破坏交通秩序”与“抗拒、阻碍国家治安管理工作人员依法执行职务”同时达到情节严重,具体分析如下:

(1)“情节严重”是一种概括性的定罪情节,体现了刑法对聚众扰乱交通秩序行为在入罪的社会危害性程度要求。由于立法以及相关司法解释对“情节严重”的认定标准未作出明确规定,司法实践中办案人员往往是通过对犯罪主体、主观恶性、侵害客体、客观行为等内容的综合分析,判断个案中的情节是否足以严重到应受刑事处罚的违法性程度。在聚众扰乱交通秩序案件中,比较通行的做法是,对具有交通堵塞严重、持续时间长、聚集人数多、社会影响恶劣、公私财产损失大、发生人员伤亡等情形的,都可以认定为聚众扰乱交通秩序罪中的“情节严重”,具体到个案还应进行个性化和综合性的分析。本案中,对被告人的行为应从以下三个方面分析是否达到“情节严重”:

第一,犯罪动机。本罪的主观方面是故意,且行为人通常是通过聚众堵塞交通或者破坏交通秩序向有关单位或者部门施加压力,寻求解决相关问题。本案中被告余胜利、尤庆波等人实际是与荣欣酒店有人事纠纷,以讨要工资为名向用人单位施压以实现个人目的。可见,被告的主观恶性要远大于为索要被拖欠工资而实施的过激行为,行为动机并不正当。第二,聚集人数。本罪为典型的聚众型犯罪,只处罚起组织、策划、指挥作用的首要分子,而对于积极参加者和其他一般参加者一般不以犯罪论处。因此,在客观要件上,不仅要求行为人自己实施扰乱交通秩序的行为,还要求其纠集特定或者不特定的多人于一定时间聚集于一定的地点,共同实施特定的扰乱交通行为。可见,聚集人数的多少是认定情节是否严重的重要因素之一。对本案被告人余胜利、尤庆波策划并组织了荣欣酒店厨房内工作人员近四十人截堵交通,从聚集人数分析,可以认定为情节严重。第三,行为影响。具体包括交通被堵塞的严重程度、交通秩序的混乱程度及持续时间、社会影响等方面,这是本罪对交通秩序这一客体侵害的最直接体现,也是反映个案情节是否严重的最重要的考量因素。被告余胜利、尤庆波等人在上海市四川北路商业街上海市第一人民医院分院门口至四川北路1851号荣欣酒店门口处一字排开，将马路车行道横向截断，造成该时段四川北路沿线海伦西路至溧阳路段严重拥堵，车辆无法通行长达十五分钟，造成交通秩序严重混乱，社会影响恶劣。

（2）“抗拒、阻碍国家治安管理工作人员依法执行职务”是必须齐备的构成要件行为，但不是必须达到情节严重的程度。根据《刑法》第二百九十一条的规定，本罪包含两类行为：一是聚众堵塞交通或者破坏交通秩序，即纠集多人堵塞交通道路使过往车辆、行人不能顺利通过，或者故意以其他方法破坏正常的交通秩序，妨碍车辆、行人通行安全和便利；二是抗拒、阻碍国家治安管理工作人员依法执行职务，即抗拒、阻碍依法执行治安管理职务的警察或其他国家机关工作人员依法维护交通秩序的行为。上述两种行为必须同时齐备，方可构成犯罪。具体而言：第一，“抗拒、阻碍国家治安管理工作人员依法执行职务”在本罪中不是选择性行为，故不要求单行为达到情节严重的程度。《刑法》第二百七十七条规定，对这类情形的阻碍情形，行为人使用暴力、威胁方法，情节严重的，可以适用妨害公务罪的罪名。因此，不必要求“抗拒、阻碍国家治安管理工作人员依法执行职务”也达到情节严重。第二，“抗拒、阻碍国家治安管理工作人员依法执行职务”不是复合实行行为，不要求单行为达到情节严重的程度。本罪中，“聚众堵塞交通或者破坏交通秩序”与“抗拒、阻碍国家治安管理工作人员依法执行职务”之间显然不具有手段与目的、原因与结果的牵连关系，也不属于当然的递进关系。在排除“抗拒、阻碍国家治安管理工作人员依法执行职务”是复合实行行为的前提下，鉴于“聚众堵塞交通或者破坏交通秩序”行为一经实施就直接侵害到交通秩序这一客体，可以不对“抗拒、阻碍国家治安管理工作人员依法执行职务”的严重程度进行单独评价，即不要求“抗拒、阻碍国家治安管理工作人员依法执行职务”达到情节严重的程度。

综上所述，本案被告人余胜利、尤庆波聚众扰乱交通秩序的行为符合“情节严重”的认定标准，且具有“抗拒、阻碍国家治安管理工作人员依法执行职务”的表现，应当追究其聚众扰乱交通秩序罪的刑事责任。

■ 知识点梳理

聚众扰乱公共场所秩序、交通秩序罪与聚众扰乱社会秩序罪关键区别在于：聚众扰乱公共场所秩序、交通秩序罪发生在公共场所或者交通要道等人员集结、车辆通行的场所，侵犯的是公共场所秩序或交通秩序；而聚众扰乱社会秩序罪发生在机关、单位、团体的所在地、门前、院内等，侵犯的是生产、工作、营业、教学、科研秩序。聚众扰乱公共场所秩序、交通秩序罪包括抗拒、阻碍国家治安管理人员依法执行职务的行为，但仅指在公共场所秩序、交通秩序发生一定混乱时抗拒、阻碍国家治安管理人员依法维护公共场所秩序或交通秩序，与妨害公务罪区别之处在于不以暴力、胁迫手段为要件。

如果行为人聚众扰乱单位的工作生产、教学科研秩序，因为该企事业单位社会团体所在地本身处于或靠近车站、码头、民用航空站、公园等公共场所，因此同时造成公共场所秩序遭到破坏、交通秩序遭到破坏的后果。对于这类情况如何认定？实践中一般从犯罪目的着手加以区别。由于涉嫌聚众扰乱社会秩序罪的行为人目的直接针对特定的企事业单位、社会团体，而涉嫌聚众扰乱公共场所秩序、交通秩序罪的行为人并不以扰乱特定单位工作秩序为目的；因此，对于前一种情形应以聚众扰乱社会秩序罪论处，造成公共场所秩序、交通秩序混乱的后果应作为衡量情节是否严重的因素之一。对于后一种情形，如果行为人主观上构成间接故意、客观上造成严重损失的，应按吸收犯处理，仍以聚众扰乱社会秩序罪论处；如果行为人对致使企事业单位、社会团体无法工作，造成严重损失，主观上属于过失的，不构成聚众扰乱社会秩序罪，但应将这一危害后果作为量刑时的考虑因素。

31 Case Study

徐健、冉哲铭聚众斗殴案

聚众斗殴罪

■ 研读指导

1. 本案的审判法院如何确定行为人的行为构成聚众斗殴罪？请提炼法院的推理要点。
2. 请注意聚众斗殴的认定。
3. 比较研读近似案例中行为人的责任认定，注意其中的差异并分析原因。

■ 相关法条

《中华人民共和国刑法》第二百九十二条【聚众斗殴罪】

《中华人民共和国刑事诉讼法》(2012 年修正版)第二百二十五条【二审对一审判决的处理】[1]

■ 近似案例

李天龙、高政聚众斗殴案(刑事审判参考第 882 号)

张化故意伤害案(刑事审判参考第 568 号)

倪以刚等聚众斗殴案(刑事审判参考第 350 号)

---

[1] 本条对应《中华人民共和国刑事诉讼法》(2018 年修正版)第二百三十六条。

■ 案情介绍

2018年4月1日5时许，被告人冉哲铭因醉酒在福州市鼓楼区双子星大厦门口，与被告人庄泽埭、严胜发生口角纠纷并互相殴打。冉哲铭为耍横报复纠集被告人陈超鹏、徐健、王彦峰，庄泽埭、严胜纠集被告人杨城，双方在福州市鼓楼区福州市公安局鼓楼分局门口互相斗殴，造成冉哲铭、庄泽埭、严胜、陈超鹏四人受伤，经鉴定：四人的损伤程度均为轻微伤。

2018年4月21日，冉哲铭、陈超鹏、庄泽埭、严胜、杨城、徐健、王彦峰被福州市公安局鼓楼分局民警抓获。福州市鼓楼区人民检察院以徐健、冉哲铭聚众斗殴罪向鼓楼区人民法院提起公诉。被告人徐健、冉哲铭、陈超鹏、庄泽埭、严胜、杨城结伙持械聚众斗殴，破坏公共秩序，被告人王彦峰在他人召集之下积极参与聚众斗殴，破坏公共秩序，被告人徐健、冉哲铭、陈超鹏、庄泽埭、严胜、杨城、王彦峰的行为已构成聚众斗殴罪。据此，依法作出如下判决：(1)被告人徐健犯聚众斗殴罪，判处有期徒刑3年；(2)被告人冉哲铭犯聚众斗殴罪，判处有期徒刑3年，缓刑3年；(3)被告人陈超鹏犯聚众斗殴罪，判处有期徒刑3年，缓刑3年；(4)被告人庄泽埭犯聚众斗殴罪，判处有期徒刑3年，缓刑3年；(5)被告人严胜犯聚众斗殴罪，判处有期徒刑3年，缓刑3年；(6)被告人杨城犯聚众斗殴罪，判处有期徒刑3年，缓刑3年；(7)被告人王彦峰犯聚众斗殴罪，判处有期徒刑1年6个月，缓刑1年6个月。徐健不服判决提出上诉，福建省福州市中级人民法院经审理后，于2018年9月22日作出驳回上诉、维持原判的终审裁定。

■ 案例评析

□ 重点示意图

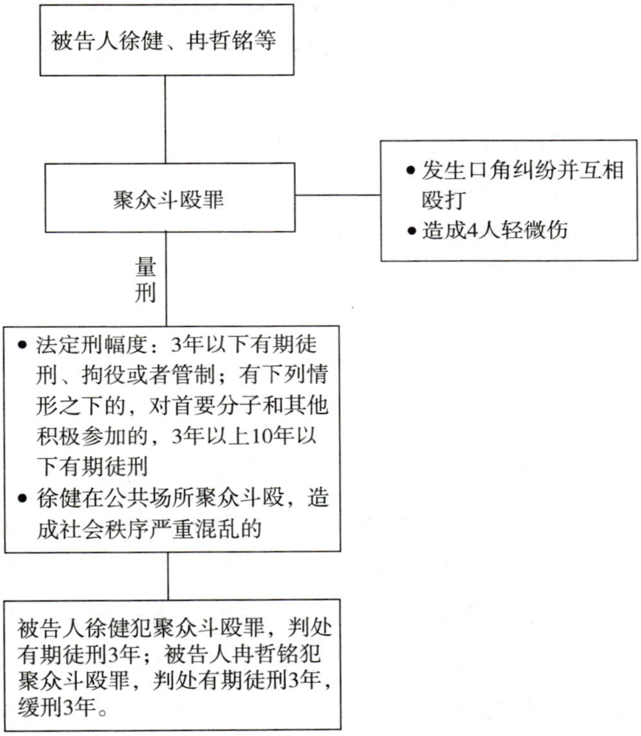

□ 疑难点释析

本案争议焦点在于:行为人徐健有无持械斗殴的故意？徐健不是本场斗殴的组织者和积极参与者,只使用共享单车砸人一次,起到辅助作用,徐健是否构成持械聚众斗殴罪。

根据《刑法》第二百九十二条的规定,聚众斗殴罪是指为了报复他人、争霸一方或者其他不正当目的,纠集众人成帮结伙地互相进行殴斗,破坏公共秩序的行为。而持械聚众斗殴的是聚众斗殴的加重犯。

本案中，首先，冉哲铭为要横报复纠集被告人陈超鹏、徐健、王彦峰，庄泽埭、严胜、杨城，双方在福州市鼓楼区福州市公安局鼓楼分局门口互相斗殴，造成冉哲铭、庄泽埭、严胜、陈超鹏四人受伤。首先，被告人冉哲铭、陈超鹏、徐健、王彦峰，庄泽埭、严胜、杨城的动机在于通过实施聚众斗殴活动来满足要横保护等私欲。其次，被告人都系具有刑事责任能力的自然人，其行为意思表示真实。再次，被告人徐健、冉哲铭、陈超鹏、庄泽埭、严胜、杨城有结伙持械聚众斗殴，破坏公共秩序，且有聚众行为的客观表现。最后，徐健在与他人斗殴时，就地抬起共享单车砸向他人，其使用共享单车的主观目的是相互斗殴，使用的共享单车具有杀伤力，客观上也造成了伤害后果，故徐健的行为构成持械聚众斗殴。综上，在公共场所，行为人持械聚众斗殴，破坏公共秩序，符合聚众斗殴罪的犯罪构成要件，构成聚众斗殴罪，应依法对其定罪处罚。

■ 知识点梳理

聚众斗殴罪，是指聚集多人攻击对方身体或者互相攻击对方身体的行为。（为了报复他人、争霸一方或者其他不正当目的，纠集众人成帮结伙地互相进行殴斗，破坏公共秩序的行为）依照《刑法》第二百九十二条规定，聚众斗殴的，对首要分子和其他积极参加的，处3年以下有期徒刑、拘役或者管制；有下列情形之一的，对首要分子和其他积极参加的，处3年以上10年以下有期徒刑：（1）多次聚众斗殴的；（2）聚众斗殴人数多，规模大，社会影响恶劣的；（3）在公共场所或者交通要道聚众斗殴，造成社会秩序严重混乱的；（4）持械聚众斗殴的。聚众斗殴，致人重伤、死亡的，依照《刑法》第二百三十四条、第二百三十二条的规定定罪处罚。

1. 聚众斗殴罪的构成要件

（1）破坏公共秩序。“社会公共秩序”不应简单地理解为社会公共场所的秩序，还包括在社会公共生活中应当遵守的各项共同生活的规则秩序。“规则”包括道德规则、法律规则、管理规则。“社会秩序”指动态有序平衡的社会状态，同一个社会内部，社会秩序可以分为经济秩序、政治秩序、劳动秩序、伦理道德、社会日常生活秩序等几个大的方面。

（2）客观方面表现为纠集众人结伙殴斗的行为，即组织、策划、指挥众人成帮结伙地互相进行殴斗。“组织”指有目的、有计划地将分散的人员安排起来使之成为某一特定的集团或群体，只有运用言语等煽动和纠集多人去斗殴，并且负责组织的人数在3人以上，才能认定组织作用。“策划”指为实现特定目标而制订计划方案、进行部署安排，策划作用是对聚众斗殴活动进行整体部署安排，制定具体的行动时间、地点、方案等。这种部署、计划安排即使最终没有完全被实行也不影响策划者的策划行为性质的成立。“指挥”包括指使、命令、全面的调度，指挥作用主要是指发号施令，命令、分配人员参加斗殴等；而且“指挥”必须是全局性的，在斗殴过程中具体的参与人员临时性的分配打击对象或教唆他人采取某种打击方式等行为，一般不认定为“指挥”。“多次”指三次以上。“人数多、规模大、社会影响恶劣”是必须同时具备的三个条件，需根据具体案件具体分析，但不要求斗殴之前具有聚众的行为。“械”指凶器、包括性质上的凶器和用法上的凶器，“持械”是指使用凶器斗殴。若有一方不持械，则该方不能认定为持械聚众斗殴。

(3)聚众斗殴罪的主体是一般主体，凡年满16周岁且具备刑事责任能力的自然人均能构成聚众斗殴罪，但并非所有参加聚众斗殴者均构成聚众斗殴罪。只有聚众斗殴的首要分子和其他积极参加者，才能构成聚众斗殴罪主体。“首要分子”指在聚众斗殴中起组织、策划、指挥作用的犯罪分子；“其他积极参加者”指除首要分子以外的在聚众斗殴中起重要作用的犯罪分子。对于一般参加者，只能依治安管理处罚条例追究行政责任，不能构成聚众斗殴罪主体。

(4)聚众斗殴罪的主观方面是故意。对犯罪故意的判断，应从认识与意志两方面出发，有证据能够直接证明对实施的危害行为认识清楚，实施时意志清晰，不存在外界因素影响，能判断产生危害的结果系对犯罪的认识。有证据证明为实现犯罪目的对被害人实施侵害行为系对犯罪的意志。明知危害社会的行为且有意实施，即为直接故意。明知可能发生危害结果而放任其发生，即为间接故意。

聚众斗殴罪不可能由过失构成，也不要求双方均有斗殴的故意，如果一方有斗殴故意，对有故意的一方以聚众斗殴罪论处。《刑法》第二百九十二条之二规定“聚众斗殴，致人重伤、死亡的，依照本法第二百三十四条、第二百三十二条的规定定罪处罚”，这规定属于法律拟制。“致人重伤、死亡”包括对方和本方成员重伤、死亡。此外，《刑法》第二百九十二条聚众斗殴罪仅处罚首要分子和积极参加者，一般参加者或者旁观者的行为致人重伤、死亡的，应根据其行为符合的犯罪构成认定犯罪。

2. 聚众斗殴罪与寻衅滋事罪的区别

(1)犯罪主体不同。聚众斗殴罪的主体是实施聚众斗殴的首要分子和其他积极参加者,实施聚众斗殴犯罪的主体往往具有一定的黑恶背景,或为一定数量的社会闲散人员组成的团伙,具有群体性;而寻衅滋事罪的主体既涵盖了上述群体,也包含一些普通的个体,较之前者广泛。另外,寻衅滋事罪的主体为一般主体,行为人只要实施了寻衅滋事行为且情节恶劣或情节严重,即应承担法律责任。而聚众斗殴罪则要求以聚众的形式,至少要求主体在 3 人以上,在处罚上,聚众斗殴罪只处罚首要分子和积极参加者。

(2)客观方面表现不同。第一,聚众斗殴罪的聚众一般是指一方纠集三人以上,但没有要求双方均达到三人以上;寻衅滋事罪在人数上则没有这方面的限制。第二,聚众斗殴在纠集人员的同时,对斗殴的实施时间、地点都是事先确定,并通知了对方,犯罪的对象是明确的;寻衅滋事罪如果系二人以上共同犯罪,则表现犯罪对象的随意性,没有事先的准备,往往表现为随意纠集几人,事件的发生具有突发性。第三,聚众斗殴的动机一般表现为逞强争霸及团伙间的循环报复等,寻衅滋事的动机在于发泄或满足行为人的不良情绪。第四,聚众斗殴罪的法定刑为 3 年以下有期徒刑、拘役或者管制;寻衅滋事的法定刑为 5 年以下有期徒刑、拘役或者管制。聚众斗殴罪中如有持械等加重处罚情节的,适用 3 年以上 10 年以下有期徒刑;寻衅滋事有纠集他人多次实施第二百九十三条第一款行为,严重破坏社会秩序的适用 5 年以上 10 年以下有期徒刑且可以并处罚金。

32
Case Study

秦志晖诽谤、寻衅滋事案

寻衅滋事罪

■ 研读指导

1. 利用信息网络实施的诽谤罪与寻衅滋事罪应当如何区别?
2. 对利用信息网络实施的诽谤罪适用公诉程序需要具备哪些条件?
3. 利用信息网络实施的诽谤罪有哪些行为方式,行为人的主观“明知”如何认定?

■ 相关法条

《中华人民共和国刑法》第二百四十六条【侮辱罪、诽谤罪】、第二百九十三条第一款第四项【寻衅滋事罪】、第六十七条第三款【自首】、第六十一条【量刑根据】、第六十九条第一款【判决宣告前一人犯数罪的并罚】

最高人民法院、最高人民检察院《关于办理利用信息网络实施诽谤等刑事案件适用法律若干问题的解释》第一条、第二条、第三条、第四条、第五条第二款

■ 近似案例

李隆庚、王超故意伤害王界寻衅滋事[(2015)新刑二终字第44号]

张彪等寻衅滋事案(刑事审判参考第517号)

■ 案情介绍

北京市朝阳区人民检察院以被告人秦志晖犯诽谤罪、寻衅滋事罪，向朝阳区人民法院提起公诉。

北京市朝阳区人民法院经公开审理查明：

1. 诽谤的事实：(1)被告人秦志晖明知罗援(男，中国战略文化促进会常务副会长兼秘书长)系军人，于2013年2月25日使用昵称为“东土秦火火”的新浪微博账户(UID号:3198027857)，捏造“罗援之兄罗抗在德国西门子公司任职”的事实，无端质疑罗援及其家人搞“利益交换关系”，并在信息网络上散布。该信息被转发2500余次，引发大量网民对罗援的负面评价。(2)被告人秦志晖明知“杨澜(女，阳光媒体集团控股有限公司董事局主席)向希望工程虚假捐赠”系捏造的事实，于2013年7月15日使用昵称为“淮上秦火火”的新浪微博账户(UID号:3621506850)在信息网络上散布。该信息被转发700余次，引发大量网民对杨澜的负面评价。(3)被告人秦志晖在信息网络上看到了“兰和(男，35岁)被老女人包养”的不实信息后，将上述信息篡改为“兰和被老女人周某某包养”，并于2013年7月至8月使用昵称为“3662708323 _307”的新浪微博账户(UID号:3662708323，昵称又曾为“江淮秦火火”)多次在信息网络上散布。该信息累计被转发900余次，引发大量网民对兰和的负面评价。(4)被告人秦志晖于2012年11月27日，使用昵称为“炎黄秦火火”的新浪微博账户(UID号:2930912765)，捏造“张海迪(女，中国残疾人联合会主席)具有德国国籍”的事实并散布。后经网友举报，新浪公司判定上述信息为不实信息。张海迪亦于2012年11月28日通过微博发布澄清声明。秦志晖又于2012年12月31日使用“炎黄秦火火”的新浪微博账户再次发布有关上述信息的博文，在短时间内被转发20余次，引发网民对张海迪的负面评价。

2. 寻衅滋事的事实：2011年7月23日，甬温铁路浙江省温州市相关路段发生特别重大铁路交通事故(“7·23”甬温线动车事故)。在事故善后处理期间，被告人秦志晖为了利用热点事件进行自我炒作，提高网络关注度，于2011年8月20日使用昵称为“中国秦火火_f92”的新浪微博账户(UID号:1746609413)编造并散布虚假信息，称原铁道部向“7·23”甬温线动车事故中的外籍遇难旅客支付3000万欧元高额赔偿金。该微博被转发 11,000 次,评论 3300 余次,引发大量网民对国家机关公信力的质疑,原铁道部被迫于当夜辟谣。秦志晖的行为对事故善后工作的开展造成了不良影响。

北京市朝阳区人民法院认为,被告人秦志晖无视法律规定,在信息网络上捏造事实诽谤他人,情节严重,且系诽谤多人,造成恶劣社会影响,其行为构成诽谤罪;秦志晖在重大突发事件期间,在信息网络上编造、散布对国家机关产生不良影响的虚假信息,起哄闹事,造成公共秩序严重混乱,其行为还构成寻衅滋事罪,依法应予数罪并罚。北京市朝阳区人民检察院指控秦志晖犯诽谤罪、寻衅滋事罪的事实清楚,证据确实、充分,指控的罪名成立。秦志晖在较长时间段内在信息网络上多次肆意实施违法犯罪行为,根据其所犯诽谤罪、寻衅滋事罪的事实、性质、情节和社会危害程度,本应对其酌情从重处罚,但鉴于秦志晖归案后能够如实供述所犯罪行,认罪悔罪态度较好,可以对其从轻处罚。据此,依照《刑法》第二百四十六条、第二百九十三条第一款第四项、第六十七条第三款、第六十一条、第六十九条第一款以及最高人民法院、最高人民检察院《关于办理利用信息网络实施诽谤等刑事案件适用法律若干问题的解释》第一条、第二条、第三条、第四条、第五条第二款之规定,北京市朝阳区人民法院以被告人秦志晖犯诽谤罪,判处有期徒刑 2 年;犯寻衅滋事罪,判处有期徒刑 1 年 6 个月;决定执行有期徒刑 3 年。

一审宣判后,被告人秦志晖未提起上诉,公诉机关亦未抗诉,该判决已发生法律效力。

■ 案例评析

□ 重点示意图

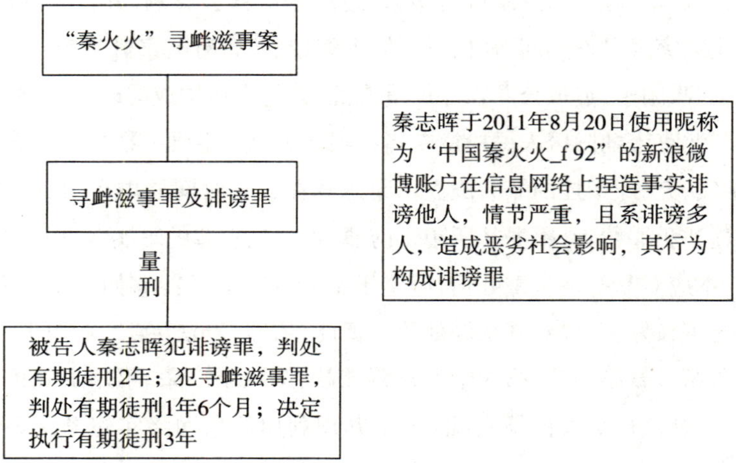

□ 疑难点释析

本案的争议的包括:如何准确区分利用信息网络实施的诽谤罪和寻衅滋事罪的犯罪构成条件;在网络诽谤案件中,如何认定行为人的主观明知?

本案发生后,对于如何定性存在不同意见。有意见认为,应当全案定寻衅滋事罪一罪。主要理由是:(1)秦志晖编造、捏造虚假信息在网络上散布,目的是自我炒作,其通过随意攻击名人和有关单位的手段,扰乱民心,谋取关注,主观心态、行为方式具有内在一致性。秦志晖具有诽谤杨澜等公民的事实,但诽谤的目的不明显。(2)秦志晖攻击的对象是不特定的社会名人和单位,涉及有关国家机关、公共单位的公信力。如秦志晖编造虚假信息,在“7·23”动车事件中造成了网民对原铁道部的质疑;诽谤张海迪,张代表残联;诽谤罗援,罗代表军队机关;诽谤杨澜,同时攻击了希望工程等。最高人民法院、最高人民检察院《关于办理利用信息网络实施诽谤等刑事案件适用法律若干问题的解释》(本文以下简称《诽谤案件解释》)实际上已将网络空间解释为公共场所,对网络秩序的损害也可以视为现实社会危害。秦志晖的上述行为扰乱了社会公共秩序,构成寻衅滋事罪。秦志晖利用网络谣言攻击、诽谤杨澜等人,同时构成寻衅滋事罪、诽谤罪,属于想象竞合,应当择一重罪认定为寻衅滋事罪。

经研究,公诉机关、审判机关均认为应当认定诽谤罪、寻衅滋事罪,并将两罪并罚。主要理由如下:

(1)秦志晖的行为分别符合诽谤罪与寻衅滋事罪的构成条件。准确把握刑法规定的诽谤罪、寻衅滋事罪的犯罪构成,是正确理解利用信息网络实施的诽谤罪、寻衅滋事罪的前提条件。根据《刑法》第二百四十六条和第二百九十三条的规定,捏造事实诽谤他人,情节严重的,构成诽谤罪;实施在公共场所起哄闹事,造成公共场所秩序严重混乱等寻衅滋事行为,破坏社会秩序的,构成寻衅滋事罪。从犯罪客体来看,诽谤罪侵犯的客体是公民的人格和名誉,寻衅滋事罪侵犯的客体是社会秩序。从罪状及行为特征来看,寻衅滋事罪规定的“在公共场所起哄闹事,造成公共场所秩序严重混乱”,通常是指行为人的起哄闹事行为扰乱了某一具体公共场所秩序,或者使该公共场所的相关活动不能顺利进行。在信息网络普及之前,“在公共场所起哄闹事”行为的实施地与危害后果发生地一般都在该公共场所。随着信息网络的迅速发展,互联网、通信网、广播电视传输覆盖网呈现出“三网合一”的趋势,信息网络与人们的现实生活融为一体,其“工具属性”“公共属性”凸显,利用信息网络实施寻衅滋事的行为方式及危害后果与传统寻衅滋事行为呈现出不同特征。基于信息网络社会的发展程度,《诽谤案件解释》第五条第二款将刑法条文中“在公共场所起哄闹事”解释为“编造虚假信息,或者明知是编造的虚假信息,在信息网络上散布,或者组织、指使人员在信息网络上散布,起哄闹事”,例如行为人虽然不在公共场所,但利用信息网络散布虚假信息造成了公共秩序严重混乱,属于“在公共场所起哄闹事”;又将“造成公共场所秩序严重混乱”解释为“造成公共秩序严重混乱”。例如,行为人利用信息网络散布地震谣言,导致多地大量群众外出“避难”,散布核泄露谣言,导致大范围的“抢盐”。上述危害后果明显严重扰乱了生产、生活、工作、营业等社会公共秩序,与寻衅滋事罪有关危害后果的立法本意相符,但又不宜概括为造成某一具体公共场所秩序混乱,而用“公共秩序混乱”则能较好解释该问题。值得注意的是,需要保持《诽谤案件解释》与刑法条文规定内涵的一致性,要根据刑法立法本意对《诽谤案件解释》的规定做限制性理解。《诽谤案件解释》第五条第二款规定的利用信息网络实施的寻衅滋事罪要求造成“公共秩序严重混乱”，不仅指虚假信息被大量转发、评论等造成的网络秩序混乱，同时也要求造成生产、生活、工作、营业、教学等现实社会公共秩序的严重混乱。对于虚假信息被及时、有效删除，未被大量转发、评论等，尚未造成广泛影响的，或者仅仅是对网络秩序造成了影响，不宜认定为“造成公共秩序严重混乱”。本案中，被告人秦志晖捏造损害杨澜等公民人格、名誉的事实，在信息网络上被广泛散布，其行为构成诽谤罪；在“7·23”动车事故发生后，编造政府机关天价赔偿外籍乘客的虚假信息，在信息网络上散布，起哄闹事，该虚假信息被转发11,000次，评论3300余次，造成网络空间的混乱，同时在现实社会引发不明真相群众的不满，扰乱了政府机关善后工作，造成社会公共秩序严重混乱，其行为构成寻衅滋事罪。

（2）将秦志晖的行为认定为诽谤罪、寻衅滋事罪两个罪，符合《诽谤案件解释》的原意。《诽谤案件解释》最初起草时是为了规范适用利用信息网络实施的诽谤罪的认定问题，后来增加了利用信息网络实施的寻衅滋事、敲诈勒索、非法经营犯罪的相关条款。由于寻衅滋事罪是从1979年《刑法》规定的流氓罪这个“口袋罪”中分解出来的罪名，《诽谤案件解释》在制定有关利用信息网络实施的寻衅滋事罪条款时特别审慎。根据《诽谤案件解释》在制定时的原意，利用信息网络实施的诽谤罪的对象是特定的自然人，而寻衅滋事罪一般针对的是单位、不特定的多人或者公共事件。如果将利用信息网络诽谤特定自然人的事实，也以破坏网络秩序等为由纳入寻衅滋事罪，则易使寻衅滋事罪演变为“口袋罪”，与罪刑法定基本原则相悖。故要区别对待，不宜一概认定为寻衅滋事罪。

（3）对诽谤杨澜等公民的事实以诽谤罪起诉、审理，可以依法保障被害人的附带民事诉讼权利。同时，通过审判，也可以有效恢复被害人的人格、名誉。

综上，将本案不同性质的犯罪事实，分别认定为诽谤罪、寻衅滋事罪，定性准确，符合刑法规定的犯罪构成和《诽谤案件解释》的制定原意。

第二个争议点在于如何认定在网络诽谤案件中行为人的主观故意。笔者认为，判断行为人是否明知是诽谤事实时，应当根据证据材料，结合被告人的身份、职业、生活经历、一贯表现等因素进行综合判断。

《诽谤案件解释》第一条对《刑法》第二百四十六条中“捏造事实诽谤他人”的规定进行了类型化，具体包括三种行为方式：（1）“捏造并散布”，这是最典型的诽谤行为方式。(2)“篡改并散布”,指将信息网络上涉及他人的原始信息内容篡改为损害他人名誉的事实,在信息网络上散布,或者组织、指使人员在信息网络上散布。所谓“篡改”是指实质性的修改,而且篡改后的内容达到了损害他人名誉的程度。(3)“明知虚假事实而散布”,指明知是捏造的损害他人名誉的事实,在信息网络上散布,情节恶劣的行为。与前两类行为方式针对造谣者、信息源头不同,第三类行为方式针对的是利用信息来达到个人诽谤目的的恶意传谣者。实践中,对此类行为方式,要准确把握行为人的主观明知。明知包括“知道”和“应当知道”两种情形。“知道”意味着诽谤信息的散布者对于其他人捏造的诽谤被害人名誉的事实是确切知道的,双方甚至可能存在事先或者事中通谋的情况。“应当知道”即根据证据推定行为人知道。推定“应当知道”必须依据各方面的证据材料,综合行为人的身份、职业、生活经历、一贯表现等因素,进行综合分析判断。当前广大网民转发网络信息的情况非常普遍,其中可能就有不实信息或者诽谤信息。在认定“明知”时应当特别慎重,必须严格把握,不能过高要求普通网民对所转发信息真实性的审查义务。对于行为人有特定身份,根据法律法规延伸出特定义务的情况,比如新闻从业人员对所发消息真实性没有尽审查义务,短期内大量发布诽谤不同自然人的信息,就可以认定其具有诽谤的主观“明知”。

具体到本案,通过微博账户注册 IP 地址或者涉案微博文发布 IP 地址查询及 UID 号码比对,并综合秦志晖的供述及微博账户所发布的微博文内容,可以确定涉案微博文均系秦志晖所发布。秦志晖在信息网络上看到罗援之兄罗抗在西门公司任职的信息后,捏造罗援之兄在德国西门子公司任职的事实,无端质疑罗援及其家人搞“利益交换关系”,并在信息网络上散布;秦志晖在信息网络上看到张海迪在德国小住的文章后,捏造张海迪具有德国国籍的事实并在信息网络上散布,并于该信息被新浪公司判定为不实信息以及张海迪作出澄清声明后,仍予以散布。此二者均系无中生有,属于“捏造并散布”。秦志晖在信息网络上看到了“兰和被老女人包养”的不实信息后,在此类信息中加入了周某某的姓名并在信息网络上散布,使原始信息更具有针对性和欺骗性,已构成对原始信息的实质性修改,属于“篡改并散布”。秦志晖作为网络从业人员,对所发信息的真实性应有基本的核实义务。“杨澜向希望工程虚假捐款”的不实信息虽然在互联网上曾有流传,但在杨澜及中国青少年发展基金会作出澄清的情况下,秦志晖不仅没有尽到基本的核实义务,仍然增添内容在信息网络上予以散布,结合其一贯捏造、编造虚假事实并散布的情况,足以认定其具有诽谤的"明知",属于"明知虚假事实而散布"。

■ 知识点梳理

寻衅滋事罪,是指肆意挑衅,随意殴打、骚扰他人或任意损毁、占用公私财物,或者在公共场所起哄闹事,严重破坏社会秩序的行为。刑法将寻衅滋事罪的客观表现形式主要分为四种。

1. 随意殴打他人,情节恶劣

"殴打"指直接对他人身体行使有形力的行为。(1)只要是针对人的身体行使有形力,即使没有接触人的身体,也属于殴打。例如,向他人身体挥舞棍棒但没有接触到他人身体的,也属于殴打;(2)如果行为人针对物行使有形力,因而对人的身体产生强烈的物理影响的,由于不是针对人的身体行使有形力,不宜认定为殴打;(3)使用有形的方法不等于行使有形力;(4)殴打行为不是伤害罪的未遂犯,所以殴打不以具有造成伤害结果的危险性为前提;(5)殴打不以造成伤害为前提。

"随意"一般意味着殴打的理由、对象、方式等明显异常。从行为人角度,"随意"意味着行为人殴打他人没有任何控制。殴打行为是否随意,并不是一种纯主观的判断,而是基于客观事实的判断。客观上殴打的次数越多,遭受殴打的人数越多,被判为"随意殴打"的可能性就越大。因此,殴打行为是否"随意"不是单纯以行为人的动机作为判断资料,而是必须同时考虑其他相关因素。

"情节恶劣"应围绕威胁的程度来判断。司法机关必须注意,不能将殴打他人的"随意性"本身评价为情节恶劣,只有当殴打行为同时具备随意性和恶劣性时,才能以寻衅滋事罪论处。根据 2013 年 7 月 15 日最高人民法院、最高人民检察院《关于办理寻衅滋事刑事案件适用法律若干问题的解释》(本文以下简称《寻衅滋事案件解释》)的规定,随意殴打他人,破坏社会秩序,具有下列情形之一的,应当认定为"情节恶劣":(1)致 1 人以上轻伤或者 2 人以上轻微伤;(2)引起他人精神失常、自杀等严重后果的;(3)多次随意殴打他人的;(4)持凶器随意殴打他人的;(5)随意殴打精神病人、残疾人、流浪乞讨人员、老年人、孕妇、未成年人,造成恶劣社会影响的;(6)在公共场所随意殴打他人,造成公共场所秩序严重混乱的;(7)其他情节恶劣的情形。

2. 追逐、拦截、辱骂、恐吓他人,情节恶劣

“追逐”一般是指妨碍他人停留在一定场所的行为;“拦截”一般是指阻止他人转移场所的行为。追逐与拦截可能以暴力方式实施,也可能以威胁等方式实施。“辱骂”一般指以言语对他人予以轻蔑的价值判断。辱骂不要求针对特定个人,针对一群人或一类人的谩骂,也可能成立本罪的辱骂。“恐吓”是以恶害相通告的行为。特别要说明的是,对于在公共场所追逐、拦截、辱骂妇女的,不得认定为《刑法》第二百三十七条的强制侮辱罪,而应认定为本罪。

根据《寻衅滋事案件解释》的规定,追逐、拦截、辱骂、恐吓他人,破坏社会秩序,具有下列情形之一的,应当认定为“情节恶劣”:(1)多次追逐、拦截、辱骂、恐吓他人,造成恶劣社会影响的;(2)持凶器追逐、拦截、辱骂、恐吓他人的;(3)追逐、拦截、辱骂、恐吓精神病人、残疾人、流浪乞讨人员、老年人、孕妇、未成年人,造成恶劣社会影响的;(4)引起他人精神失常、自杀等严重后果的;(5)严重影响他人的工作、生活、生产、经营的;(6)其他情节恶劣的情形。

3. 强拿硬要或者任意损毁、占用公私财物,情节严重

“强拿硬要”违背他人意志强行取得他人财物的行为。这里的“财物”宜作广义解释,即包括财产性利益。“损毁财物”指使公私财物的使用价值减少或者丧失的一切行为。“占用公私财物”指不当、非法使用公私财物的一切行为,“任意”不仅是对损毁公私财物的限制,也是对占用公私财物的限制。就损害财物而言,任意,意味着行为违背被害人的意志。

“情节严重”需要根据行为人取得、损毁、占用的财产数额的多少,强行的程度,任意的程度,行为的次数等因素来判断。根据《寻衅滋事案件解释》的规定,强拿硬要或者任意损毁、占用公私财物,破坏社会秩序,具有下列情形之一的,应当认定为“情节严重”:(1)强拿硬要公私财物价值1000元以上,或者任意损毁、占用公私财物价值2000元以上;(2)多次强拿硬要或者任意损毁、占用公私财物,造成恶劣社会影响的;(3)强拿硬要或者任意损毁、占用精神病人、残疾人、流浪乞讨人员、老年人、孕妇、未成年人,造成恶劣社会影响的;(4)引起他人精神失常、自杀等严重后果的;(5)严重影响他人的工作、生活、生产、经营的;(6)其他情节恶劣的情形。

4. 在公共场所起哄闹事,造成公共秩序严重混乱

“公共场所”指不特定人或者多数人可以自由出入的场所。“起哄闹事”指用语言、举动等方式。“扰乱公共场所秩序”指公共场所的活动不能顺利进行,或者说,妨碍不特定或多数人在公共场所的有序活动。起哄闹事行为应具有煽动性、蔓延性、扩展性的行为,而不是单纯影响公共场所局部活动的行为。在实践中,往往表现为数人共同起哄闹事,但本罪的成立并不以数人共同实施为前提。换言之,起哄闹事类型的寻衅滋事罪,并不是必要的共犯。

对起哄闹事行为是否造成公共秩序严重混乱的判断,应以行为时的全部具体状态为根据。公共场所的性质、公共场所活动的重要程度、进入公共场所的人数、起哄闹事的时间、公共活动受影响的范围和程度等,是判断行为是否造成公共秩序严重混乱的重要资料。

33 Case Study

张宝义等组织、领导、参加黑社会性质组织案

组织、领导、参加黑社会性质组织罪

■ 研读指导

1. 如何认定黑社会性质组织的构成特征?

2. 如何认定黑社会性质组织成员的罪责?

■ 相关法条

《中华人民共和国刑法》(1979 年版)第十四条第三款【年龄对未成年人责任能力的影响】、第一百三十四条【故意伤害罪】

《中华人民共和国刑法》第二百三十二条【故意杀人罪】、第二百三十四条【故意伤害罪】、第二十五条第一款【共同犯罪】、第二十六条第一款、第四款【主犯】、第四十八条【死刑的适用对象及核准程序】、第五十七条第一款【对死刑、无期徒刑犯剥夺政治权利的适用】、第六十九条【判决宣告前一人犯数罪的并罚】

全国人民代表大会常务委员会《关于〈中华人民共和国刑法〉第二百九十四条第一款的解释》

最高人民法院《关于处理自首和立功具体应用法律若干问题的解释》第一条、第二条、第五条、第七条

最高人民法院、最高人民检察院《关于办理赌博刑事案件具体应用法律若干问题的解释》第四条

最高人民法院《关于审理黑社会性质组织犯罪的案件具体应用法律若干问题的解释》第七条

■ 近似案例

王江等组织、领导、参加黑社会性质组织案(刑事审判参考第617号)

邓伟波等组织、领导、参加黑社会性质组织案(刑事审判参考第619号)

黄向华等组织、领导、参加黑社会性质组织案(刑事审判参考第620号)

李军等组织、领导、参加黑社会性质组织案(刑事审判参考第621号)

张智超等组织、领导、参加黑社会性质组织案(刑事审判参考第622号)

区瑞狮等组织、领导、参加黑社会性质组织案(刑事审判参考第624号)

王平等组织、领导、参加黑社会性质组织案(刑事审判参考第625号)

■ 案情介绍

河北省石家戌市人民检察院以被告人张宝义等犯组织、领导、参加黑社会性质组织罪,故意杀人罪,故意伤害罪,抢劫罪,聚众斗殴罪,寻衅滋事罪,敲诈勒索罪,非法买卖枪支罪,非法持有枪支罪,非法拘禁罪,盗窃罪,赌博罪,侮辱罪,诽谤罪,销售赃物罪,窝藏罪,包庇罪,虚报注册资本罪,向石家庄市中级人民法院提起公诉。

石家庄市中级人民法院经公开审理查明:

1.关于组织、领导、参加黑社会性质组织事实

1997年以来,被告人张宝义等人在河北省石家庄市先后设立了“天和托运站”“仁和托运站”“大和托运站”等经济实体,纠集了一批社会闲散人员、“两劳”释放人员和犯罪在逃人员。自2003年2月起,张宝义和被告人高跃辉、何丕东等人以其经济实体为依托,逐步形成以张宝义为首的较稳定的犯罪组织。该组织人数众多,有明确的组织者、领导者,骨干成员基本固定。张宝义、高跃辉、何丕东为组织、领导者;被告人殷岩、张志玉、刘伦涛、张国与谭永波、刘谊、李伟(大龙)、李宗安、冯帅、刘立新、裴欢盈、秦永革、王树森、李伟(豁牙子)、韩勇、李莉磊、耿斌、甘伟亮为积极参加者;被告人李卿、延浩、齐鑫、吴文江、赵飞、刘水贵、付光明、谢卫朝、李占林、梁鸣、董丽军、梁毅、马金虎、王建立、方欢欢、郭龙龙、庞晨光、董磊磊、张爱

敏、米利军、魏鹏、李志刚、王星磊、张松、商孟臣、张雪峰、许玉会、孙文杰、赵梅朝、王社有、曹惠君、高萌、陈延锋为一般成员。该组织内部分工具体,等级分明,有的专职经营管理,有的负责场地看护,有的担任保镖,有的充当打手。张宝义、高跃辉、何丕东等对组织成员定期发放工资或经费,对违法犯罪者予以资助、庇护。

该组织通过有组织地实施违法犯罪活动或者其他手段获取巨额经济利益,具有一定的经济实力。该组织采取威胁、扣车等不正当手段,向河北省石家庄至保定市安新县三台镇、张家口、廊坊、唐山鸭鸿桥及山东省临清市、山西省长治市等地多条线路的客运业主强行收取"保护费"。2003 年 2 月,张宝义借机承包"国贸跳舞会"。同年 10 月,张宝义授意高跃辉协助何丕东等人强行霸占石家庄火车站行李房至"由由水鲜城"和"华北鞋城"的托运生意。2005 年 5 月,高跃辉强行介入金明停车场,利用车场存放违规车辆,高额收取停车费,并勾结个别交通稽查人员对被扣车主、司机敲诈勒索。高跃辉还通过赌场放贷等手段,强取豪夺。2005 年 3 月,何丕东、张志玉、秦永革、王树森在"由由水鲜城"经营鲈鱼、鳜鱼批发生意。2006 年 3 月,何丕东、张志玉等人对广州批发发往北京、郑州、西安、太原的鲈鱼、鳜鱼的价格和数量进行控制。同时,张宝义伙同高跃辉等人还在河北省行唐县下口镇苇园村非法开采铁矿。张宝义、高跃辉、何丕东等人利用聚敛的钱财支持其组织活动。

该组织以暴力、威胁等手段,大肆组织实施违法犯罪活动,涉及故意杀人、故意伤害、聚众斗殴、寻衅滋事、敲诈勒索、虚报注册资本、非法持有枪支、非法买卖枪支、诽谤、赌博、抢劫、盗窃、窝藏等犯罪行为和其他违法行为。为非作恶,欺压、残害群众,造成数十人伤亡,严重危害公共安全,破坏社会管理秩序,造成极为恶劣的社会影响。该组织通过实施违法犯罪活动,非法控制石家庄至保定、廊坊、张家口、东胜、临清等多条托运线路以及石家庄胜利北街货运中心、火车站行李房、向阳街运输六场的部分货运业务,称霸一方,对石家庄的货运行业造成了重大影响,严重破坏经济秩序。该组织还通过插手经济纠纷,代替司法行政,拉拢、腐蚀国家工作人员为其违法犯罪活动提供支持和便利。

2. 关于故意杀人、故意伤害事实

(1)被告人张宝义承包"国贸跳舞会"后,指派被告人高跃辉担任总经理。2003 年 8 月,高跃辉与被害人彭福明共同经营赌酒机项目。为摆脱彭福明,获取

更多 利益，张宝义、高跃辉经策划后决定，由被告人殷岩负责对彭实施伤害，由刘谊指派李伟（豁牙子）负责指认。2003 年 8 月 28 日下午，殷岩指使裴欢盈纠集被告人杜景龙和李莉磊、相向阳携带砍刀在石家庄市国贸大厦附近埋伏。当日 19 时许，李伟在与彭福明等在民族路老东北饭店 1 号雅间吃饭时借故离开，将彭福明的体态特征和位置告知李莉磊、杜景龙、相向阳。三人随即冲入该雅间，杜景龙首先持刀向彭福明猛砍，李莉磊、相向阳也持刀猛砍，致彭福明身中数十刀，经抢救无效于当晚失血性休克死亡。作案后，裴欢盈接应三人逃离现场，殷岩将作案凶器及血衣抛弃，高跃辉根据张宝义的授意从“国贸跳舞会”收入中拿出人民币（以下所涉币种均为人民币）8000 元资助李莉磊等藏匿。

（2）2006 年 1 月 1 日 23 时 20 分许，被告人张国和李生、李旺、小赵在石家庄市建华大街西侧长乐坊歌厅门前无故拉拽被害人王建龙。当王的朋友被害人朱佳棋等拦阻时，双方发生打斗，王建龙被打致轻伤。张国等离开现场寻找凶器报复。期间，王蓓将此事告知被告人李卿等人。李卿和王志伟、刘军刚、李文杰、崔扬、小王、小波等遂手持镐把赶到现场。李卿首先持镐把击打朱佳棋头部，王志伟亦持镐把击打朱佳棋头部，致其严重颅脑损伤死亡。张国、李旺、小赵取凶器返回现场，未见到朱佳棋等人。为发泄不满，张国、李卿、李旺将长乐坊歌厅门、吧台等处玻璃打碎。后张国、李旺、小赵在尖前街殴打过路行人，并沿街边走边砸，将东北小炒王、东北餐厅的广告灯箱砸坏。东北餐厅老板被害人刘建密闻讯持斧子追赶张国等人，并砍伤张国。张国持军用刺刀，李旺、小赵持镐把砍打刘建密头部，致其颅脑损伤死亡。作案后，张国将此事报告谭永波。谭永波给张 4000 元助其逃跑、藏匿，并向被告人张宝义报告。张宝义让谭出钱安顿张国。

（3）2006 年 3 月，被告人何丕东、张志玉与广东省佛山市鱼商黎经武等为控制北京等地鲈鱼、鳜鱼上市数量和垄断批发价格，组织发起签订《鲈、鳜鱼物流合作协议》，但佛山鱼商被害人孔昭全拒签合作协议。为治服孔昭全，何丕东、张志玉和秦永革、王树森通过向零售商发“通告”威胁不准进孔昭全的货、向孔昭全鱼池内投放碱面、强行拦截、扣留孔昭全的运鱼货车等手段，对孔昭全的经营活动多次进行破坏。孔昭全不为所屈，继续向北京等地供货。何丕东、张志玉和秦永革密谋由被告人刘伦涛纠集人对孔昭全实施伤害。在刘伦涛的指挥下，被告人李以果、张许、“浩浩”赶到佛山市勒流镇新明村。2006 年 4 月 29 日 9 时许，张许带车接应，

李以果、“浩浩”持菜刀在该村卢剑锋小食店内对孔昭全连砍十余刀，致其失血性休克死亡。……（其他违法犯罪事实略）

石家庄市中级人民法院认为，被告人张宝义、高跃辉、何丕东组织、领导黑社会性质组织，大肆进行违法犯罪活动，其行为均已构成组织、领导黑社会性质组织罪，应对其黑社会性质组织的全部犯罪负责。被告人殷岩、张志玉、刘伦涛、张国积极参加黑社会性质组织，进行违法犯罪活动，其行为均已构成参加黑社会性质组织罪。被告人李卿参加黑社会性质组织，进行违法犯罪活动，其行为均已构成参加黑社会性质组织罪。

被告人张宝义在组织、领导黑社会性质组织的犯罪活动中，认可其成员实施故意杀人的行为，应当承担故意杀人罪的责任。在黑社会性质组织形成之前和在组织、领导黑社会性质组织的犯罪活动中，指挥、指使或授意他人实施故意伤害的行为已构成故意伤害罪，且应对致人死亡的后果承担刑事责任；指挥他人实施聚众斗殴的行为已构成聚众斗殴罪，且属持械聚众斗殴和聚众斗殴人数多、规模大、社会影响恶劣；指使、授意他人实施寻衅滋事的行为已构成寻衅滋事罪；直接或指使他人实施敲诈勒索的行为已构成敲诈勒索罪，且属敲诈勒索财物数额巨大；指使他人虚报注册资本的行为已构成虚报注册资本罪。张宝义系累犯，应当从重处罚。

被告人殷岩组织他人实施故意伤害的行为已构成故意伤害罪，且应对致人死亡的后果承担刑事责任；纠集他人并参与实施聚众斗殴的行为已构成聚众斗殴罪，且属持械聚众斗殴和聚众斗殴人数多、规模大、社会影响恶劣；组织并参与实施敲诈勒索的行为已构成敲诈勒索罪，且属敲诈勒索财物数额巨大；参与实施窝藏的行为已构成窝藏罪；参与非法买卖枪支的行为已构成非法买卖枪支罪。

被告人李以果参与实施故意杀人的行为已构成故意杀人罪。

被告人杜景龙参与实施故意杀人的行为已构成故意杀人罪。

依照1979年《刑法》第十四条第三款、第一百三十四条，1997年《刑法》第十二条第一款、第十七条第三款、第二十五条、第二十六条、第二十七条、第三十六条、第四十二条、第四十三条、第五十条、第五十二条、第五十五条、第五十六条、第五十七条、第六十四条、第 六十五条、第六十七条、第六十八条、第六十九条、第七十条、第七十二条、第七十三条、第七十七条、第二百九十四条、第二百三十二条、第二百三十四条、第二百三十八条、第三百零三条、第三百一十条、第三百一十二条、第二百九十二条、第二百九十三条、第二百七十四条、第一百五十八条第一款、第一百二十五条第一款、第一百二十八条第一款、第二百四十六条、第二百六十三条、第二百六十四条和全国人民代表大会常务委员会《关于〈中华人民共和国刑法〉第二百九十四条第一款的解释》,最高人民法院《关于处理自首和立功具体应用法律若干问题的解释》第一条、第二条、第五条、第七条,最高人民法院、最高人民检察院《关于办理赌博刑事案件具体应用法律若干问题的解释》第四条以及最高人民法院《关于审理黑社会性质组织犯罪的案件具体应用法律若干问题的解释》第七条之规定,判决如下:(1)被告人张宝义犯组织、领导黑社会性质组织罪,判处有期徒刑十年;犯故意杀人罪,判处死刑,剥夺政治权利终身;犯故意伤害罪,判处死刑,剥夺政治权利终身;犯聚众斗殴罪,判处有期徒刑九年;犯寻衅滋事罪,判处有期徒刑四年;犯敲诈勒索罪,判处有期徒刑八年;犯虚报注册资本罪,判处有期徒刑一年,并处罚金人民币五万元;决定执行死刑,剥夺政治权利终身,并处罚金人民币五万元。……(7)被告人殷岩犯参加黑社会性质组织罪,判处有期徒刑七年;犯故意伤害罪,判处死刑,剥夺政治权利终身;犯聚众斗殴罪,判处有期徒刑五年;犯敲诈勒索罪,判处有期徒刑六年;犯非法买卖枪支罪,判处有期徒刑三年;犯窝藏罪,判处有期徒刑二年;决定执行死刑,剥夺政治权利终身……(9)被告人杜景龙犯故意杀人罪,判处死刑,剥夺政治权利终身。(10)被告人李以果犯故意杀人罪. 判处死刑,剥夺政治权利终身。

宣判后,被告人张宝义、殷岩、杜景龙、李以果等人提出上诉。

河北省高级人民法院经依法开庭审理,于2009年9月15日以〔2007〕冀刑二终字第59、60、61号刑事附带民事判决,驳回被告人何丕东、刘伦涛、张国、李卿、殷岩、张志玉、杜景龙、李以果的上诉,维持原判;维持第一审对被告人张宝义犯组织、领导黑社会性质组织罪,故意伤害罪,聚众斗殴罪,寻衅滋事罪,敲诈勒索罪,虚报注册资本罪的定罪量刑部分及对被告人高跃辉犯组织、领导黑社会性质组织罪,聚众斗殴罪,寻衅滋事罪,敲诈勒索罪,非法持有枪支罪,诽谤罪,赌博罪的定罪量刑部分;撤销第一审对被告人张宝义犯故意杀人罪和对被告人高跃辉犯故意伤害罪的定罪量刑部分;认定被告人张宝义犯窝藏罪,判处有期徒刑10年,与原判其犯组织、领导黑社会性质组织罪,故意伤害罪,聚众斗殴罪,寻衅滋事罪,敲诈勒索罪,虚报注册资本罪所判处的刑罚并罚,决定执行死刑,剥夺政治权利终身,并处罚金人民币 5 万元。并依法报请最高人民法院核准。

最高人民法院经复核认为，被告人张宝义、高跃辉、何丕东、殷岩、张志玉、刘伦涛、张国、李卿等 54 人纠集在一起，自 2003 年以来形成较稳定的犯罪组织，人数众多，有明确的组织者、领导者，骨干成员基本固定；有组织地通过违法犯罪活动和其他手段获取经济利益，具有一定的经济实力，以支持该组织的活动；以暴力、威胁或其他手段，有组织地多次进行违法犯罪活动，为非作恶，欺压、残害群众；通过实施违法犯罪活动，称霸一方，在一定区域或者行业内形成非法控制或者重大影响，严重破坏经济、社会生活秩序。其中，张宝义、高跃辉、何丕东组织、领导黑社会性质组织，大肆进行违法犯罪活动，其行为均已构成组织、领导黑社会性质组织罪；殷岩、张志玉、刘伦涛、张国积极参加黑社会性质组织，李卿参加黑社会性质组织，进行违法犯罪活动，其行为均已构成参加黑社会性质组织罪。

被告人张宝义组织、指使或授意同案被告人故意伤害 7 起，致 2 人死亡、7 人重伤、3 人轻伤，其行为已构成故意伤害罪；指挥他人聚众斗殴 1 起，致 1 人轻伤，其行为已构成聚众斗殴罪，且属持械聚众斗殴和聚众斗殴人数多、规模大、社会影响恶劣；指使、授意他人寻衅滋事 4 起，致 2 人轻伤，2 人轻微伤，其行为已构成寻衅滋事罪；直接或指使同案被告人敲诈勒索他人钱财 2 起，其行为已构成敲诈勒索罪，且属敲诈勒索财物数额巨大；指使他人虚报注册资本的行为已构成虚报注册资本罪；明知张国等人构成犯罪，指使他人提供财物帮助逃匿的行为已构成窝藏罪。应依法数罪并罚。张宝义所犯故意伤害罪的情节特别恶劣，后果特别严重罪行极其严重，且系累犯，应依法严惩。

被告人殷岩组织同案被告人实施故意伤害 2 起，致 2 人死亡，其行为已构成故意伤害罪；纠集他人并参与聚众斗殴，致 1 人轻伤，其行为已构成聚众斗殴罪，且属持械聚众斗殴和聚众斗殴人数多、规模大、社会影响恶劣；组织并参与敲诈勒索他人钱财 2 起，其行为已构成敲诈勒索罪，且属敲诈勒索财物数额巨大；明知他人犯罪而提供藏匿处所的行为已构成窝藏罪；参与非法买卖枪支的行为已构成非法买卖枪支罪。上述数罪应依法并罚。殷岩所犯故意伤害罪的罪行极其严重，但鉴于殷岩参与的两起故意伤害均系共同犯罪，在彭福明被害案中，其所起的组织作用小于被告人张宝义、高跃辉，对直接致死彭福明的责任小于实行过限的被告人杜景龙等凶手，罪责与同案被告人裴欢盈基本相当；在陈宪国被害案中，其作用小于张宝义和同案被告人谭永波，罪责与同案被告人刘谊基本相当，对其判处死刑，可不立即执行。

被告人李以果伙同他人持刀非法剥夺被害人孔昭全生命的行为已构成故意杀人罪，且罪行极其严重。但鉴于李以果并非黑社会性质组织成员，系受被告人何丕东、张志玉的雇佣和被告人刘伦涛的具体组织而实施犯罪，在共同犯罪中的作用小于何丕东、张志玉、刘伦涛，且系与在逃凶手“浩浩”共同直接致一人死亡，罪责相对分散，对其判处死刑，可不立即执行。

被告人杜景龙伙同他人持刀非法剥夺被害人彭福明生命的行为已构成故意杀人罪，且罪行极其严重。但鉴于杜景龙并非黑社会性质组织成员，系受雇佣和指使而实施犯罪，在共同犯罪中的作用小于被告人张宝义、高跃辉，且系与李莉磊、相向阳共同直接致一人死亡，罪责相对分散。归案后能如实交代同案人的基本情况，对抓获同案人相向阳有一定帮助作用，虽不构成立功，但可酌情予以从轻处罚，对其判处死刑，可不立即执行。

依照《刑事诉讼法》第一百九十九条，最高人民法院《关于复核死刑案件若干问题的规定》第二条第一款、第二款，第七条和《刑法》第二百三十四条，第二百三十二条，第二十五条第一款，第二十六条第一款、第四款，第四十八条第一款，第五十七条第一款，第六十九条之规定，判决如下：(1)核准河北省高级人民法院(2007)冀刑二终字第59、60、61号刑事附带民事判决中对被告人张宝义以故意伤害罪判处死刑，剥夺政治权利终身，与其犯组织、领导黑社会性质组织罪，窝藏罪，聚众斗殴罪，寻衅滋事罪，敲诈勒索罪，虚报注册资本罪所判处的刑罚并罚，决定执行死刑，剥夺政治权利终身，并处罚金人民币五万元；对被告人高跃辉以故意伤害罪判处死刑，剥夺政治权利终身，与其犯组织、领导黑社会性质组织罪，窝藏罪，聚众斗殴罪，寻衅滋事罪，敲诈勒索罪，非法持有枪支罪，诽谤罪，赌博罪所判处的刑罚并罚，决定执行死刑，剥夺政治权利终身，并处罚金人民币十万元的部分。(2)撤销河北省高级人民法院(2007)冀刑二终字第59、60、61号刑事附带民事判决和石家庄市中级人民法院(2007)石刑初字第12、57、58号刑事附带民事判决中对被告人殷岩以故意伤害罪判处死刑，剥夺政治权利终身；对被告人李以果以故意杀人罪判处死刑，剥夺政治权利终身；对被告人杜景龙以故意杀人罪判处死刑，剥夺政治权利终身的部分。(3)被告人殷岩犯故意伤害罪，判处死刑，缓期二年执行，剥夺政治权利终身,与原判其犯参加黑社会性质组织罪、聚众斗殴罪、敲诈勒索罪、非法买卖枪支罪、窝藏罪所判处的刑罚并罚,决定执行死刑,缓期二年执行,剥夺政治权利终身。(4)被告人杜景龙犯故意杀人罪,判处死刑,缓期二年执行,剥夺政治权利终身。(5)被告人李以果犯故意杀人罪,判处死刑,缓期二年执行,剥夺政治权利终身。

■ 案例评析

□ 重点示意图

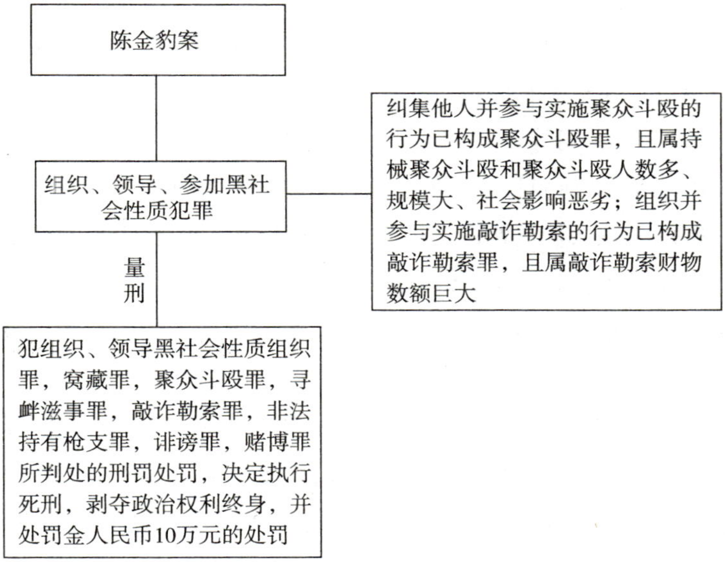

□ 疑难点释析

被告人张宝义、高跃辉等黑社会性质组织犯罪一案,系新中国成立以来河北省最大的一起黑社会性质组织犯罪案件。该组织具有如下特征:人数众多,有明确的组织者、领导者,骨干成员基本固定;有组织地通过违法犯罪活动和其他手段获取经济利益,具有一定的经济实力,以支持该组织的活动;以暴力、威胁或其他手段,有组织地多次进行违法犯罪活动,称霸一方,为非作恶,欺压、残害群众,在一定区域或者行业内形成非法控制或者重大影响，严重破坏经济、社会生活秩序。从上述特征分析，该案件是典型的黑社会性质组织犯罪案件。其中，张宝义、高跃辉、何丕东均系黑社会性质组织的组织者、领导者。被告人殷岩、张志玉、刘伦涛、张国系黑社会性质组织的积极参加者；被告人李卿系黑社会性质组织的一般成员。

根据《刑法》第二百九十四条、最高人民法院《关于审理黑社会性质组织犯罪的案件具体应用法律若干问题的解释》以及最高人民法院、最高人民检察院、公安部《办理黑社会性质组织犯罪案件座谈会纪要》的有关规定及精神，认定黑社会性质组织成员所应承担的刑事责任应按照下列原则：

（1）对黑社会性质组织的组织者、领导者，应按照该组织所犯全部罪行承担刑事责任，对非组织犯罪不应承担刑事责任。

本案中，被告人张宝义作为黑社会性质组织的首要分子，应对组织所犯全部犯罪承担刑事责任。为维护其黑社会性质组织的利益，张宝义指使或认可手下实施故意伤害7起，致彭福明等2人死亡，7人重伤，3人轻伤；在共同犯罪中起组织、领导作用，作用最大。其所犯故意伤害罪的后果特别严重，情节特别恶劣，罪行极其严重，且系累犯，应依法从重处罚。一审、二审判处其死刑立即执行，量刑适当。但被告人张宝义虽系黑社会性质组织的组织者、领导者，并不意味着其对组织成员实施的所有犯罪均应承担刑事责任，而仅应对其组织成员为组织利益实施的组织犯罪承担刑事责任。

在被告人张国、李卿故意杀害被害人刘建密、朱佳棋一案中，张国等人案发当天酒后与被害人等人发生争吵引发聚众斗殴，李卿等人持镐把击打致朱佳棋死亡；张国等人在逃离过程中打砸过路行人及酒店灯箱，引起酒店老板刘建密不满，张固等人持刀砍击致刘建密死亡。该案的实施者除张国、李卿外，王志伟、刘军刚、李文杰、崔扬等人均非黑社会性质组织成员，该起犯罪既非按照组织的惯例、约定而为，也未使用组织名义，更与组织利益、组织意志无关，纯属张国于酒后伙同他人无端滋事而引发，故不应认定为黑社会性质组织实施的犯罪。被告人张宝义对此起犯罪事前并不知情，仅在案发后指使同案被告人谭永波提供财物资助张国等人逃避法律追究，第一审认定张宝义的行为构成故意杀人共犯错误；第二审予以纠正，认定张宝义构成窝藏罪是正确的。

（2）对黑社会性质组织中的积极参加者和其他参加者，应按照其所参与的犯罪，根据其在具体犯罪中的地位和作用，依照罪责刑相适应的原则确定应承担的刑事责任。

被告人殷岩积极参加黑社会性质组织，系骨干成员，因文化层次较高，在黑社会性质组织中地位高、作用大。殷岩受被告人张宝义指使，具体组织、纠集同案被告人故意伤害致被害人彭福明、陈宪国死亡。在彭福明被害一案中，被告人张宝义、高跃辉提出殴打彭福明，殷岩积极组织安排，并亲自到场指挥行凶，事后丢弃血衣、凶器以消灭证据、帮助行凶人逃避法律追究，起主要作用；在陈宪国被害一案中，殷岩与同案被告人刘谊、谭永波共同具体策划预谋，三人均起组织、领导的主要作用，其中谭永波直接参与行凶，作用稍大。

被告人殷岩所犯故意伤害罪的情节特别恶劣，罪行极其严重，应当依法惩处。从我国“严格控制死刑”的刑事政策出发，虽然殷岩系黑社会性质组织的骨干成员，确定其刑事责任时，仍应按照其所参与的犯罪，根据其在具体犯罪中的地位和作用予以认定。总体来看，殷岩涉黑时间相对较短（1 年），共参与彭福明、陈宪国两起故意伤害犯罪。在彭福明被害一案中，被告人张宝义、高跃辉组织策划，被告人杜景龙等三人实行过限共同行凶致被害人死亡；殷岩积极执行张宝义、高跃辉意图，与同案被告人裴欢盈具体组织、指挥杜景龙等人实施犯罪，起纽带作用。在组织、策划中，殷岩的作用小于张宝义、高跃辉，与裴欢盈基本相当；在致人死亡过程中，作用小于实行过限的杜景龙等三名直接行凶者。在陈宪国被害一案中，殷岩的作用小于张宝义、同案被告人谭永波，罪责与同案被告人刘谊基本相当。谭永波参与故意犯罪 5 起，致 2 人死亡、1 人重伤、3 人轻伤；而刘谊参与故意伤害犯罪 3 起，致 2 人死亡，1 人轻伤。比较而言，殷岩犯本起故意伤害罪的严重程度与刘谊、谭永波相当或略小，刘、谭二人均未判处死刑立即执行。因此，从量刑均衡的角度来看，对殷岩判处死刑，可不立即执行。最高人民法院最终依法改判殷岩死刑，缓期二年执行。

（3）对黑社会性质组织犯罪中涉案的非黑社会组织成员的被告人，应当按照其在共同犯罪中的地位、作用，确定应当承担的刑事责任。

在被告人张宝义黑社会性质组织犯罪一案中，被告人杜景龙、李以果不属于黑社会性质组织成员，二人系被雇佣、指使参与故意伤害犯罪。其中，杜景龙受裴欢盈指使，伙同同案被告人李莉磊、相向阳持刀共同砍被害人彭福明要害部位数十刀，致被害人死亡，其行为构成故意杀人罪。杜景龙首先动手，犯罪手段残忍，情节特别恶劣，罪行极其严重。李以果受被告人刘伦涛指使，伙同“浩浩”持刀共同砍被害人孔昭全胸部、背部及四肢十余刀，致被害人死亡，构成故意杀人罪，应承担故意杀人的直接责任，且犯罪手段残忍，情节特别恶劣，罪行极其严重。但是，鉴于二人均非黑社会性质组织成员，无前科劣迹，系偶犯，所参与犯罪涉及被告人较多，系受雇佣参与犯罪，且系与他人共同直接致人死亡，罪责分散，作用相对较小，对其二人判处死刑，可不立即执行。

■ 知识点梳理

参加黑社会性质组织，是指成为黑社会性质组织的一员，接受黑社会性质组织领导和管理的行为。参加黑社会性质组织分为积极参加和一般参加。《办理黑社会性质组织犯罪案件座谈会纪要》规定：“积极参加者，是指接受黑社会性质组织的领导和管理，多次积极参与黑社会性质组织的违法犯罪活动，或者积极参与较严重的黑社会性质组织的犯罪活动且作用突出，以及其他在组织中起重要作用的犯罪分子；其他参加者，是指除上述组织成员之外，其他接受黑社会性质组织的领导和管理的犯罪分子。”判断行为人是否犯有参加黑社会性质组织罪，关键在于对“参加”行为的认定。

关于“参加”行为，实践中可从以下几个方面认定：

（1）关于“参加”的主观明知问题的把握。对一个犯罪组织是否属于黑社会性质组织的判断属于法律判断，因此，根据《办理黑社会性质组织犯罪案件座谈会纪要》精神，认定行为人的参加行为构成参加黑社会性质组织罪，不要求行为人在加入犯罪组织时明确知道该组织具有黑社会性质，行为人只要知道或者应当知道所参加的是由多人组成、具有一定层级结构，主要从事违法犯罪活动的组织群体；或者该组织虽有形式合法的生产、经营活动，但仍是以有组织地实施违法犯罪活动为基本行为方式，欺压、残害群众的组织，就可以认定其“参加”行为构成参加黑社会性质组织罪。

（2）关于接受黑社会性质组织领导和管理问题的把握。按照《办理黑社会性质组织犯罪案件座谈会纪要》的规定，无论是积极参加者还是一般参加者，都要接受黑社会性质组织的领导和管理。这不仅是一个必要的主观意志要素，而且是判断“参加”行为是否存在的重要依据。对于那些主观上并无加入意图，客观上也不受犯罪组织领导和管理，因被纠集、雇佣、收买、威逼或者受蒙蔽为黑社会性质组织实施违法犯罪活动或者提供帮助、支持、服务的人员，不应以参加黑社会性质组织罪定罪处罚。

(3)关于“参加”行为完成形态问题的把握，有一种观点主张以行为人履行入会手续或者口头、书面明确表示加入为判断标准。但从实践情况来看，“参加”行为的完成形态具有复杂性，因为黑社会性质组织在吸纳成员时，很多情况下并不会专门举行仪式或者办理手续，这使得“参加”行为难以通过法定证据被客观地反映出来。笔者认为，就本质而言“参加”行为是否完成应以行为人与黑社会性质组织就加入该组织问题达成意思一致作为判断标准比较合适，而不能以是否履行手续、是否职得组织会籍、是否举行专门仪式等作为认定的标准。对有下列情形之一的，可以认定行为人完成了“参加”行为：第一，就加入犯罪组织问留有明确的约定；第二，行为人履行了加入组织的仪式；第三，行为人要求加入，并经该组织或组织头目的批准或默许；第四，虽未履行手续，但已在该组织的领导和管理下实际参加了该组织的各种违法犯罪活动；第五，行为人开始不知道加入的是从事违法犯罪活动的黑社会性质组织，了解真相后没有退出，并在该组织的领导和管理下参加了该组织的违法犯罪活动。

34
Case Study

周帮权等人赌博案

赌博罪

■ 研读指导

在内地利用香港“六合彩”开奖信息，在庄家与投注者之间进行竞猜对赌的行为，如何定性？

■ 相关法条

《中华人民共和国刑法》第三百零三条第一款【赌博罪】，第二十六条第一款、第四款【主犯】，第二十七条【从犯】，第六十四条【犯罪物品的处理】

最高人民法院、最高人民检察院《关于办理赌博刑事案件具体应用法律若干问题的解释》第六条

■ 近似案例

萧伟俊开设赌场罪（刑事审判参考第804号）

高某等赌博案[（2013）娄刑初字第2号]

■ 案情介绍

云南省昭通市镇雄县检察院以周等人犯赌博罪，向镇雄县法院提起公诉。

镇雄县法院经公开审理查明：2008年2月被告人周帮权、吴学富经共谋，组织他人对香港“六合彩”摇出的特别号码进行竞猜赌博。此后二人在各自联系购买

“六合彩”人员的同时，先后雇用王兴广、许菊清等人为其联系购买“六合彩”的人员，约定按购买人员投注金额的12%或13%的比例向王、许支付报酬，并按1:40的比例对投注人员进行赔付。周帮权负责对当期账目进行登记核算，朱绍菊帮助吴学富核对购买“六合彩”的单据。至2008年5月24日晚三被告人被当场抓获时，周帮权、吴学富组织“六合彩”竞猜赌博共33期，涉赌金额人民币（以下币种均为人民币）68万余元，获利55929元。案发后，镇雄县公安局没收周帮权赌资26717.24元。

镇雄县法院认为，被告人周等人以营利为目的，利用网络上的香港“六合彩”开奖信息，聚众进行赌博，涉赌金额达68万余元，3名被告人的行为均构成赌博罪。在共同犯罪中，周帮权、吴学富起主要作用，系主犯，依法应按照其参与或组织、指挥的全部犯罪处罚；朱绍菊起次要作用，系从犯，依法应对其从轻处罚。鉴于3名被告人认罪态度较好，有一定悔罪表现，可酌情从轻处罚。依照《刑法》第三百零三条第一款，第二十六条第一款、第四款，第二十七条，第六十四条之规定，判决如下：被告人周帮权犯赌博罪，判处有期徒刑1年6个月，并处罚金3万元；被告人吴学富犯赌博罪，判处有期徒刑1年6个月，并处罚金3万元；被告人朱绍菊犯赌博罪，判处有期徒刑8个月，并处罚金1万元；3名被告人所得赃款予以追缴。

宣判后，被告人周帮权以一审认定其为主犯不当，量刑过重为由，向云南省昭通市中级人民法院提出上诉。

昭通市中级人民法院经审理认为，上诉人周帮权与原审被告人吴学富、朱绍菊以营利为目的，利用香港“六合彩”开奖信息，聚众进行赌博，涉赌金额达68万余元，三人的行为均构成赌博罪。在共同犯罪中，周帮权提出犯意，积极组织多人赌博，涉案金额巨大，与吴学富起主要作用，系主犯；原审被告人朱绍菊起次要作用，系从犯，依法应从轻处罚。一审判决认定的事实清楚，证据确实、充分，定罪准确，量刑恰当，审判程序合法，遂裁定驳回上诉，维持原判。

■ 案例评析

□ 重点示意图

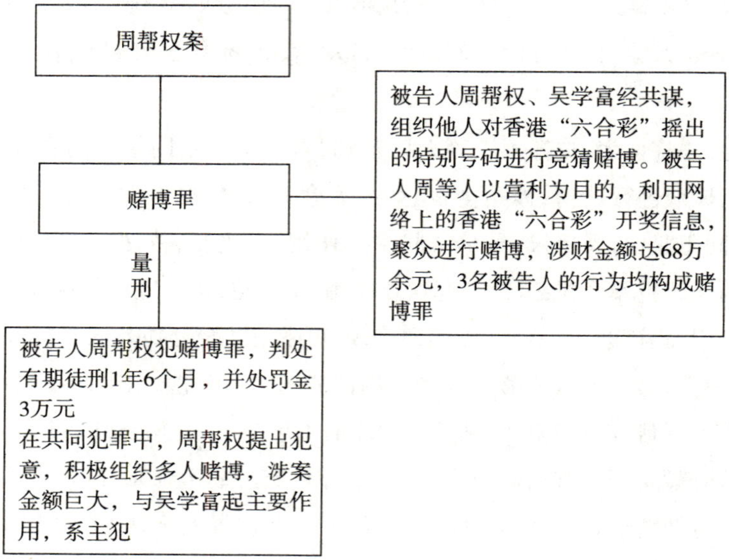

□ 疑难点释析

在审理过程中，对周帮权等人的行为定性存在以下两种观点：一种观点认为，根据2005年5月11日最高人民法院、最高人民检察院联合出台的《关于办理赌博刑事案件具体应用法律若干问题的解释》（以下简称《赌博案件解释》）第六条的规定，“未经国家批准擅自发行、销售彩票，构成犯罪的，依照刑法第二百二十五条第四项的规定，以非法经营罪定罪处罚”。因此，本案应以非法经营罪定罪处罚。另一种观点则认为，周帮权等3名被告人以营利为目的，利用香港“六合彩”开奖信息进行聚众赌博，涉赌金额达68万余元，其行为构成赌博罪，应以赌博罪追究三被告人的刑事责任。

笔者同意第二种意见，对于仅利用“六合彩”信息在庄家与参赌者之间进行竞猜对赌，庄家与香港赛马会之间无关联的行为，不属于非法发行、销售彩票的非法

经营行为,而是一种赌博行为。理由在于:

1. 利用“六合彩”信息相互竞猜,以财物下注赌输赢的行为,不属于非法发售彩票的行为

发行、销售彩票与传统的赌博行为有一定的区别,最本质的一个区别在于资金所有权转换的方向不同。正规渠道发行彩票筹集的资金使用是一次有利于社会的再分配,据统计彩票销售金额的50%左右用于返奖,其余35%左右是政府收入,用于社会公益事业,余者是发行费用。赌博的赌资则全部为庄家或其他参赌人员所瓜分。非法发行、销售彩票的行为人与赌博行为人所获取的利益来源不同:前者是通过发行、销售彩票,取得除返奖、发行费用后的余额;赌博者的非法获利则是其借助运气、技巧等因素获取对方的钱财,不存在返奖、发行销售费用等开支,这是赌博者非法营利的来源。

由于彩票发行涉及面广,数额巨大,且与赌博有相当的类似之处,但规范的彩票市场又是一种有利于社会的再分配,我国将发行、销售彩票纳入专营范围,进行规范管理,未经审批擅自发行、销售彩票的行为,必然扰乱国家对彩票发行、销售的正常管理秩序。因此,《赌博案件解释》将这种行为包括擅自发行、销售香港“六合彩”,构成犯罪的以非法经营罪定罪处罚。值得注意的是,并非所有利用“六合彩”信息敛财的行为构成犯罪的,都以非法经营罪处理。例如,他人利用“六合彩”的中奖号码进行竞猜,但与“六合彩”经营机构之间不存在关联的行为,就不是一种非法发售彩票的非法经营行为。因为行为人没有利用“彩票”这一物质载体,不具备利用国家有关彩票规定的特定方式去干扰正常的彩票市场的特征。本案行为人利用他人发行的“六合彩”,自己以另种方式非法牟利,实际上与香港“六合彩”经营机构之间并不存在任何关联,其非法所得也不上缴香港赛马会。本质上只是利用了“六合彩”信息的这一形式,为庄家与参赌者之间的赌博提供一个判断输赢的衡量标准,与通过竞猜某场球赛最终的比分确定输赢的赌球行为本质上没有什么差别。因此,该行为不属于在内地兜售“六合彩”的经营行为。

本案被告人周帮权、吴学富、朱绍菊是在每期“六合彩”开奖前,诱骗他人下注竞猜,根据竞猜结果,在周帮权等庄家与参赌者之间进行非法结算,非法所得也归赢家所有。因此,周帮权等人的行为是借助“六合彩”的中奖信息,为个人赌博提供一个稳获非法所得的平台,并不是发行、销售“六合彩”的行为。

2. 将利用"六合彩"信息竞猜对赌的行为以赌博定性,符合刑法的相关规定

赌博罪,是指以营利为目的,聚众赌博或者以赌博为业的行为。非法经营罪,是指违反国家规定从事经营活动,扰乱市场秩序,情节严重的行为。从犯罪构成上看:(1)赌博罪侵犯的是社会管理秩序,非法经营罪侵犯的是国家的市场交易管理秩序;(2)赌博罪表现为行为人以营利为目的,聚众赌博或以赌博为业的行为。"以赌博为业"指以赌博为常业,即嗜赌成性,以赌博所得为主要生活来源或挥霍来源。对于那些虽有正当职业,却不务正业,把主要精力放在赌博上,长期在工作之余从事赌博活动,输赢数额巨大的,也视为以赌博为业。非法经营罪则表现为行为人违反国家规定,非法从事经营活动,扰乱市场交易管理秩序的行为。我国内地法律严禁赌博,不存在合法的赌博经营服务,也不存在合法的赌博交易市场秩序,因此,周帮权等人聚集多人竞赌,不是扰乱市场秩序的非法经营活动,而是聚众赌博行为,它侵害了正常的社会管理秩序。从客观方面的行为来看,周帮权等人是借用"六合彩"的开奖信息作为评判输赢的标准,以庄家和参赌者结算的方式获取非法利益,其行为不具有非法发行、销售等经营行为的特点,也不是通过非法经营行为获利,不符合非法经营罪客观方面的要件。因此,对其以赌博罪定罪处罚符合刑法相关规定。

3. 将利用"六合彩"信息竞猜对赌的行为以赌博定性,符合民众对赌博的一般理解,更有利于体现罪刑相适应

"赌博"就是用斗牌、掷色子等形式,拿财物作注比输赢。我国早在 3500 年前的夏朝就出现了最早的赌博游戏——六博。随着社会的发展,赌博的形式不断翻新,种类逐渐增多,危害也越来越大。新的赌博形式已经不限于用牌、色子等作为载体了。基于这一发展态势的考虑,提出只要利用一定形式为载体、以财物作注比输赢的都属于赌博。本案被告人的行为是利用"六合彩"信息进行竞猜,以财物作注比输赢,以赌博定性,符合长期以来民众对赌博本质的理解。

综上所述,本案被告人周帮权等人的行为系利用"六合彩"信息,以钱作注比输赢,其行为应当以赌博罪论处。

■ 知识点梳理

赌博罪,是指以营利为目的,聚众赌博或者以赌博为业的行为。赌博指就偶然的输赢以财物进行赌事或者博戏的行为。偶然的输赢,是指结果取决于偶然因素,这种偶然因素对当事人而言具有不确定性。赌事,是指胜败完全取决于偶然因素的情况;博戏,是指胜败部分取决于偶然因素、部分取决于当事人能力的情况。赌博还必须是胜者取得财物,败者交付财物;这里的财物包括财产性利益。如果双方以财物以外的利益进行赌事或者博戏,则不属于赌博。

根据《刑法》的规定,并非任何赌博行为都成立犯罪。成立赌博罪,在客观上必须符合下列情形之一:(1)聚众赌博,即纠集多人从事赌博;(2)开设赌场,即开设以行为人为中心、在其支配下使他人赌博的场所,至于开设的是临时性赌场还是长期性的赌场,则在所不论;(3)以赌博为业,即将赌博作为职业或者兼业,以赌博行为所获取的收入为主要生活来源或者腐化生活来源。在赌场从业的,如在赌场从事接待、服务等业务的,不属于以赌博为业。在主观上必须具有营利目的。包括两种情况:一是通过在赌博活动中取胜进而获取财物;二是通过抽头渔利或者收取各种名义的手续费、入场费等获取财物。根据最高人民法院、最高人民检察院《关于办理赌博刑事案件具体应用法律若干问题的解释》,以营利为目的,有下列情形之一的,属于"聚众赌博":第一,组织 3 人以上赌博,抽头渔利数额累计达到 5000 元以上的;第二,组织 3 人以上赌博,赌资数额累计达到 5 万元以上的;第三,组织 3 人以上赌博,参赌人数累计达到 20 人以上的;第四,组织中华人民共和国公民 10 人以上赴境外赌博,从中收取回扣、介绍费的。

赌博罪的罪与非罪界限。只要行为人不是聚众赌博、开设赌场或者以赌博为业的,不成立赌博罪。也就是说,单纯参加赌博的行为不成立赌博罪。行为人不存在营利目的而仅为娱乐的,不成立赌博罪。赌博不同于打赌,参与打赌者的动机与目的在于确认彼此间互相对立的意见争执,至于赌赢的赏金则不是重点,也不是打赌本身的目的;打赌的结果还可能是双方均获利或者第三者获利。所以对打赌行为不应认定为赌博罪。如果设置圈套诱骗他人获取钱财,胜负并不取决于偶然的,不符合赌博的特征而符合诈骗罪的构成要件。如果该行为人的其他赌博行为已构成赌博罪,则应将赌博罪与诈骗罪实行并罚。

35 Case Study 吴荣平妨害作证、洪善祥帮助伪造证据案

妨害作证罪

■ 研读指导

1. 在虚假诉讼案件中,如何区分妨害作证罪与帮助伪造证据罪?
2. 如何确定虚假诉讼案件中妨害作证罪和帮助伪造证据罪的定罪量刑情节?
3. 在虚假诉讼案件中,指使他人作伪证与帮助伪造证据行为能否构成共同犯罪?

■ 相关法条

《中华人民共和国刑法》第一百九十六条第一款第四项、第二款【信用卡诈骗罪】,第三百零七条第一款、第二款【妨害作证罪,帮助毁灭、伪造证据罪】,第六十七条第三款【自首】,第六十九条【判决宣告前一人犯数罪的并罚】

最高人民法院、最高人民检察院《关于办理妨害信用卡管理刑事案件具体应用法律若干问题的解释》第六条

最高人民法院《关于〈中华人民共和国刑法修正案(八)〉时间效力问题的解释》第四条

《中华人民共和国民事诉讼法》(2012 年修正版)第一百一十一条【妨害司法行为】[1]

《中华人民共和国行政诉讼法》(1989 年版)第四十九条【妨害司法行为】[2]

---

〔1〕 本条对应《中华人民共和国民事诉讼法》(2017 年修正版)第一百一十一条。

〔2〕 本条对应《中华人民共和国行政诉讼法》(2017 年修正版)第五十九条。

■ 近似案例

王文贤妨害作证罪[(2018)最高法刑申433号]

刘某辩护人妨害作证罪(刑事审判参考第62号)

肖芳泉辩护人妨害作证罪(刑事审判参考第444号)

■ 案情介绍

被告人吴荣平,男,1969年12月20日出生,原系浙江省宁波市夕阳红法律服务所法律工作者。2012年9月6日因涉嫌犯妨害作证罪被逮捕。

被告人洪善祥,男,1962年11月28日出生,无业。2012年8月24日因涉嫌犯帮助伪造证据罪、信用卡诈骗罪被逮捕。浙江省宁波市鄞州区人民检察院以被告人洪善祥犯信用卡诈骗罪、帮助伪造证据罪,被告人吴荣平犯妨害作证罪,向宁波市鄞州区人民法院提起公诉。被告人吴荣平、洪善祥对起诉书指控的事实无异议。吴荣平的辩护人提出,吴荣平在庭审中具有认罪表现,建议对其从轻处罚。

宁波市鄞州区人民法院经审理查明:

(1)信用卡诈骗事实。2008年11月,被告人洪善祥向宁波市鄞州农村合作银行申请办理一张信用卡,授信额度为人民币(以下币种同)2万元。之后洪善祥使用该卡透支取现归还赌债,至2011年7月10日,已逾期透支28091.21元,其中本金19743.30元,经鄞州银行工作人员多次催收后仍未归还透支款。此后,洪善祥改变联系方式以逃避银行催收欠款。

(2)妨害作证、帮助伪造证据事实。2009年年初,被告人洪善祥、吴荣平在赌博时结识后交往,洪善祥多次因赌博、偿还赌债、宾馆住宿向吴荣平借款,至2010年2月5日共借款近20万元。吴荣平获悉洪善祥坐落于宁波市鄞州区梅墟街道梅景路736弄98号504室的房屋已被洪善祥协议卖与他人,便与洪善祥恶意串通伪造借条,多写借款金额,并指使洪善祥书写虚假的借款原因,以待日后起诉时骗取人民法院的裁判文书,待该房屋拍卖后可多参与分配。2010年3月8日,吴荣平持伪造的借条以洪善祥因生意经营向其借款24.90万元不予归还为由,向宁波市鄞州区人民法院提起民事诉讼，要求洪善祥归还借款，洪善祥配合作虚假陈述。3 月 15 日，鄞州区人民法院作出(2010)甬鄞商初字第 246 号民事调解书，确认洪善祥应当偿还吴荣平借款及利息共计 25.10 万元。2010 年 3 月 23 日，吴荣平向鄞州区人民法院申请执行，同年 4 月 1 日鄞州区人民法院作出(2010)甬鄞执民字第 1170 －1 号执行裁定书，将洪善祥坐落于鄞州区梅墟街道梅景路 736 弄 98 号 504 室的房屋及土地使用权予以查封。2011 年 10 月 27 日，鄞州区人民法院以(2011)甬鄞商监字第 3 号民事裁定书决定再审。再审期间，吴荣平又指使洪善祥提供虚假借款凭据。后鄞州区人民法院发现二人有虚假诉讼的嫌疑，遂将案件移送宁波市公安局鄞州分局。后宁波市公安局鄞州分局将此案移送宁波市鄞州区人民检察院，宁波市鄞州区人民检察院经审查起诉，遂向宁波市鄞州区人民法院提起公诉。

宁波市鄞州区人民法院经审理认为，被告人洪善祥以非法占有为目的，恶意透支信用卡，经发卡行多次催收后仍不归还，透支数额较大，其行为构成信用卡诈骗罪；其在虚假诉讼过程中，受指使参与伪造证据，情节严重，其行为构成帮助伪造证据罪。被告人吴荣平在虚假诉讼过程中，指使他人提供伪证，其行为构成妨害作证罪。公诉机关指控二被告人的罪名均成立。洪善祥在案发后如实供述自己的罪行，依法可以从轻处罚。吴荣平在庭审中具有认罪表现，可以酌情从轻处罚。吴荣平的辩护人提出的辩护意见予以采纳。据此，依照《刑法》第一百九十六条第一款第四项、第二款，第三百零七条第一款、第二款，第六十七条第三款，第六十九条和最高人民法院、最高人民检察院《关于办理妨害信用卡管理刑事案件具体应用法律若干问题的解释》第六条，最高人民法院《关于〈中华人民共和国刑法修正案(八)〉时间效力问题的解释》第四条之规定，宁波市鄞州区人民法院判决如下：(1)被告人洪善祥犯信用卡诈骗罪，判处有期徒刑 8 个月，并处罚金 2 万元；犯帮助伪造证据罪，判处有期徒刑 6 个月；决定执行有期徒刑 1 年，并处罚金人民币 2 万元。(2)被告人吴荣平犯妨害作证罪，判处有期徒刑 7 个月。

宣判后，被告人洪善祥、吴荣平未提出上诉，检察机关也未提出抗诉，判决已发生法律效力。

■ 案例评析

□ 重点示意图

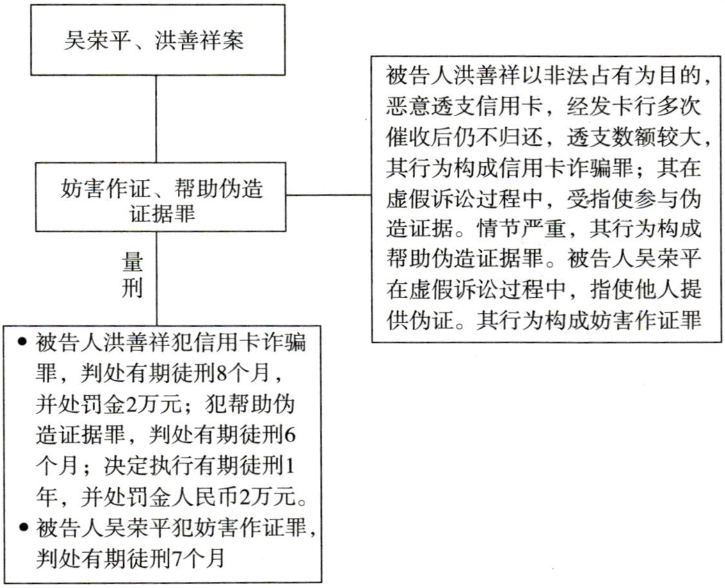

□ 疑难点释析

近年来在民事诉讼领域，当事人出于各种目的，采用伪造证据或者指使他人作伪证的手段进行虚假诉讼，骗取法院裁判文书的情况日益增多，严重扰乱了人民法院的正常审判秩序。司法实践中，对这种行为的定性和处理存在一定争议。本案审理过程中，对吴荣平、洪善祥二被告人行为的定性和处罚，存在三种不同意见：第一种意见认为，吴荣平和洪善祥串通伪造借款协议，提起虚假民事诉讼，致使法院作出错误裁决，情节严重，二人均为诉讼案件当事人，其行为属于相互帮助伪造证据，构成帮助伪造证据罪的共同犯罪。第二种意见认为，吴荣平指使洪善祥作伪证虚构借款债务，并作为原告向法院提起虚假诉讼，致使法院作出错误裁决，其行为构成妨害作证罪，并属于“情节严重”，应当处 3 年以上 7 年以下有期徒刑；洪善祥受吴荣平指使伪造证据,其行为构成帮助伪造证据罪,二人不属于共同犯罪。第三种意见认为,吴荣平构成妨害作证罪,但不属于情节严重;洪善祥构成帮助伪造证据案,并且与吴荣平构成共同犯罪。笔者赞同第三种意见,具体理由如下:

(1)区分妨害作证罪与帮助伪造证据罪的关键在于行为人能否从虚假证据所涉诉讼的裁判中直接获取利益。

妨害作证罪的主体可以是诉讼当事人,也可以是其他与当事人有利害关系的人,如当事人的亲属或者受当事人亲属指使的人;帮助伪造证据罪的主体一般是诉讼当事人以外的人,不要求与当事人之间有利害关系,但可以是受诉讼一方当事人指使的另一方当事人。在虚假诉讼中,行为人与诉讼主体的关系可分为两种情形:一种是诉讼一方当事人通过伪造证据的手段实施虚假诉讼,以侵害另一方当事人的合法利益;另一种是诉讼双方当事人串通进行虚假诉讼,以侵害第三方的合法利益。在前一种情况下,诉讼一方当事人所实施的指使他人作伪证的行为构成妨害作证罪,而帮助其伪造证据的人只能是诉讼当事人以外的人,构成帮助伪造证据罪。在后一种情况下,诉讼双方当事人都可能实施指使对方作伪证或者帮助对方伪造证据的行为,由此可能出现指使他人作伪证中的"他人"与帮助当事人伪造证据中的"当事人"重合的情形。笔者认为,在该情形下"他人"能否认定为当事人,关键在于该行为人能否从虚假诉讼中直接获取利益。刑法对帮助伪造证据罪的罪状规定,决定了帮助伪造证据罪的主体必须是不属于在虚假诉讼中具有重要利益的人,即只能是帮助当事人实现一定非法利益的人,而不能是为自己直接从案件中直接从裁判结果中获利(不包括获得当事人承诺的报酬或者其他利益)而实施行为的人。因此,如果行为人不能从虚假诉讼中直接获取利益,而是在帮助对方当事人获取利益,则其符合帮助伪造证据罪的主体特征;如果其本人能从虚假诉讼中直接获利,则不符合帮助伪造证据罪的主体特征。

本案中,在正常情况下吴荣平的债权难以实现,但其为了多分配债权,与洪善祥合谋通过伪造证据虚假诉讼的方式参与房屋拍卖价值的分配,因此,吴荣平在虚假诉讼中是主要利益追求者,洪善祥在诉讼中则不能直接获得利益,只是为了配合吴荣平实现债权而伪造证据。尽管洪善祥在伪造欠条时增加了 4.9 万元,但考虑到法院在分配房屋拍卖价值时,要按照所有债权人的债权比例来确定具体分配数额,最终分配数额肯定会低于 4.9 万元,并且即使吴荣平将所得房屋拍卖款中 4.9

万元对应的部分给予洪善祥,洪善祥也因为不能履行原房屋买卖协议,而必将承担相应返还房屋价款以及违约的责任。因此,洪善祥在这一虚假诉讼中不能直接获得额外利益。基于以上分析,笔者认为,吴荣平属于非法利益的追求者和获得者,符合妨害作证罪的主体特征,而洪善祥只是帮助吴荣平实现债权,符合帮助伪造证据罪的主体特征。

(2)妨害作证罪和帮助伪造证据罪的客观行为表现存在明显不同。

妨害作证罪有两种:一是阻止证人作证,这里的"证人"应当作广义理解,即能够在诉讼过程中提供证据的人,包括证人,被害人,鉴定人,民事原告、被告等;二是指使他人作伪证,这里的"他人"范围更广,包括所有受指使在诉讼中作伪证或者提供虚假物证、书证、鉴定意见、记录、翻译的人。帮助伪造证据罪的客观行为表现是帮助诉讼当事人伪造证据,这里的"证据"可以是书证、物证、视听资料、鉴定意见等,帮助行为可以是共同伪造,也可以是单独伪造并提供给诉讼当事人使用。这里的"当事人"应当是指诉讼中因帮助行为而直接从裁判中受益的人。

在虚假诉讼案件中,妨害作证罪的客观表现主要是指使他人作伪证,有时是通过指使他人作虚伪证言来进行,更多的时候则是指使他人伪造虚假证据提供给法院,而且提交证据的人往往也必须向法院作出虚假的证言来证明证据的形成过程或来源。因此,指使他人伪造证据与指使他人作虚假证言往往会同时发生,二者都属于刑法规定的"指使他人作伪证"的行为方式。这样的理解,既符合诉讼规律,也未超出普通民众的认知范围。而虚假诉讼中的帮助伪造证据罪,其客观表现是受指使帮助当事人伪造其他人的虚假证言,或者帮助当事人伪造书证、鉴定等其他证据的行为,对于受指使直接向法院提供虚假证言的人,不符合帮助伪造证据罪的客观特征,而且由于刑法规定仅在刑事诉讼中作伪证才构成伪证罪,因此,发生在民事诉讼中的伪证行为,不构成犯罪。

具体到本案,吴荣平指使洪善祥伪造欠条以及向法院提供虚假陈述的行为都属于指使他人作伪证的行为,符合妨害作证罪的客观特征。同时,其还具有参与伪造证据的行为,但都是为自己利益而实施,不属于帮助伪造证据行为,这一行为也是其指使洪善祥向法院作伪证的手段行为,不具有单独评价的必要性。洪善祥受吴荣平指使并同吴荣平一起伪造借条的行为,属于帮助当事人伪造证据的行为,符合帮助伪造证据罪的客观特征,但其向法院提供虚假陈述的行为,不构成犯罪。综上所述,吴荣平与洪善祥恶意串通伪造借条实施虚假诉讼,致使人民法院作出错误裁判,二被告人主观上均为故意,客观上妨害了司法诉讼活动的正常秩序。吴荣平是虚假诉讼的主要获益者,符合妨害作证罪的主体要件,并具有指使他人作伪证的客观行为,故应当认定为妨害作证罪。洪善祥系配合、帮助吴荣平通过虚假诉讼获益,符合帮助伪造证据罪的主体特征,并具有帮助吴荣平伪造证据的行为,故应当认定为帮助伪造证据罪。

(3)共同犯罪并不以各个共犯构成同一罪名为前提。

本案中,吴荣平与洪善祥系串通后合谋实施犯罪,审理过程中有观点认为,共同犯罪要求二人所实施的行为必须构成同一犯罪,如果二人构成不同的犯罪,就不成立共同犯罪。《刑法》第三百零七条第一款、第二款分别规定了妨害作证罪和帮助毁灭、伪造证据罪,两罪分别具有不同的犯罪构成,因此,本案二被告人不属于共同犯罪。这是对共同犯罪构成的误解。根据《刑法》第二十五条的规定,认定共同犯罪的内核在于二人以上是否存在共同的故意罪过和共同行为,即仅要求在行为上具有共同的故意和客观表现,行为人因身份因素或者具体目的不同有可能构成不同犯罪。如 A 向 C 索要债务 250 万元未果,遂对 B 隐瞒真情,谎称 C 乃当地一富豪,起意对 C 实施绑架勒索 250 万元。B 随即附和。A、B 共同实施了绑架 C 的行为。B 构成绑架罪,而 A 因勒索的是 C 对其的欠款,仅构成非法拘禁罪。虽然 A、B 犯下的具体罪名不同,但仍然构成共同犯罪。

在虚假诉讼案件中,原被告双方或者原告与证人经过事先共谋,伪造证据提起诉讼,明知其行为会妨害司法活动的正常秩序,主观上均有妨害司法的概括故意,而客观上各行为人所针对的犯罪对象是同一个诉讼活动,因此属于共同犯罪。在具体定罪过程中,由于各行为人的具体故意内容和客观行为表现不尽相同,可能分别构成不同的罪名。联系本案,被告人吴荣平和洪善祥串通实施虚假诉讼,共同伪造证据,并由吴荣平向法院提起诉讼,洪善祥配合向法院作虚假陈述,二人有共同实施妨害司法活动的意思和行为,并且均属于故意犯罪,因此属于共同犯罪。在共同行为过程中,吴荣平指使洪善祥伪造证据,其行为实质上是洪善祥所实施帮助伪造证据行为的教唆犯,二被告人在此范围内属于共同犯罪。洪善祥系受吴荣平指使帮助其伪造证据,其行为在刑法上符合帮助伪造证据罪的犯罪构成,因此对其行为评价为帮助伪造证据罪。在共同犯罪中,吴荣平是主谋和主要受益者,行为积极、主动，指使洪善祥伪造证据、向法院作虚假陈述，应当认定为主犯；而洪善祥系受吴荣平指使实施帮助伪造证据的行为，并非主要受益人，在共同犯罪中系从犯。一审法院对吴荣平判处有期徒刑 7 个月，对洪善祥判处有期徒刑 6 个月，在处罚上已经体现了二人在共同犯罪中的不同地位，量刑是妥当的。

■ 知识点梳理

根据《刑法》第三百零七条的规定，妨害作证罪指以暴力、威胁、贿买等方法阻止证人作证或者指使他人作伪证的行为；帮助伪造证据罪指帮助当事人伪造证据，情节严重的行为。从上述规定分析，妨害作证罪是行为犯，只要行为人实施妨害作证的行为，即构成犯罪，不需要有客观危害后果的发生。值得注意的是，司法实践中并非所有的妨害作证行为均要追究刑事责任。妨害作证行为可能发生在刑事、民事或者行政等各种诉讼过程中，行为人主观上可能是出于包庇犯罪分子、诬告他人或者非法侵占他人财产、实现其他非法利益等各种动机；客观上可能采用暴力、威胁、利诱等各种手段；结果上可能造成刑事案件错判，被告人被错押、错判或者错放，抑或民事案件错判，相关利害关系人财产受损或者其他合法权益受损害。各种妨害作证行为因主观、客观表现不同而体现的社会危害性也不同，这就决定了实践中对它的处理要视具体情况而定。《民事诉讼法》（2012 年修正版）第一百一十一条[1]和《行政诉讼法》（1989 年版）第四十九条[2]都规定，对于诉讼参与人或者其他人所实施的伪造、毁灭证据行为，人民法院要根据情节轻重予以罚款、拘留等司法制裁，对于构成犯罪的，依法追究刑事责任。

1. 妨害作证罪“一般情节”及“情节严重”的判断标准

由于刑事诉讼以被告人被司法机关立案追诉为前提、行政诉讼以行政机关作出影响相对人利益的具体行政行为为前提，所以虚假诉讼一般只能发生在民事诉讼中。在为实施虚假诉讼而实施妨害作证活动的案件中，一般可以从以下几个方面评价犯罪的严重程度：（1）行为动机。即行为人主观上是出于非法实现自己财

---

〔1〕 本条对应《中华人民共和国民事诉讼法》（2017 年修正版）第一百一十一条。

〔2〕 本条对应《中华人民共和国行政诉讼法》（2017 年修正版）第五十九条。

产利益的目的，还是出于非法占有他人合法财产的目的。在前一种情况下，行为目的没有错，错的是手段；在后一种情况下，行为目的和手段都是错的，违法程度显然大于前者。(2)实施虚假诉讼标的数额。即行为人希望达到的犯罪目的，诉讼标的数额越大，行为给他人财产利益可能造成的危害或者损失就越大。(3)采用的手段及造成的伤害后果。妨害作证罪是一种教唆性犯罪，行为人可能采用暴力、威胁、利诱或者其他本身不具有非法性的手段。采用不同的手段，其教唆的强度及危害程度是不同的，应当根据社会伦理上的价值判断标准及直接对被害人或者间接对社会大众的损害程度及危险性加以适当的评价。行为强度及危险性越高，罪责就越大。(4)对司法诉讼活动的影响程度。包括对司法公正的影响和司法效率的影响。根据虚假证据是否进入诉讼环节，对司法过程是否已产生影响以及影响的大小等不同情况，可以进一步分为：第一，仅有妨害作证行为，但相关虚假证据尚未进入诉讼环节的；第二，已经进入诉讼环节，但被鉴别出来，没有影响到判决的公正性的；第三，进入诉讼环节，对相关证据的鉴别和认定花费较长时间和较大司法成本，影响了司法效率的；四是虚假证据未能被鉴别出来，司法机关以之为依据作出错误判决的。以上不同情况，行为的社会危害程度也不同，对司法诉讼活动的影响越大，行为的罪责就越大。

根据以上分析，对于在虚假诉讼中实施的妨害作证行为，具有以下情形之一的，应当按照妨害作证罪追究刑事责任：(1)为非法占有他人合法财产指使他人作伪证实施虚假诉讼，标的数额较大的；(2)为实现自己的财产利益指使他人作伪证实施虚假诉讼，标的数额巨大的；(3)使用暴力手段、威胁手段，迫使他人提供虚假证据或者作伪证的；(4)致使诉讼活动受到较长时间拖延的；(5)致使人民法院作出错误裁判的。具有以下情形之一的，属于妨害作证罪“情节严重”的情形：(1)为非法占有他人合法财产指使他人作伪证实施虚假诉讼，标的数额巨大的；(2)为实现自己的财产利益指使他人作伪证实施虚假诉讼，标的数额特别巨大的；(3)使用暴力手段迫使他人作伪证，造成被害人轻伤后果的；(4)伪造证据实施虚假诉讼，致使人民法院作出错误裁判，并给另一方当事人或者第三方造成重大损失的；(5)多次采用妨害作证的方法实施虚假诉讼的。

2. 帮助伪造证据罪“情节严重”的判断标准

对于在虚假诉讼中实施的帮助伪造证据行为，刑法规定必须是“情节严重”的才负刑事责任,具有以下情形之一的,应当认定为情节严重,按帮助伪造证据罪追究刑事责任:(1)为帮助一方当事人非法占有他人合法财产,而伪造证据实施虚假诉讼,标的数额较大的;(2)为帮助一方当事人实现其财产利益,而伪造证据实施虚假诉讼,标的数额巨大的;(3)以牟利为目的,而帮助他人伪造证据实施虚假诉讼的;(4)伪造证据帮助他人实施虚假诉讼,致使诉讼活动受到较长时间拖延的;(5)伪造证据帮助实施虚假诉讼,致使人民法院作出错误裁判的。

本案中,被告人吴荣平为实现其债权而实施虚假诉讼,指使他人伪造证据并在庭审中作虚假陈述,妨害人民法院的正常审判秩序,其诉讼标的数额巨大,并导致人民法院作出错误裁判,已达到应受刑罚处罚的程度,构成妨害作证罪,但未给利害关系人造成实际经济损失,尚不构成"情节严重"的情形;被告人洪善祥明知吴荣平为实现债权而实施虚假诉讼,仍积极帮助伪造证据,所伪造证据用于标的数额巨大的虚假诉讼中,并导致人民法院作出错误裁判,情节严重,已构成帮助伪造证据罪。因此,本案一审法院对二人分别在三年以下有期徒刑或者拘役的量刑幅度内判处刑罚,是适当的。

36

Case Study

陶茂桥组织他人偷越国境案

组织他人偷越国境罪

■ 研读指导

组织他人偷越国境罪犯罪构成及具体表现。

■ 相关法条

《中华人民共和国刑法》第三百一十八条第一款【组织他人偷越国(边)境罪】

《中华人民共和国刑事诉讼法》(2012 年修正版)第二百二十五条【二审对一审判决的处理】[1]

最高人民法院《关于审理组织、运送他人偷越国(边)境等刑事案件适用法律若干问题的解释》(2002 年版)

■ 近似案例

西尔艾力·阿里木偷越国(边)境、组织他人偷越国(边)境[(2017)云刑申 151 号]

农海兴组织他人偷越国境案(刑事审判参考第 883 号)

■ 案情介绍

2004 年 8 月初,被告人陶茂桥为经营境外劳务输出业务成立了合肥市庐阳

[1] 本条对应《中华人民共和国刑事诉讼法》(2018 年修正版)第二百三十六条。

区长安交流人力资源服务部(本文以下简称长安服务部),但并未取得对外劳务合作经营资格。

2005年3月,陶茂桥通过在安徽省劳动厅任职的洪海南介绍以长安服务部名义与重庆外贸海外劳务公司签订境外就业合作协议,协议签订后,陶茂桥以旅游签证形式招募务工人员44人,在收取每人14,800元费用后,交由该公司输出到蒙古国乌兰巴托市大东阳金马有限公司(本文以下简称大东阳公司)务工。

这次境外劳务输出后陶茂桥认识了大东阳公司负责人蔡亚军,蔡称公司还需要务工人员,陶茂桥遂再次组织两批务工人员约100人,在收取每人14,800元至15,800元不等的费用后,均通过办理旅游签证方式,先后于2005年4月及7月直接交由大东阳公司办理入境手续,输出到大东阳公司务工。在以上三批劳务输出中,陶茂桥共向务工人员收取费用217万余元,除支付相关费用外,违法所得90余万元。上述务工人员在蒙古国务工期间,因工资发放等问题与用工单位产生矛盾,后因不符合境外务工条件陆续返回国内。安徽省合肥市中级人民法院于2012年9月13日作出刑事判决,以被告人陶茂桥犯组织他人偷越国(边)境罪,判处有期徒刑10年,罚金10万元。被告人陶茂桥不服,向安徽省高级人民法院提出上诉。安徽省高级人民法院于2013年2月4日作出刑事裁定,驳回上诉,维持原判。

■ 案例评析

□ 重点示意图

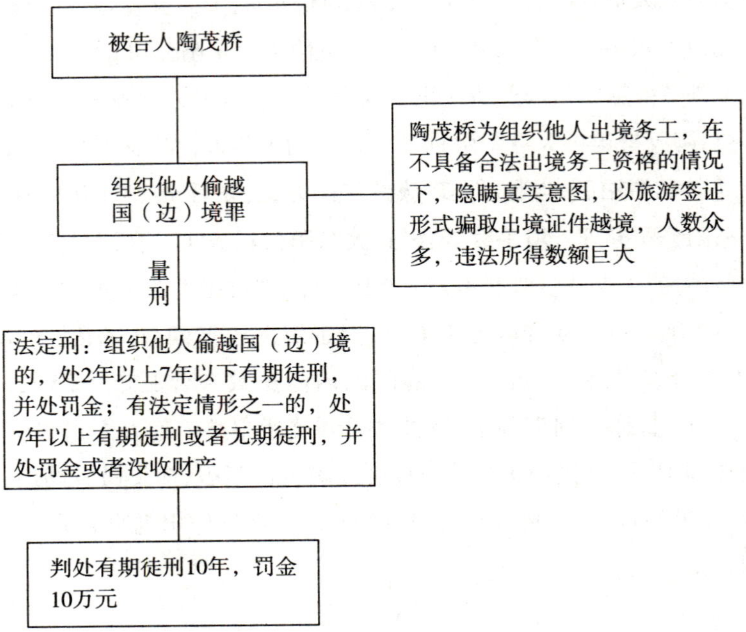

□ 疑难点释析

本案焦点在于:原判认定其犯组织他人偷越国境罪定性错误,出境的 144 人均持有旅游护照,其行为充其量为骗取出入境证件,而不应当被定为组织他人偷越国边境罪。

组织他人偷越国(边)境罪,是指非法组织他人偷越国(边)境的行为。本罪的构成要件为:(1)本罪在主观方面是直接故意、其主观目的是要将他人非法送出或引进国(边)境。主观上不一定必须具备以营利为目的。实践中,组织他人偷越国(边)境的犯罪一般是以营利为目的。但也不能排除不以营利为目的而实施的组织他人偷越国(边)境的行为,如以走私、拐卖人口、诈骗等犯罪活动为目的,而实施组织他人偷越国(边)境的行为。(2)本罪的主体是一般主体,即达到刑事责任年龄、具有刑事责任能力,实施了组织他人偷越国(边)境行为的自然人。单位不能成为组织他人偷越国(边)境罪的主体。本罪主体没有国别及居住地的限制,无论是中国公民(包括港澳台地区的居民)还是外国人,也无论是边境地区的居民还是内地来过境地区的居民,均可构成组织他人偷越国(边)境罪。(3)本罪侵犯的客体是国家对国(边)境的正常管理秩序。(4)本罪在客观方面表现为非法组织他人偷越国(边)境的行为。所谓组织,是指采取煽动、串连、拉拢、引诱、欺骗、强迫等手段,策划联络安排他人偷越国(边)境。

本罪与骗取出境证件罪的区别:从法理上讲,骗取出境证件罪规定的行为实质上是组织他人偷越国(边)境行为的一种特殊情况,只是由于骗取出境证件这种犯罪日益猖獗,法律才将它规定为独立的犯罪。所以,只要行为人实施了为组织他人偷越国(边)境骗取出境证件的行为,就构成骗取出境证件罪。如果行为人骗取出境证件后,又采用骗取的出境证件组织他人偷越国(边)境,则根据吸收犯的理论,对行为人以组织他人偷越国(边)境罪论处,但在量刑时应从重。

组织他人偷越国(边)境罪的构成要件是:(1)行为人以获取非法利益为目的,骗取出境证件并组织他人偷越国(边)境,具有组织他人偷越国(边)境的主观故意。(2)行为人通过办理旅游签证的方式,多次组织共约 144 名务工人员出境至蒙古国务工,是以"合法"形式掩盖非法目的的偷越国境行为,构成非法组织他人偷越国(边)境的客观表现。(3)行为人系具有刑事责任能力的自然人,其行为意思表示真实。(4)行为人的行为侵犯了我国国(边)境管理秩序。综上所述,行为人隐瞒真实意图,以旅游签证形式骗取出境证件并组织他人偷越国境的行为,符合组织他人偷越国(边)境罪的犯罪构成要件,构成组织他人偷越国(边)境罪,应依法对其定罪处罚。

■ 知识点梳理

组织他人偷越国(边)境罪,是指违反国(边)境管理法规,组织他人偷越国(边)境的行为。根据《越境案件解释》的规定,具有下列情形之一的,应当认定为偷越国(边)境行为:(1)没有出入境证件出入国(边)境或者逃避接受边防检查的;

(2)使用伪造、变造、无效的出入境证件出入国边境的;(3)使用他人出入境证件出入国(边)境的;(4)使用以虚假的出入境事由、隐瞒真实身份、冒用他人身份证件等方式骗取的出入境证件出入国(边)境的;(5)采用其他方式非法出入国边境的。根据《刑法》第三百一十八条的规定,犯本罪的,处2年以上7年以下有期徒刑,并处罚金;有下列情形之一的,处7年以上有期徒刑或者无期徒刑,并处罚金或者没收财产:(1)组织他人偷越国(边)境集团的首要分子;(2)多次组织他人偷越国(边)境或者组织他人偷越国边境人数众多的;(3)造成被组织人重伤、死亡的;(4)剥夺或者限制被组织人人身自由的;(5)以暴力、威胁方法抗拒检查的;(6)违法所得数额巨大的;(7)有其他特别严重情节的。在犯本罪的过程中,对被组织人有杀害、伤害、强奸、拐卖等犯罪行为,或者对检查人员有杀害、伤害等犯罪行为的,依照数罪并罚的规定处罚。

在最高人民法院《关于审理组织运送他人偷越国(国)境等刑事案件法律若干问题的解释》的规定中,组织他人偷越国边境人数在10人以上的,应当认定为“人数众多”;违法所得数额在20万元以上的,应当认定为“违法所得数额巨大”。以组织他人偷越国边境为目的,招募、拉拢、引诱、介绍、培训偷越国边境人员,策划、安排偷越国边境行为,在他人偷越国边境之前或者偷越国边境过程中被查获的,应当以组织他人偷越国边境罪未遂论处;具有上述七种情形之一的,应当在相应的法定刑幅度基础上,结合未遂犯的处罚原则量刑。

上述处罚规定,存在需要研究的问题。例如,刑法方面将剥夺被组织人身自由(包括违背被组织人意志与被组织人愿意被剥夺自由两种情况,故其中包括了犯罪行为),以暴力、威胁方法抗拒检查的行为作为法定刑升格的条件,同时又规定犯本罪并对被组织人或者检查人员实施犯罪行为的,依照数罪并罚的规定处罚。但是,既然刑法已经将这两种犯罪行为(非法拘禁罪与妨害公务罪,是组织者实施本罪时通常实施的行为)规定为法定刑升格的条件,因此,对这两种行为就不能认定为另一独立的犯罪实行数罪并罚。只有当行为人对被组织人或检查人员实施了其他犯罪行为时,才应实行并罚。从刑法强调数罪并罚的规定来看,对于行为人同时实施了其他犯罪的,不应归入上述第(7)项的其他特别严重情节,而应实行数罪并罚。

37
Case Study

刘大力倒卖文物罪

倒卖文物罪

■ 研读指导

1. 销售赃物罪与倒卖文物罪之间如何界定?

2. 倒卖文物罪和盗掘古文化遗址、古墓葬罪的犯罪构成。

3. 如何判断文物与古文化遗址、古墓葬?

■ 相关法条

《中华人民共和国刑法》第三百二十六条【倒卖文物罪】、第三百二十八条【盗掘古文化遗址、古墓葬罪】

《中华人民共和国刑法修正案(八)》第四十五条

最高人民法院、最高人民检察院《关于办理盗窃、盗掘、非法经营和走私文物的案件具体应用法律的若干问题的解释》

最高人民法院、最高人民检察院《关于办理妨害文物管理等刑事案件适用法律若干问题的解释》第六条

■ 近似案例

邵桂才等倒卖文物罪[(2018)辽刑终20号]

卞长军等人盗掘古墓葬(刑事审判参考第560号)

■ 案情介绍

2004年年底,刘大力产生盗掘天津市蓟县白塔寺地宫内文物的想法,于同年12月在白塔寺西墙外承租了蓟县城关镇西南隅村赵江家带小院的平房。亓孝军、王安民伙同其他盗掘人员,在刘大力事先租赁的平房院内先挖竖井,再挖掘由此通向白塔寺地宫的水平地道。挖掘期间,刘大力在现场进行指挥,曹振庆提供技术指导,赵殿永、韩连亚负责送饭并望风,曹伟则多次单独或伙同赵殿永到白塔寺附近探听能否听到挖洞的声音。2005年8月上旬,众人从白塔寺地宫内盗出辽代石雕涅槃像、金属舍利塔、佛坐像、白釉瓷立狮、青铜法器、瓷器及水晶玉石、珠子等大量文物,并在刘大力的指挥下,使用赵学海提供的车辆将所盗文物运送到刘大力的亲属家藏匿。为便于变卖,曹振庆提出购买数码相机对上述文物进行拍照。之后,曹伟使用赵殿永购买的数码相机对上述文物进行拍摄。2005年8~9月,刘大力为销赃联系到申小虎和周长安,并经两人介绍将大部分文物卖给一陈姓男子(现在逃),获赃款220万元。诸人在刘大力主持下进行了分赃。之后,刘大力将尚未卖出的小件文物藏匿于自己家中。刘大力被公安机关抓获后,其妻张海峰明知家中藏有刘大力盗掘所得文物,仍指使邵文强将文物转移。

一审天津市第一中级人民法院判处被告人刘大力犯盗掘古文化遗址罪,判处无期徒刑,剥夺政治权利终身,并处罚金60,000元人民币;被告人曹振庆犯盗掘古文化遗址罪,判处有期徒刑13年,剥夺政治权利2年,并处罚金30,000元人民币;被告人赵殿永犯盗掘古文化遗址罪,判处有期徒刑12年,剥夺政治权利2年,并处罚金30,000元人民币;被告人赵学海犯盗掘古文化遗址罪,判处有期徒刑10年,剥夺政治权利2年,并处罚金30,000元人民币;被告人亓孝军犯盗掘古文化遗址罪,判处有期徒刑9年,并处罚金10,000元人民币;被告人韩连亚犯盗掘古文化遗址罪,判处有期徒刑5年,并处罚金8000元人民币;被告人曹伟犯盗掘古文化遗址罪,判处有期徒刑3年,并处罚金2000元人民币;被告人王安民犯盗掘占文化遗址罪,判处有期徒刑3年,并处罚金2000元人民币;被告人申小虎犯倒卖文物罪,判处有期徒刑3年,并处罚金5000元人民币;被告人周长安犯倒卖文物罪,判处有期徒刑2年6个月,并处罚金5000元人民币,连同前罪所判处的刑罚有期徒刑3年,决定执行有期徒刑5年，并处罚金5000元人民币；被告人张海峰犯转移赃物罪，判处有期徒刑2年，缓刑2年，并处罚金1000元人民币；被告人邵文强犯转移赃物罪，判处有期徒刑1年，缓刑1年，并处罚金1000元人民币。

二审天津市高级人民法院维持原判。

■ 案例评析

□ 重点示意图

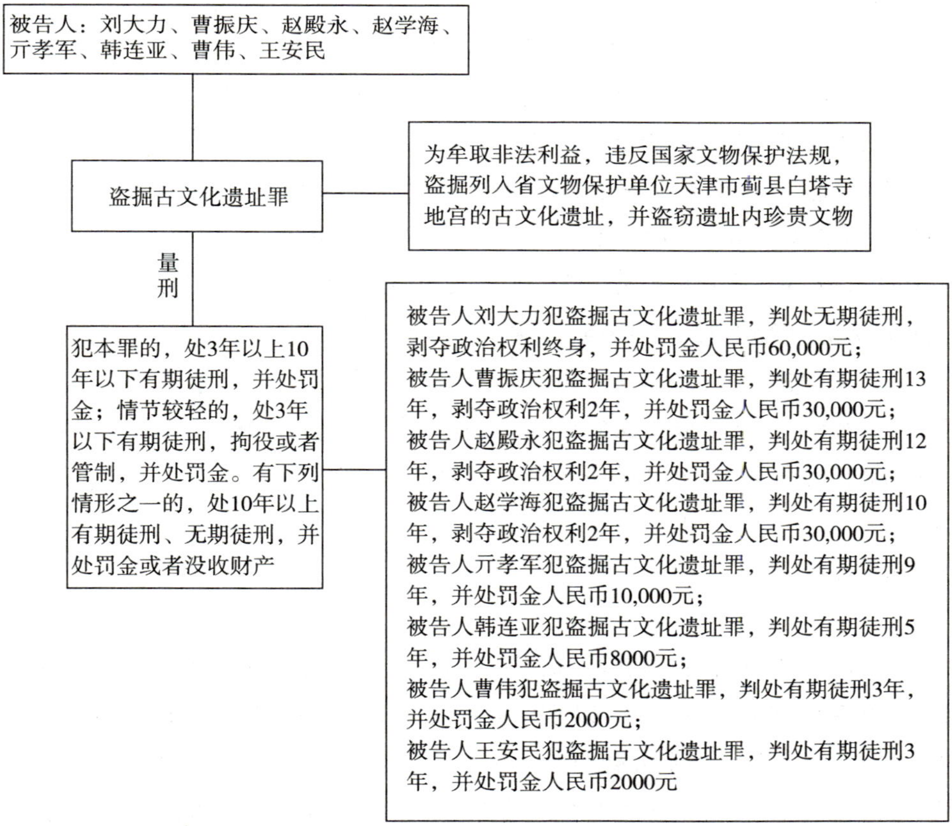

□ 疑难点释析

本案的争议焦点在于：申小虎、周长安是犯销售赃物罪还是倒卖文物罪？

销售赃物罪和倒卖文物罪的区别在于：(1)客体不同。销售赃物罪客体是犯罪所得收益，而倒卖文物罪是国家禁止经营的文物。(2)行为方式不同。销售赃物罪的行为表现为窝藏、转移、收购、代为销售或者以其他方法掩饰、隐瞒；倒卖文物罪则表现为倒卖牟利。

本案中，被告人刘大力为销赃联系到被告人申小虎、周长安，并经两人介绍将大部分文物卖给一陈姓男子(现在逃)，获赃款220万元。各被告人在刘大力主持下进行分赃，被告人申小虎、周长安得赃款10万元。

申小虎、周长安作为完全刑事责任能力，首先，明知其负有遵守法律，保护文物的义务，仍为了牟利进行倒卖，具有倒卖的主观故意。其次，根据最后分赃来看，具有牟利的故意。申小虎、周长安其行为符合销售赃物罪的主要特征。但鉴于涉案物品系国家禁止买卖的文物，本案中，申小虎、周长安明知涉案文物系赃物而帮助销售的行为，虽符合销售赃物罪的主要特征，但由于销售的不是普通赃物，而是国家禁止买卖的文物，对于非法销售文物的行为，根据特别规定优于一般规定的原则，应该按《刑法》第三百二十六条倒卖文物罪定罪处罚。最后，销售额达到220万元，具有情节严重的客观外在表现。综上所述，行为人的行为符合倒卖文物罪的犯罪构成要件，构成倒卖罪，应依法对其定罪处罚。

■ 知识点梳理

盗掘古文化遗址、古墓葬罪，是指盗掘具有历史、艺术、科学价值的古文化遗址、古墓葬的，处三年以上十年以下有期徒刑，并处罚金；情节较轻的，处3年以下有期徒刑，拘役或者管制，并处罚金。有下列情形之一的，处10年以上有期徒刑、无期徒刑，并处罚金或者没收财产：(1)盗掘确定为全国重点文物保护单位和省级文物保护单位的古文化遗址、古墓葬；(2)盗掘古文化遗址、古墓葬集团的首要分子；(3)多次盗掘古文化遗址、古墓葬的；(4)盗掘古文化遗址、古墓葬，并盗窃珍贵文物或者造成珍贵文物严重破坏的。

这里的“古文化遗址”指清代和清代以前中华民族历史发展中由古代人类创造并留下的表明其文化发展水平的石窟、地下城、古建筑等。“古墓葬”指清代和清代以前中华民族历史上建造并留下的墓穴及其有关设施。“盗掘”指未经国家文化主管部门批准而私自挖掘。

盗掘古文化遗址、古墓葬罪与盗窃罪的区别在于:(1)前者侵犯的对象是古文化遗址、古墓葬,是不可再生物,一般是不能以金额计算的,一旦遭到破坏,损失无法挽回;后者侵犯的对象是一般的公私财物。(2)前者表现为违反文物保护法规,未经国家文化主管部门批准,私自挖掘古遗址、古墓葬的行为,其行为方式可以是秘密的,也可以是公开的,而且不论是否窃得文物,只要实施了盗掘行为,就构成本罪。后者则表现为秘密窃取公私财物,构成犯罪必须以盗窃数额较大为前提,如果未窃取到财物,就是盗窃未遂。

盗掘古文化遗址、古墓葬罪与故意损毁文物、故意损毁名胜古迹罪的区别在于:(1)前者的犯罪对象限于古文化遗址、古墓葬;后者的犯罪对象限于珍贵文物、名胜古迹。(2)前者的行为表现为私自掘取的行为,其行为方式多为秘密的;后者的行为表现为损毁行为,其具体表现形式多种多样,包括捣毁、损坏、污损、拆除、挖掘、焚烧等行为。(3)前者一般具有非法占有古文化遗址、古墓葬中文物的目的,后者只是出于损毁的故意,其动机可能多种多样,但并无对文物非法占有的目的。

倒卖文物罪指以牟利为目的,倒卖国家禁止经营的文物,情节严重的行为。本罪侵犯的是国家的文物管理制度。国家的文物管理制度,主要是以文物保护法为核心的一系列有关文物保护的法规。根据法律、法规的规定,中华人民共和国境内地下、内水和海中遗存的一切文物,属于国家所有。古文化遗址、古墓葬、石窟寺属于国家所有。国家机关、部队、全民所有制企业、事业组织收藏的文物,属于国家所有。文物只能由文化行政主管部门指定的单位收购,其他任何单位或者个人不得经营文物收购业务。

本罪的对象是国家禁止经营的文物,“国家禁止经营的文物”指受国家保护的并由国家有关主管部门核定公布的属于禁止经营的文物。1992 年国家文物局等部门就曾下发《关于加强文物市场管理的通知》,规定了部分禁止经营的文物的具体范围,是指未经许可不得经营的一级、二级、三级珍贵文物以及其他受国家保护的具有重大历史、文化、科学价值的文物。

本罪在客观方面表现为倒卖国家禁止买卖的文物，情节严重的行为，“倒卖”指以牟利为目的出售、购买国家禁止经营的文物的行为，行为人倒卖的对象只能是国家禁止经营的文物。如果倒卖的不是国家禁止经营的文物，就不构成本罪，构成本罪，还要求必须具备情节严重的要素。根据司法实践，“情节严重”是指倒卖三级文物的，非法获利数额较大的，非法经营数额较大的，或者多次倒卖三级以下文物、倒卖三级以下文物多件的等情节。而倒卖二级文物的、倒卖一级文物的，非法获利数额巨大的、非法经营数额巨大的、或者倒卖稀世国宝的等，则属于情节特别严重。

本罪在主观方面表现为故意，且以牟利为目的。只有具备故意的心理和牟利目的才能构成本罪。如果不存在牟利目的只因为个人兴趣的收藏的，不以犯罪论处。如果不知是禁止买卖的文物而买卖的，也不以犯罪论处。

在我国的内海、领海倒卖禁止出口的珍贵文物，属于倒卖文物罪与走私文物罪的法条竞合，应以走私文物罪定罪处罚。将收藏的国家禁止出口的珍贵文物倒卖给外国人，属于倒卖文物罪与非法向外国人出售、赠送珍贵文物罪的法条竞合，一般应定非法向外国人出售、赠送珍贵文物罪，但情节特别严重的，应以倒卖文物罪定罪处罚。

38
Case Study

周兆钧非法行医案

非法行医罪

■ 研读指导

1. 本案的审判法院如何确定行为人的行为构成非法行医罪？请提炼法院的推理要点。
2. 请注意非法行医罪的构成要件。
3. 比较研读近似案例中行为人的责任认定，注意其中的差异并分析原因。

■ 相关法条

《中华人民共和国刑法》第三百三十六条【非法行医罪】、第三十六条【赔偿经济损失与民事优先原则】、第六十三条第二款【减轻处罚】

《中华人民共和国刑事诉讼法》（1996 年修正版）第一百八十九条第二项【二审对一审判决的处理】[1]

最高人民法院《关于审理非法行医刑事案件具体应用法律若干问题的解释》

■ 近似案例

孟广超医疗事故案（刑事审判参考第 429 号）

姚乃君等非法行医案（刑事审判参考第 561 号）

徐如涵非法进行节育手术案（刑事审判参考第 732 号）

---

[1] 本条对应《中华人民共和国刑事诉讼法》（2018 年修正版）第二百三十六条。

■ 案情介绍

被告人周兆钧，男，1922年6月4日出生，汉族，湖南省津市人，大学文化，湖南省靖县人民医院退休医师，住长沙市天心区左家井××号。于2000年6月18日被长沙市公安局天心区分局取保候审。湖南省长沙市天心区人民检察院以周兆钧犯非法行医罪向天心区人民法院提起公诉。在诉讼过程中，附带民事诉讼原告人杨美群等提起附带民事诉讼。

天心区人民法院经公开审理查明：1948年被告人周兆钧毕业于上海国防医学院（现为第二军医大学），1949年年初至1950年9月在老家湖南省津市开办诊所。1950年至1953年在湖南省防疫大队从事医疗工作。1953年9月获中央人民政府卫生部颁发的医师证书。1953年至1968年在湖南省结核病防治所当医师。1969年至1979年在湖南省靖县人民医院当医师。1979年在靖县人民医院退休后居住在长沙市大古道巷。1987年至1993年，经卫生部门颁发行医执照自办诊所行医。1993年因房屋拆迁及年老原因向长沙市社会医疗管理委员会申请个体诊所停业，并上交了行医执照。1998年10月，长沙市天心区城南路街道办事处县正街居委会出面请周兆钧为居委会开办医疗室，并购进了一些常用药品。但因未能获得天心区卫生局同意，1998年年底，医务室停办。1998年年底以后，被告人周兆钧在家里为街道居民看病（病人主要以老人为主），不收挂号费，只收取药品费用（自带药品、针剂者不收费）。2000年3月1日7时许，王建辉（女，65岁）因咳嗽多日，自带青霉素针剂来到周兆钧家里，周兆钧为王建辉做完皮试后，按操作规程为王建辉注射了自带的1支80万单位的青霉素针剂。约十几分钟后，周兆钧发现王建辉有青霉素过敏反应特征，立即为王建辉注射了10毫克"地塞米松"针剂（抗过敏用），见情况没有好转，又为王建辉注射了一支"副肾上腺素"针剂（升血压、抗休克用），并立即叫邻居李某某通知王建辉的大女儿杨美群来到周兆钧家。杨美群见状立即拨打"110""120"电话。9时15分，王建辉被送到湖南省人民医院抢救，9时32分，王建辉因呼吸循环衰竭而死亡。法医鉴定：王建辉因注射青霉素引起过敏性休克而急性死亡。以上事实，有法医鉴定结论、证人证言等证据予以证实。被告人周兆钧亦供认，足以认定。

天心区人民法院审理后认为,被告人周兆钧无视国家有关医生执业行医的管理规定,在未取得“医疗机构执业许可证”的情况下,非法行医,并造成就诊人死亡的结果,其行为已构成非法行医罪,应依法予以处罚。对附带民事诉讼原告人杨美群等的经济损失,亦应予以赔偿。依照《刑法》第三百三十六条第一款、第三十六条的规定,判决如下:(1)被告人周兆钧犯非法行医罪,判处其有期徒刑十年,并处罚金1000元;(2)被告人周兆钧赔偿附带民事诉讼原告人杨美群等经济损失46,450元。

一审判决后,周兆钧不服,以其行为不构成犯罪为由上诉至长沙市中级人民法院。

长沙市中级人民法院二审审理认为,上诉人周兆钧在未取得医疗执业资格的情况下而非法行医,且造成他人死亡的后果,其行为已构成非法行医罪。上诉人周兆钧因其行为而给原审附带民事诉讼原告人造成的经济损失,应当承担民事赔偿责任。对上诉人周兆钧提出的其行为不构成犯罪的上诉理由,经查,上诉人周兆钧虽然从事医师工作30余年,获得医师资格证书,并曾于1987年至1993年合法行医,但自1998年年底至案发日,上诉人周兆钧在未取得“医疗机构执业许可证”的情况下擅自行医,是非法行医行为,故对其上诉理由不予采纳。原审审判程序合法,定罪准确,民事赔偿判决合理。原审判决适用《中华人民共和国刑法》第三百三十六条并无不当。但考虑到上诉人周兆钧为被害人王建辉注射青霉素针剂,没有违反医疗操作规程,王建辉因注射青霉素过敏而死亡,其死亡具有一定的特殊性,综合考虑本案的具体情节及社会危害性,对周兆钧可在法定刑以下判处刑罚,原审对上诉人周兆钧判处十年有期徒刑,量刑过重。据此,依照《刑事诉讼法》第一百八十九条第二项和《刑法》第三百三十六条第一款、第六十三条第二款之规定,判决如下:(1)维持湖南省长沙市天心区人民法院(2001)天刑初字第55号刑事附带民事判决中对上诉人周兆钧的定罪部分及民事判决部分。(2)撤销湖南省长沙市天心区人民法院(2001)天刑初字第55号刑事附带民事判决中对上诉人周兆钧的量刑部分。(3)上诉人周兆钧犯非法行医罪,判处有期徒刑2年,宣告缓刑3年,并处罚金1000元。

根据《刑法》第六十三条第二款的规定层报最高人民法院核准。

湖南省高级人民法院经审查认为:原审被告人周兆钧虽曾取得医师资格以及

医生执业资格,但其在家中接诊造成他人死亡,其行为已构成非法行医罪。根据本案具体情况,考虑周兆均非法行医不是以营利为目的,仅是为他人提供方便,确与没有医师资格,为骗取钱财而非法行医有区别,如依法判处10年以上有期徒刑,与其所犯具体罪行和情节不相适应。二审法院对周兆均在法定刑以下判处刑罚,量刑适当,同意报请最高人民法院核准。

最高人民法院经审理认为:原审被告人周兆钧于1953年获中央人民政府卫生部颁发的医师证书,已具备了医师从业资格,并多年从事医疗活动,具有一定的医学知识和医疗技术。周兆钧自湖南省靖县人民医院退休后,从1998年10月起从事医疗活动,虽未经注册,未取得"医疗机构执业许可证",但不属于《中华人民共和国刑法》第三百三十六条规定的未取得医生执业资格的人。周兆钧给被害人王建辉注射青霉素针,没有违反技术操作规范,王建辉因青霉素过敏而死亡系意外事件,周兆钧不应承担刑事责任。一审、二审判决定性不准,适用法律不当。依照《中华人民共和国刑法》第十六条的规定,判决如下:(1)撤销湖南省长沙市中级人民法院(2001)长中刑终字第100号和湖南省长沙市天心区人民法院(2001)天刑初字第55号刑事附带民事判决。(2)宣告被告人周兆钧无罪。

■ 案例评析

□ 重点示意图

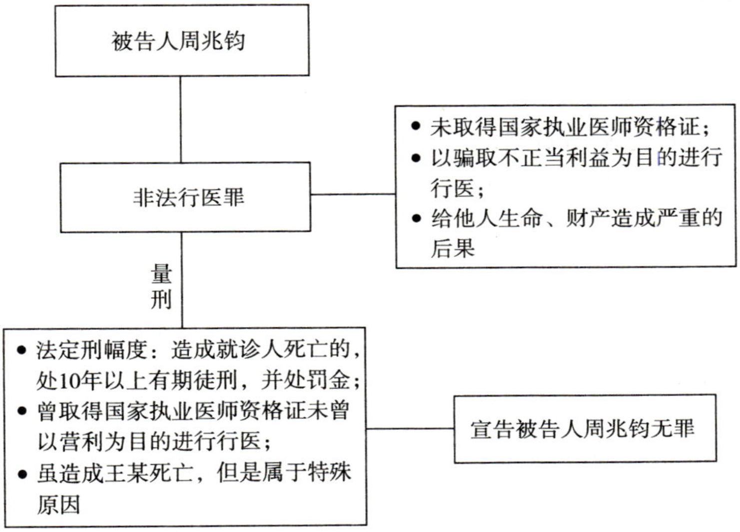

□ 疑难点释析

本案的焦点在于被告周兆钧是否为未取得医生执业资格的人？被告周兆钧于1953年9月获得中央人民政府卫生部颁发的医师证书，即取得了医师资格证书。天心区人民法院经公开审理查明：1948年被告人周兆钧毕业于上海国防医学院（现为第二军医大学），1949～1950年9月在老家湖南省津市开办诊所。1950～1953年，在湖南省防疫大队从事医疗工作。1953年9月获中央人民政府卫生部颁发的医师证书。1953～1968年，在湖南省结核病防治所当医师。1969年至1979年在湖南省靖县人民医院当医师。1979年在靖县人民医院退休后居住在长沙市大古道巷。1987～1993年，经卫生部门颁发行医执照自办诊所行医。1993年因房屋拆迁及年老原因向长沙市社会医疗管理委员会申请个体诊所停业，并上交了行医执照。在上交行医执照后又继续王建辉提供医疗服务导致其因青霉素过敏窒息死亡,在此情况下是否构成非法行医罪。

被告周兆钧作为完全民事行为能力人,在1953年取得了医师证书,又于1993年上交了行医执照,而非法行医罪要求的是未取得医生执业资格而继续从事医疗活动,其中的未取得是指即包括未取得医生执业资格又包括取得了执业医师资格但没有取得执业证书的人。值得注意的是,刑法要求得是实质要件而不在于形式要件。在本案中,被告周兆钧实际上在1987~1993年经卫生部门颁发了行医执照自办诊所行医,于1993年又上交了执业证书,属于取得过执业资格但其资格过期,不属于刑法规定的从未取得执业资格的人。

另外,周兆钧为被害人王建辉注射青霉素等一系列行为符合医疗操作,被害人因青霉素过敏窒息死亡与被告周兆钧没有刑法上的因果关系,是因为其特殊体质,属于意外事件,在进行皮试未出现异常反应但仍过敏,该事件的发生概率很小属于偶发事件,事件异常性大,根据“无因果,不负责”原则,不能将被害人的死亡归结为被告的行医行为。

■ 知识点梳理

非法行医罪,是指未取得医生职业资格的人非法行医,情节严重的行为。根据《刑法》第三百三十六条第一款的规定,犯非法行医罪的,处3年以下有期徒刑、拘役或者管制,并处或者单处罚金;严重损害就诊人身体健康的,处3年以上10年以下有期徒刑,并处罚金;造成就诊人死亡的,处10年以上有期徒刑,并处罚金。其中,根据最高人民法院《关于审理非法行医刑事案件具体应用法律若干问题的解释》的规定,造成就诊人中度以上残疾、器官组织损伤导致严重功能障碍的,或者造成3名以上就诊人轻度残疾、器官组织损伤导致一般功能障碍的都应被认定为“严重损害就诊人身体健康”。除此之外,“造成就诊人死亡”,既包括行为人医疗处置不当(如诊断错误、用药错误)直接导致就诊人死亡,也包括非法行医。

1. 非法行医罪的构成要件:未取得医生执业资格却非法行医

(1)行为主体必须是未取得医生执业资格的人。根据《行医案件解释》的有关规定,“未取得医生执业资格的人非法行医”有五种情形:第一,未取得或者以非法手段取得医师资格从事医疗活动的;第二,个人未取得《医疗机构执业许可证》开办医疗机构的;第三,被依法吊销医师执业证书期间从事医疗活动的;第四,未取得乡村医生执业证书,从事乡村医疗活动的;第五,家庭接生员实施家庭接生以外的医疗行为的。未取得医生执业资格既包括未取得执业医师资格,也包括取得了执业医师资格但没有取得执业证书。(2)客观行为表现为非法行医,即非法从事诊断、医疗、医务护理工作,属于典型的职业犯,刑法所规定的构成要件包括了行为人反复从事非法行医的行为,因此,不管非法行医的时间多长,也只能认定为一罪。行医具有两特征:第一,行医是指从事医疗业务即"医业",医疗业务是只有医生才能从事的业务即医疗行为;第二,行医是以实施医疗行为为业的活动。(3)成立非法行医罪要求情节严重。根据《行医案件解释》,"情节严重"有五种情形:第一,造成就诊人轻度残疾、器官组织损坏导致一般功能障碍的;第二,造成甲类传染病传播、流行或者有传播、流行危险的;第三,使用假药、劣药或者不符合国家规定标准的卫生材料、医疗器械,足以严重危害人体健康的;第四,非法行医被卫生行政部门行政处罚两次以后,再次非法行医的;第五,其他情形严重的情形。

2. 被害人的承诺不阻却非法行医的违法性

需要注意的是,在非法行医罪中,被害人的承诺不阻却非法行医的违法性。首先,非法行医罪属于危害公共卫生(社会法益)的犯罪,任何人对社会法益都没有承诺权限,故患者的承诺是无效的。其次,对医疗行为的承诺,只能是一种具体的承诺,而且这种承诺只是对医疗行为本身的承诺,而不包括对死伤结果的承诺。最后,在许多情况下,患者是因为不了解非法行医者的内情而求医的,即非法行医者或者谎称自己具有医生执业职格,或者谎称自己具有特别高明的医术,使患者信以为真,从而在不了解真相的情况下求医。这显然不是基于患者的真实意志,即患者在了解真相的情况下将不会向其求医。由于患者求医是基于误解,因而其承诺也是无效的。

3. 非法行医罪和医疗事故罪的区别

非法行医罪与医疗事故罪都表现为违反相应的行政法规,并且都有可能造成病人死亡或严重损害其健康,但两罪有本质的区别:

(1)非法行医罪的主体为未取得医生执业资格的人,医疗事故罪的主体却必须是国家主管部门批准从事医生职业的医务工作人员;(2)非法行医行为人主观方面表现为一种故意犯罪,医疗事故行为人的主观方面则是表现为过失;(3)犯罪客观方面表现不同,非法行医犯罪属于情节犯,根据法律规定,情节严重是构成本罪的条件,但不一定造成就诊人的身体伤害或者死亡;医疗事故罪属于实害犯,造成就诊病人死亡或者严重损害就诊人身体健康是构成医疗事故犯罪的必备要件。

4. 非法行医罪与非法进行节育手术罪的区别

广义上,非法行医罪的本身内涵就包括非法进行节育手术罪,刑法在非法行医罪之外又设立非法进行节育手术罪,将破坏节育行为从非法行医行为中独立开来,是为了突出刑法对国家计划生育政策执行的特殊保护。

39
Case Study

杨某污染环境案

污染环境罪

■ 研读指导

1. 本案的审判法院如何确定行为人的行为构成环境污染罪？请提炼法院的推理要点。
2. 请注意环境污染罪的构成要件。

■ 相关法条

《中华人民共和国刑法》第三百三十八条【污染环境罪】、第二十五条第一款【共同犯罪】、第二十七条【从犯】、第六十七条第三款【自首与坦白】

《中华人民共和国刑事诉讼法》(2012年修正版)第二百二十五条第一款[1]【二审对一审判决的处理】

■ 近似案例

田某国、厉某国污染环境案[(2015)徐环刑终字第3号]

樊爱东、王圣华、蔡军污染环境案[(2013)淄刑一初字第39号]

---

〔1〕 本条对应《中华人民共和国刑事诉讼法》(2018年修正版)第二百三十六条。

■ 案情介绍

乐清市柳市镇下岙村长流水的山脚下开办了一家非法电镀厂，被告人杨某工厂开办之初便在厂里工作，负责去油、电镀等工序，生产过程中会产生废水。该加工厂未建成配套污水处理设施，产生的废水在未经处理的情况下直接排放到工厂外水沟和溪流里。2014 年 4 月 18 日 9 时许，该加工厂被公安人员查获。经乐清市环境监测站检测，工厂外排放口的废水中锌含量为 865mg/l 超出国家标准极值 1.5mg/l 达 3 倍以上。浙江省环保厅对前述检测报告同意认可。

上述事实，有被告人杨某的供述，同案犯朱三豹、叶身金、万金海的供述，证人郭某、薛某的证言，监测报告、认可意见，现场检查笔录，辨认笔录，扣押物品、文件清单，前科情况核实证明、户籍信息，抓获经过、情况说明等证据予以证实。原审法院以污染环境罪，判处被告人杨某有期徒刑八个月，并处罚金人民币 8000 元。被告人杨某上诉称，自己对法律无知，只是一个打工者，请求从轻处罚。经二审审理查明的事实和证据与原审判决所认定的一致，温州市中级人民法院予以确认。驳回上诉，维持原判。本裁定为终审裁定。

■ 案例评析

□ 重点示意图

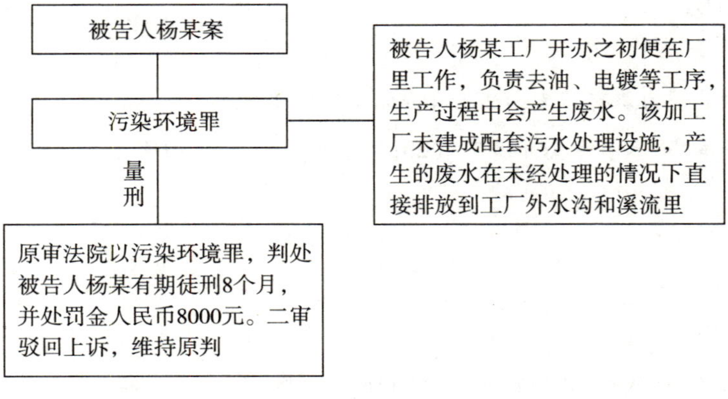

□ 疑难点释析

本案争议焦点在于:原审法院以污染环境罪,判处被告人杨某有期徒刑 8 个月,并处罚金人民币 8000 元。被告人杨某上诉称,自己对法律无知,只是一个打工者,请求从轻处罚。

污染环境罪指自然人或单位违反国家规定,排放、倾倒或者处置有放射性的废物、含传染病病原体的废物、有毒物质或者其他有害物质,严重污染环境的行为。《刑法修正案(八)》中对于原有规定作出修改,本罪从结果犯演变至行为犯,从过错责任原则到带有严格责任性质的过错推定原则,从过失犯到承认存在间接故意的主观方面。

本案中,杨某作为达到刑事责任年龄具有刑事责任能力的人,虽受雇于人但负责工厂中去油、电镀等工序,在加工作业中违反国家规定,排放有毒、有害物质。经乐清市环境监测站检测,生产过程中所产生的废水工厂外排放口的废水中锌含量为 865mg/l 超出国家标准极值 1.5mg/l 达 3 倍以上,严重污染环境。杨某的行为符合污染环境罪的犯罪构成要件,构成污染环境罪,应依法对其定罪处罚。

考虑到杨某受雇于人,在本案中系从犯。并且归案后能如实供述自己的罪行,予以从轻处罚。杨某上诉称,自己对法律无知,只是一个打工者,请求从轻处罚,根据罪刑法定原则,不知法不免责。原判定罪和适用法律正确,量刑适当。审判程序合法。杨某要求改判的理由不足,不予采纳。

■ 知识点梳理

污染环境罪,是指自然人或单位违反国家规定,向土地,水体和大气排放危险废物,造成环境污染,致使公私财产遭受重大损失或者人身伤亡的严重后果的行为。构成本罪必须满足以下几个要件:

(1)实施本罪必须违反国家规定。违反全国人大及其常务委员会制定的有关环境保护方面的法律,以及国务院制定的相关行政法规、行政措施、发布的决定或命令。这些法律、法规主要包括《环境保护法》《大气污染防治法》《水污染防治法》《海洋环境保护法》《固体废物污染环境防治法》等法律,以及《放射防护条例》《工业“三废”排放试行标准》等一系列专门法规。(2)实施排放、倾倒和处置行为。“排放”指把各种危险废物排入土地、水体、大气的行为,包括泵出、溢出、泄出、喷出、倒出等;“倾倒”是指通过船舶、航空器、平台或者其他载运工具,向土地、水体、大气倾卸危险废物的行为;“处置”指以焚烧、填埋或其他改变危险废物属性的方式处理危险废物或者将其置于特定场所或者设施并不再取回的行为。(3)严重污染环境。《刑法修正案(八)》修订后并不要求造成重大环境污染事故,致使公私财产遭受重大损失或者人身伤亡的严重后果。只要严重污染环境就可成立此罪。

司法实践中典型的环境污染案例包括:(1)不同业主共同排污,造成了严重污染环境的结果,如果双方都明知,对方违法排污,则属于共同犯罪,成立污染环境罪。(2)行为人将不合格排放设备组给他人使用,严重污染环境的,只能将环境污染结果归属于他人的行为,行为人不成立污染环境罪。(3)厂内集水池与厂外排污口鉴定结果不同的,如果厂外排污口严重超标(3倍以上),而且确定是该厂排放,应肯定污染环境;如果厂内集水池严重超标(3倍以上),但厂内没有污水处理设备,应肯定环境污染,但厂外排污口未超标,厂内有污水处理器,不能认定污染环境。(4)私自设置暗管排放废物或者利用已有的暗管违法排放废物都属于私设暗管违法排污,都认定为污染环境的行为。(5)甲企业明知乙企业没有处理危险废物的资质和能力,明知自己将危险废物转移给乙后,乙会非法倾倒、处置危险废物,仍转移给乙处理,乙非法排放、倾倒、处置危险废物,对甲乙企业都认定为犯罪。(6)实施本罪行为,同时触犯投放危险物质罪的,属于想象竞合犯,从一重罪处罚。

40
Case Study

林镇涛、莫品何走私、贩卖、运输、制造毒品案

走私、贩卖、运输、制造毒品罪

■ 研读指导

1. 本案的审判法院如何确定行为人的行为构成走私、运输、贩卖、制作毒品罪的？请提炼法院的推理要点。
2. 请注意走私、贩卖、运输、制造毒品罪的构成要件。注意贩卖毒品和自己吸食的认定，注意如何区分主犯从犯，如何量刑，注意对主观认识偏差的判定。
3. 比较研读近似案例中行为人的行为和责任认定，注意其中差异并分析原因。

■ 相关法条

《中华人民共和国刑法》第三百四十七条【走私、贩卖、运输、制造毒品罪】、第二十六条【主犯】、第五十六条【剥夺政治权利的适用】、第五十七条【死刑、无期徒刑犯剥夺政治权利的期限】、第六十五条【一般累犯】

《中华人民共和国刑事诉讼法》（**2012年修正版**）第二百二十五条[1]【二审对一审判决的处理】

■ 近似案例

邱绿清等走私、运输毒品罪（刑事审判参考第852号）

徐实义等贩卖、运输毒品罪（刑事审判参考第592号）

---

[1] 本条对应《中华人民共和国刑事诉讼法》（2018年修正版）第二百三十六条。

易大元运输毒品案(刑事审判参考第822号)

凌万春、刘光谱制造、贩卖毒品案(刑事审判参考第800号)

傅伟光走私毒品案(刑事审判参考第638号)

高某贩卖毒品、宋某非法持有毒品案(刑事审判参考第853号)

■ 案情介绍

2016年6月10日莫品何、吴钦有商议共同出资找上家购买甲基苯丙胺用于贩卖。吴钦有出资5200元,余下资金由莫品何自筹,并由莫品何负责联系上家购买甲基苯丙胺。随后,莫品何打电话联系被告人林镇涛购买甲基苯丙胺,并议定以每千克25,000元的价格购买1千克甲基苯丙胺,林镇涛提供中国农业银行卡卡号给莫品何以收取毒资。同月10日22时许,莫品何到茂名市电白区沙琅镇农业银行柜员机处将毒资24,900元,以无卡存款方式分三次存入林镇涛提供的银行卡。23时许莫品何、吴钦有驾驶悬挂粤S×××××车牌的白色长城哈弗汽车前往惠来县向林镇涛购买毒品。2016年6月11日8时许,莫品何、吴钦有驾驶该车到达沈海高速公路惠来出口附近加油站,林镇涛将甲基苯丙胺1023.5克交给莫品何、吴钦有。莫品何、吴钦有驾驶该车携带上述毒品返回茂名市电白区。当天15时许,至沈海高速江门至阳江路段梁金山服务区内被公安机关人赃俱获。公安机关在莫品何、吴钦有驾驶的车辆二排座底处缴获可疑白色晶体1023.5克。经鉴定,查获的白色晶体1023.5克检出甲基苯丙胺成分,含量为76.3克/100克。

2016年6月12日,被告人林镇涛在惠来县惠城镇东郊管区龙湖烤鱼店被公安机关抓获。随后,公安机关在惠来县林镇涛住宅二楼房间内查获红色颗粒25克、白色晶状物1.9克。经鉴定,查获的红色颗粒25克、白色晶状物1.9克均检出甲基苯丙胺成分。

广东省揭阳市人民检察院以被告人林镇涛犯贩卖毒品罪,被告人莫品何、吴钦有犯贩卖、运输毒品罪向广东省揭阳市中级人民法院提起公诉。广东省揭阳市中级人民法院经审理认为,被告人林镇涛无视国法,违反国家毒品管制,明知是甲基苯丙胺而贩卖,其行为已构成贩卖毒品罪,且毒品数量大,应依法惩处。被告人莫品何、吴钦有违反国家毒品管制,明知是甲基苯丙胺而贩卖、运输,其行为均已构成贩卖、运输毒品罪,且数量大,应依法惩处。被告人莫品何、吴钦有违反国家毒品管制,明知是甲基苯丙胺而贩卖、运输,其行为均已构成贩卖、运输毒品罪,且数量大,应依法惩处。

原审被告人林镇涛、莫品何、吴钦有均不服,提出上诉。广东省高级人民法院经审理后,于2018年4月25日作出驳回上诉、维持原判的终审裁定。

■ 案例评析

□ 重点示意图

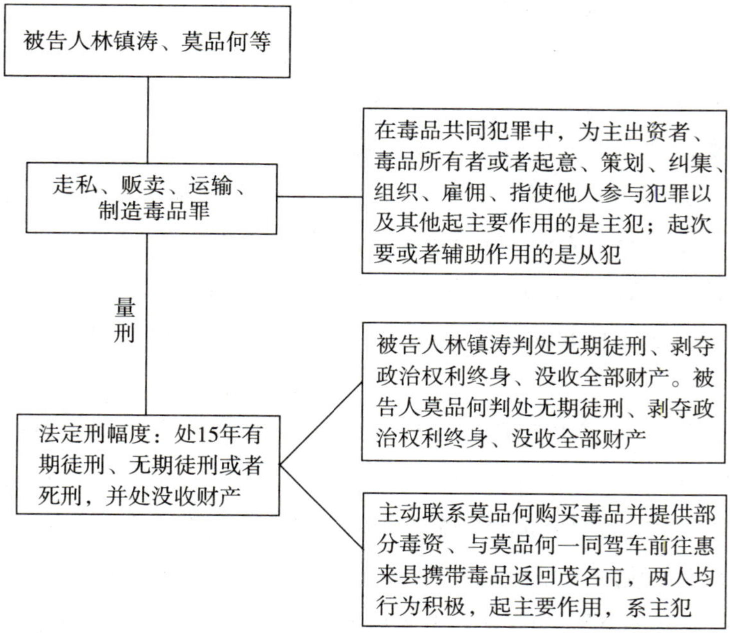

□ 疑难点释析

本案争议点在于:(1)行为人为他人代购毒品,并赚取差价的行为是否构成贩卖毒品罪。(2)行为人本无有偿转让毒品的意图,后吸毒者执意付钱给行为人,行为人收取的行为是否构成贩卖毒品罪。(3)在贩卖、运输毒品共同罪中,如何认定主犯和从犯。

贩卖毒品罪是指有偿转让毒品的行为。本罪的犯罪构成为:(1)贩卖的必须是毒品。(2)客观行为为有偿转让毒品,即将毒品交付给对方,并从对方获取利益。(3)责任形式为故意,行为人明知贩卖毒品的行为会发生危害公众健康的结果,并且希望或者放任这种结果发生。

贩卖毒品罪与帮助吸毒者购买毒品的区别在于:是否存在牟利行为。这里的"牟利",是指获取物质利益,既可以是获取金钱,也可以是提成部分毒品等其他物质利益。单纯帮助吸毒者购买毒品的,因为没有从中获取任何物质利益,仍属于购买毒品行为,不应认定为贩卖行为,故不能够成贩卖毒品罪。但是,为贩卖者寻找、联系上游贩卖者或下游吸毒者的,则成立贩卖毒品罪的共犯。

本案中,行为人莫品河以 24,000 元的价格找"上家"阿江购买一公斤毒品冰毒,后以 25,000 转卖给他人。首先,其转让的物品为冰毒,根据《刑法》第三百五十七条的规定,甲基苯丙胺(冰毒)属于毒品的一种。其次,行为人从中收取的差价 1000 元超过了交通、食宿等必要开销,属于有偿转让毒品,实施了贩卖毒品罪的客观行为。最后,行为人作为完全民事行为能力人,明知自己贩卖的是毒品,流入社会后会发生危害公众健康的结果,并且放任这种结果发生,具备主观上的故意。综上,行为人为他人代购毒品,并赚取差价的行为构成贩卖毒品罪,应依法对其定罪处罚。

如果行为人本无有偿转让的意图,但吸毒者执意付钱给行为人时行为人并未拒绝,客观上实施了有偿转让毒品的行为。行为人作为完全刑事责任能力的人,根据供述可知其明知自己贩卖的是毒品,并且放任毒品危害公众健康的行为发生,故构成责任形式的故意。由于刑法没有要求贩卖毒品罪以营利为目的,故即使行为人本无有偿转让的意图,只要客观上实施了贩卖毒品的行为,即构成本罪。综上所述,行为人本无有偿转让毒品的意图,后吸毒者执意付钱,行为人收取的行为构成贩卖毒品罪,应依法对其定罪处罚。

在贩卖、运输毒品共同罪中,区分主犯和从犯,应当以各共同犯罪人在毒品共同犯罪中的地位和作用为根据。要从犯意提起、具体行为分工、出资和实际分得毒赃多少以及共犯间相互关系等方面,比较各个共同犯罪人在共同犯罪中的地位和作用。在毒品共同犯罪中,为主出资者、毒品所有者或者起意、策划、纠集、组织、雇佣、指使他人参与犯罪以及其他起主要作用的是主犯;起次要或者辅助作用的是从犯。受雇佣、受指使实施毒品犯罪的,应根据其在犯罪中实际发挥的作用具体认定为主犯或者从犯。上诉人吴钦有主动联系莫品何购买毒品并提供部分毒资、与莫品何一同驾车前往惠来县携带毒品返回茂名市,两人均行为积极,起主要作用,系主犯。

■ 知识点梳理

走私、贩卖、运输、制造毒品罪,是指自然人或者单位,故意走私、贩卖、运输、制造毒品的行为。本罪实际上包括了所有的毒品犯罪。在司法实践中,走私、贩卖、运输、制造这四种行为往往包含在一个整体的犯罪行为中。有的犯罪分子在制造毒品后,又实施贩卖、走私、运输毒品的行为,几种行为相互联系,形成一个整体的犯罪过程。当然有的犯罪人也可能只实施其中一种行为,因此本罪名又可以作为选择性罪名分解使用。根据最高人民法院 2008 年 12 月 1 日《全国部分法院审理法院审理毒品犯罪案件工作座谈会纪要》(以下简称《2008 年纪要》)的规定,罪名不以行为实施的先后、毒品数量或者危害大小排列,一律以刑法条文规定的顺序表述。如制造毒品后又走私该毒品的,以走私、制造毒品罪定罪。

走私、贩卖、运输、制造毒品罪的构成要件如下:

1. 走私、贩卖、运输、制造的必须是毒品

(1)根据《刑法》第三百五十七条的规定,毒品,是指鸦片、海洛因、甲基苯丙胺(冰毒)、吗啡、大麻、可卡因以及国家规定管制的其他能够使人形成瘾癖的麻醉药品和精神药品。根据《麻醉药品和精神药品管理条例》的规定,麻醉药品、精神药品,是指列入麻醉药品目录、精神药品目录的药品和其他连续使用后易产生依赖性的物质。经过取汁的罂粟壳废渣不属于毒品。

(2)只要认定案件中的物品是作为刑法规制对象的毒品,不管其数量多少、质量如何、药理作用的程度如何、含有量多少等,都应当认定为毒品。最高人民法院 2015 年 5 月 18 日《全国法院毒品犯罪审判工作座谈会纪要》(以下简称《2015 纪要》)指出:“办理毒品犯罪案件,无论毒品纯度高低,一般均应将查证属实的毒品数量认定为毒品犯罪的数量,并据此确定适用的法定刑幅度,但司法解释另有规定

或者为了隐蔽运输而临时改变毒品常规形态的除外。涉案毒品纯度明显低于同类毒品的正常纯度,量刑时可以酌情考虑。”

要确定案件中的物品是否刑法所规定的毒品,通常必须进行认定。认定的方法一般是化学鉴定方法,但对有关物品的一部分做化学鉴定,能够合理认定其他部分与所鉴定的毒品是想听物品时,也能将其他部分认定为毒品。在有些情况下,虽未经过化学鉴定,但根据其他证据能够合理推定为毒品的,也应认定为毒品。不仅如此,即使司法机关未能受教育权、扣押毒品,也可能根据其他证据认定行为人走私、贩卖、运输、制造的是毒品。

2. 客观行为为走私、贩卖、运输、制造毒品

(1)走私毒品。走私毒品,是指非法运输、携带、邮寄毒品进出国(边)境的行为。行为方式主要是输入毒品与输出毒品,此外对在领海、内海运输、收购、贩卖国家禁止进出口的毒品,以及直接向走私毒品的犯罪人购买毒品的,应视为走私毒品。

(2)贩卖毒品。贩卖毒品,是指有偿转让毒品的行为。有偿转让毒品,即行为人将毒品交付给对方,并从对方获取物质利益。贩卖方式既可能是公开的,也可能是秘密的;既可能是行为人请求对方购买,也可能是对方请求行为人转让;既可能是直接交付给对方,也可能是间接交付给对方。主要情形包括:第一,吸食者相互之间交换毒品的,不成立贩卖毒品罪。如果贩毒者为了调剂各自的毒品与数量而相互交易毒品的,因为增加了危害公众健康的抽象危险,应认定为贩卖毒品罪。第二,对于为了“蹭吸”而帮助吸毒者购买毒品的,因为没有贩卖行为,不应认定为贩卖毒品罪。如果是为了“提成”毒品而帮助吸毒者购买毒品,既帮助吸毒者购买毒品后按一定比例提成部分毒品据为己有的,应认定为贩卖毒品罪。第三,单纯为吸毒者寻找、联系贩卖者的,仍属于购买毒品的行为,不应当认定为贩卖毒品的共犯。如果是为贩卖者寻找、联系上游贩毒者或下游吸毒者的,则成立贩卖毒品的共犯。根据《2015 年纪要》,贩毒人员被抓获后,对于从其住所、车辆等处查获的毒品,一般均应认定为其贩卖的毒品。第四,行为人为他人代购仅用于吸食的毒品,在交通、食宿等必要开销之外收取“介绍费”“劳务费”或者以贩卖为目的收取部分毒品作为酬劳的,应视为从中牟利,属于变相加价贩卖毒品,以贩卖毒品罪定罪处罚。

长期以来,刑法理论与司法实践都将为了出卖而购买毒品的行为认定为贩卖

毒品罪的未遂犯乃至既遂犯,但这种做法存在疑问。一方面,根据《刑法》第三百四十七条,单纯购买毒品的行为并不属于刑法的规制对象;另一方面,“贩卖”毒品并不意味着必须先购买毒品再出卖毒品。故笔者认为,处于贩卖目的而非法购买毒品的,属于贩卖毒品的预备行为(可能同时触犯非法持有毒品罪)。

(3)运输毒品。运输毒品,是指采用携带、邮寄、利用他人或者使用交通工具等方法在我国领域内转移毒品。运输毒品具体表现为转移毒品的所在地,从结局上看没有变更毒品所在地却使毒品的所在地曾经发生变化的行为,也是运输毒品。但是,为了自己吸食、注射而将毒品从此地带往彼地的,不应认定为运输毒品。换言之,只有与走私、贩卖、制造毒品具有关联性的行为,才宜认定为运输,否则会导致罪刑之间不协调。

(4)制造毒品。制造通常是指使用原材料而制作成原材料以外的物。制造毒品不仅包括使用毒品原植物制作成毒品,也包括以改变毒品成分和效用为目的的加工、配制行为。主要表现为以下几种情况:第一,将毒品以外的物质作为原料,提取或制作成毒品;第二,毒品的精制,即去掉毒品中的不纯物,使之成为纯毒品或纯度更高的毒品;第三,使用化学方法使一种毒品变为另一种毒品;第四,使用化学方法以外的方法是一种毒品变为另一种毒品;第五,用混合等物理方法加工、配制毒品;第六,非法按照一定的处方针对特定人的特定情况调制毒品。在制造毒品的共同犯罪案件中,研制配方、指挥他人制造的人,属于正犯;根据 2012 年 6 月 18 日最高人民法院、最高人民检察院、公安部《关于办理走私、非法买卖麻黄碱类复方制剂等刑事案件适用法律若干问题的意见》,以加工、提炼制度物品制造毒品为目的,购买麻黄碱类复方制剂,或者运输、携带、寄递麻黄碱类复方制剂出入境的,以制造毒品罪定罪处罚;单纯为制造毒品添柴加水的,宜认定为帮助犯。

值得注意的是,分装毒品的性质。分装毒品是指将毒品进行分割,并装入一定的容器(量的精制)。由于这种行为既不是走私,也不是贩卖和运输,如果认为它不是制造,则只能认定他是共同犯罪中的一种帮助行为,这既不符合事实,也不利于打击这种犯罪。因此笔者认为,对“制造”做广义解释,将分装毒品的行为包括在制造毒品之中较为合适。

3. 走私、贩卖、运输、制造毒品罪的责任形式

本罪的责任形式为故意,行为人明知走私、贩卖、运输、制作毒品的行为会发生

危害公众健康的结果,并且希望或者放任这种结果发生。

(1)行为人必须认识到自己走私、贩卖、运输、制作的是毒品,即使行为在客观上表现为走私、贩卖、运输与制造毒品,但只要行为人没有认识到行为对象是毒品,就不能构成本罪。这是责任主义的要求。因此,明知不是毒品而欺骗他人说是毒品以获取利益的,不构成贩卖毒品罪,应当以诈骗罪论处。本罪只要求行为人认识到是毒品,不要求行为人认识到毒品的名称、化学成分、效用等具体性质。而且不管行为人是认识到肯定是毒品,还是认识到可能是毒品,都属于认识到是毒品,不影响犯罪的成立毒品犯罪中,判断被告人对涉案毒品是否明知,不能仅凭被告人供述,而应当依据被告人实施毒品犯罪行为的过程、方式、毒品被查获时的情形等证据,结合被告人的年龄、阅历、智力等情况,进行综合分析判断。根据《2008 年纪要》的规定,具有下列情形之一,被告人不能作出合理解释的,可以认定其"明知"是毒品,但有证据证明确属被蒙骗的除外:第一,执法人员在口岸、机场、车站港口和其他检查站点检查时,要求行为人申报为他人携带的物品和其他疑似毒品物,并告知其法律责任,而行为人未如实申报,在其携带的物品中查获毒品的;第二,以伪报、藏匿、伪装等蒙蔽手段,逃避海关、边防等检查,在其携带、运输、邮寄的物品中查获毒品的;第三,执法人员检查时,有逃跑、丢弃携带物品或者逃避、抗拒检查等行为,在其携带或者丢弃的物品中查获毒品的;第四,体内或者贴身隐秘处藏匿毒品的;第五,为获取不同寻常的高额、不等值报酬为他人携带、运输物品,从中查获毒品的;第六,采用高度隐的方式携带,运输物品,从中查获毒品的;第七,采用高度隐蔽的方式交接物品,明显违背合法物品惯常交接方式,从中查获毒品的;第八,行程路线故意绕开检查站点,在其携带、运输的物品中查获毒品的;第九,以虚假身份或者地址办理托运手续,在其托运的物品中查获毒品的;第十,有其他证据足以认定行为人知道的。

此外,具有下列情形之一的,可以推定行为人明知制造毒品(但有证据证明确属被蒙骗的除外):第一,购置了专门用于制造毒品的设备、工具、制毒物品成者配制方案的;第二,为获取不同寻常的高额或者不等值的报酬为他人制造物品,经检验是毒品的;第三,在偏远、隐蔽场所制造,或者采取对制造设备进行仿装等方式制造物品,经检验是毒品的;第四,制造人员在执法人员检查时,有逃跑、抗拒检查等行为,在现场查获制造出的物品,经检验是毒品的;第五,有其他证据足以证明行为人知道的。

（2）对毒品种类产生错误认识的，不影响本罪的成立。根据《刑法》规定，毒品种类及其数量仅影响量刑，并不影响犯罪的成立，故行为人对毒品种类的认识产生错误时，实际上是对自己的行为在量刑上（或法定刑上）有不正确的认识，不阻却责任。另外，即使认为这种情况属于对象错误，也不影响故意的成立。因为行为人只是对毒品的种类产生具体的认识错误，而各种不同种类的毒品都危害公众健康，根据法定符合说，依然成立毒品犯罪既遂。

（3）《刑法》没有要求本罪以营利为目的，不以营利为目的实施本罪行为的，也构成本罪。如果为了赠与而制造毒品，为了自己吸食而走私毒品，单纯受贩卖者委托运输毒品等，都构成犯罪。

41
Case Study

蔡铁等组织卖淫、协助组织卖淫案

组织卖淫罪

■ 研读指导

1. 被告人戴月强受浴场老板的雇佣参与管理浴场卖淫活动，是构成组织卖淫罪还是协助组织卖淫罪？
2. 如何区分组织卖淫罪和容留卖淫罪？

■ 相关法条

《中华人民共和国刑法》第三百五十八条第一款、第三款【组织卖淫罪】，第三百六十一条【特定单位的人员组织、强迫、引诱、容留、介绍他人卖淫的处理】、第二十五条第一款【共同犯罪】、第六十四条【犯罪物品的处理】

《中华人民共和国刑事诉讼法》(2012 年修正版)第二百二十五条第一款[1]【二审对一审判决的处理】

■ 近似案例

王剑平等组织卖淫、耿劲松等协助组织卖淫案(刑事审判参考第 722 号)

郑小明等组织卖淫、协助组织卖淫案(刑事审判参考第 870 号)

---

〔1〕 本条对应《中华人民共和国刑事诉讼法》(2018 年修正版)第二百三十六条。

■ 案情介绍

嘉善县人民检察院以浙善检刑诉(2007)442号起诉书指控被告人蔡铁、戴月强犯组织卖淫罪、被告人张国强、赵发伦犯协助组织卖淫罪。嘉善县人民检察院指控:被告人蔡铁在嘉善县魏塘镇开设新天龙休闲浴场。自2007年以来,先后招募、雇佣胡某某等十多名卖淫女,由被告人戴月强具体负责管理,共同多次组织卖淫女在该浴场内向他人卖淫。被告人张国强、赵发伦明知蔡铁、戴月强组织卖淫活动,仍以翻号牌、放哨等方式予以协助。公诉机关认为,被告人蔡铁、戴月强以招募、雇佣、容留等方式聚集多人以一定的分工、组织、控制的形式进行卖淫活动,其行为已构成组织卖淫罪;被告人张国强、赵发伦明知他人组织的是卖淫活动,仍共同予以协助,其行为已构成协助组织卖淫罪。并当庭宣读、出示了被告人陈述、证人证言、有关书证、物证等证据予以证实,诉请嘉善县人民法院,要求根据《刑法》第三百五十八条、第二十五条之规定予以惩处。

嘉善县人民法院经审理查明:被告人蔡铁在嘉善县魏塘镇解放东路开设了新天龙休闲浴场。自2007年以来,被告人蔡铁先后招募、雇佣胡某某、狄某某、吴某某等十多名卖淫女,由被告人戴月强具体负责管理,共同多次组织上述卖淫女在该浴场内向他人卖淫。被告人张国强、赵发伦明知蔡、戴组织卖淫嫖娼活动,仍以翻号牌、放哨及通风报信的方式予以协助。

2007年8月26日夜,被告人蔡铁、戴月强在张国强、赵发伦、杨莹(另行处理)等人协助下,组织胡某某、黄某某、狄某某、吴某某等人再次在新天龙休闲浴场内向嫖娼人员朱某某、邱某某、俞某某、许某某、张某卖淫时,被公安机关当场查获。

嘉善县人民法院认为,公诉机关在庭审中经举证、质证的证据,能够在事实认定中得到印证,形成证据锁链,足以证实四被告人的犯罪事实,故以上犯罪事实予以认定。

新天龙休闲浴场内部对小姐从事卖淫活动是公开的,且已经存在一段时间,对小姐的卖淫活动,形成了进行有效管理和控制的机制,被告人蔡铁从卖淫的小姐处每天收取50元从中牟利,并实行一整套防范检查的措施。被告人蔡铁作为嘉善县魏塘镇新天龙休闲浴场的业主,雇佣被告人戴月强具体管理,现有证据,足以证实被告人蔡铁、戴月强实施的是组织卖淫的行为，故法院对起诉书指控的被告人蔡铁的犯罪事实予以认定，被告人蔡铁就此提出的辩解不予采信。被告人戴月强虽然在嘉善县魏塘镇新天龙休闲浴场工作，是受蔡铁雇佣，但其在本案共同犯罪中，对多名卖淫女从事卖淫起到了指挥与控制的作用，故不应认定为从犯。

被告人蔡铁、戴月强以招募、雇佣、容留等方式，组织、指挥、控制多人从事卖淫，其行为均已构成组织卖淫罪；被告人张国强、赵发伦明知他人组织的是卖淫活动，仍共同予以协助，其行为均已构成协助组织卖淫罪，公诉机关指控各被告人所犯罪名成立，依法予以支持。被告人蔡铁及四被告人的辩护人就此提出的辩护意见，法院不予采纳。被告人张国强、赵发伦的辩护人并由此提出两被告人系从犯的辩护意见，与法律不符，法院不予采纳。被告人蔡铁系新天龙休闲浴场的主要负责人，应依法从重处罚。被告人蔡铁、戴月强、张国强、赵发伦均系初犯，归案后被告人戴月强、张国强、赵发伦认罪态度均较好，均可酌情从轻处罚。

据此，为了打击刑事犯罪，维护社会秩序，依照《刑法》第三百五十八条第一款、第三款，第三百六十一条，第二十五条第一款，第六十四条之规定，判决如下，被告人蔡铁、戴月强以招募、雇佣、容留等方式，组织、指挥、控制多人从事卖淫活动，其行为均构成组织卖淫罪；被告人张国强、赵发伦明知他人组织卖淫活动，仍予以协助，其行为均构成协助组织卖淫罪。被告人蔡铁犯组织卖淫罪，判处有期徒刑 5 年 3 个月，并处罚金人民币 2 万元；被告人戴月强犯组织卖淫罪，判处有期徒刑 5 年，并处罚金人民币 2 万元；被告人张国强犯协助组织卖淫罪，判处有期徒刑 1 年 2 个月，并处罚金人民币 2000 元；被告人赵发伦犯协助组织卖淫罪，判处有期徒刑 1 年，并处罚金人民币 2000 元。

■ 案例评析

□ 重点示意图

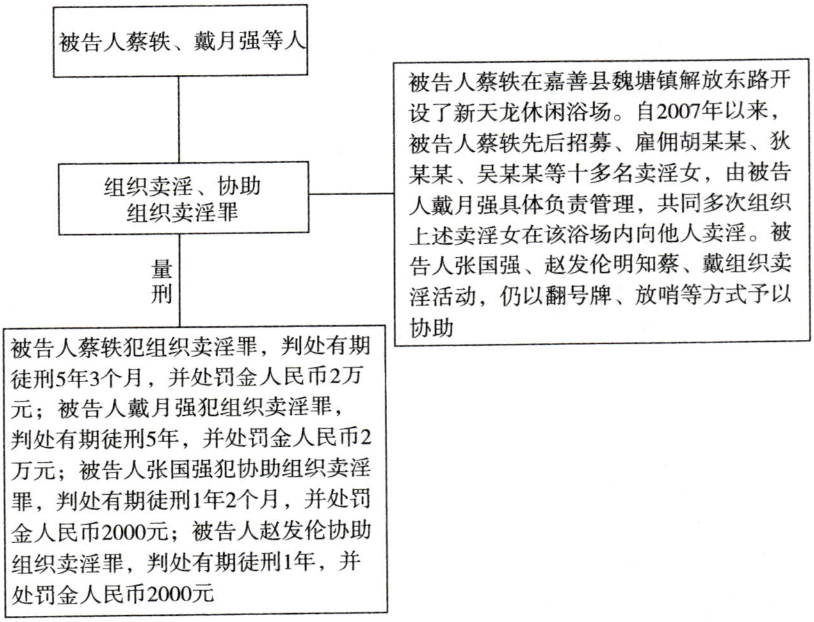

□ 疑难点释析

本案争议点在于：受浴场老板的雇佣参与管理浴场卖淫活动，是构成组织卖淫罪还是协助组织卖淫罪？

关于“组织卖淫”与“协助组织卖淫”的含义，最高人民法院、最高人民检察院在 1992 年联合印发的《关于执行〈全国人民代表大会常务委员会关于严禁卖淫嫖娼的决定〉的若干问题的解答》（以下简称《两高解答》）中予以明确，第二条规定：“组织卖淫，是指以招募、雇佣、强迫、引诱、容留等手段，控制多人从事卖淫的行为。”也就是说，控制多人从事卖淫是组织卖淫罪的本质特征，是组织卖淫罪与协助组织卖淫罪以及引诱、容留、介绍卖淫罪、引诱幼女卖淫罪的主要区别。这里的

“控制”包括对卖淫人员的控制和对卖淫活动的控制。通过扣押证件、扣留行李、交付押金等卖淫人员的财物，或者制订严格的上下班打卡、请假旷工扣款等制度来控制卖淫人员人身自由，使卖淫人员在其场所持续卖淫的，属于对卖淫人员的控制；对卖淫活动进行指挥、安排、调度、指派，决定卖淫人员何时卖淫、向何人卖淫、如何收费等卖淫事项，属于对卖淫活动的控制。关于协助组织卖淫，《两高解答》在第三条第一款中规定，“是指在组织他人卖淫的共同犯罪中起帮助作用的行为。如充当保镖、打手、管账人等”。可见，“帮助作用”是协助组织卖淫行为的核心内涵，也就是说，协助组织卖淫罪的行为人就是组织卖淫共同犯罪的帮助犯，其所从事行为只能是与控制管理卖淫人员及卖淫活动无关的其他事务。

协助组织卖淫是否分主、从犯？协助组织卖淫行为是组织卖淫共同犯罪的帮助犯，如果刑法没有为协助组织卖淫行为规定单独的罪名，对此种行为当然适用组织卖淫罪的法定刑，同时结合刑法总则规定的从犯处罚原则进行处罚。但是刑法分则对此种行为规定了单独的罪名与法定刑，意味着协助组织卖淫罪与组织卖淫罪分离，单独成罪。因此，评价主犯和从犯的语境、标准均已经发生了改变，要以协助组织卖淫罪作为评价对象，如果多人共同实施了协助组织卖淫的行为，起主要作用的行为人是本罪的主犯，起次要作用的则是从犯。

在本案审理过程中，对于被告人戴月强受蔡轶雇佣参与管理浴场内卖淫活动行为的定性存在两种不同的观点：一种观点认为被告人戴月强构成协助组织卖淫罪，因为被告人在担任管理工作之前，该浴场内的卖淫活动已然存在，被告人并未参与这个卖淫团队的发起、建立等活动，被告人也没有参与卖淫团队中前期活动，所以被告人在该卖淫团队的运作、管理只起到了帮助作用，不属于组织卖淫活动。另一种观点认为，被告人戴月强构成组织卖淫罪。其依据在于，组织卖淫活动中必然包括管理活动，被告人直接参与组织卖淫事项，组织卖淫女在该浴场内向他人卖淫，在此次犯罪活动中起到主要作用。

笔者认为，被告人戴月强的行为应当认定为组织卖淫罪，其主要依据如下：

(1)区分组织卖淫行为与协助组织卖淫行为的关键在于行为人在整个组织卖淫活动过程中行为分工的不同。在卖淫组织中必然包括组织者、协助组织者以及被组织者，而组织者与协助组织者所承担的角色分工并不相同。组织者实施的行为通常体现为招募、雇佣、强迫、引诱等方式，既可以是暴力性，也可以是非暴力性等;而协助组织者所实施的行为通常表现为整个组织卖淫活动提供便利条件。根据《两高解答》的规定,组织卖淫与协助组织卖淫的界分体现为对整个卖淫活动的操作程度上。应当看到,组织卖淫者对卖淫活动通常是处于直接设计、安排、调度的地位,能够控制卖淫者的活动;协助组织卖淫者并不直接参与卖淫活动的设计、安排、调度,对卖淫者不具有任何控制权,只能根据组织者所给出的指示来行事,例如保镖、打手、管账人、服务生等。

(2)组织卖淫罪与协助组织卖淫罪也能从共同犯罪的层面来区分。其实,协助组织卖淫罪的成立属于帮助行为正犯化,将原先共同犯罪的帮助行为独立出来成为实行行为。在考察行为人在卖淫活动中所实施行为的性质时,可以通过比照共同犯罪中的作用大小来区分。组织卖淫者在卖淫犯罪活动中所起到的作用为主要作用,协助组织卖淫者在卖淫犯罪活动中所起到的作用为帮助作用或者次要作用。尽管法律法规并没有将管理活动规定到组织卖淫罪中,但是通过解释能够管理活动同招募、雇佣、强迫、引诱、容留等手段一样能够在组织卖淫活动中起到主要作用。

回归到本案中,本案被告人蔡铁作为新天龙休闲浴场的经营者,其行为应当构成组织卖淫罪。被告人戴月强虽然是受蔡铁雇佣,并且卖淫女也是由蔡铁所招募的,但是,这并不否定了戴月强在整个卖淫活动中实施了等同于“组织”工作,起到了主要作用。被告人戴月强后期直接参与卖淫活动的管理工作,并参与制定卖淫场所规则,对于浴场内卖淫女起到了管理作用,因此,其行为属于组织卖淫行为,构成组织卖淫罪。

■ 知识点梳理

组织卖淫罪,是指以招募、雇佣、强迫、引诱、容留等手段,控制他人从事卖淫活动的行为。该罪的构成要件的内容为组织他人卖淫。

“组织”是指以招募、雇佣、强迫、引诱、容留等手段控制他人从事卖淫活动的行为。一般表现为两种情形:设置卖淫场所,或者变相卖淫场所,控制卖淫者,招揽嫖娼者。没有固定的卖淫场所,通过控制卖淫人员,有组织的进行卖淫活动。“控制”为卖淫人员是指通过对卖淫人员施加物理或者心理的影响,进而左右卖淫人员的意志,使其难以摆脱行为人的影响。作为卖淫人员的他人,既包括女性也包括男性。既组织卖淫罪构成要件内容既包括组织女性当女娼,也包括组织男性当男娼。“卖淫”指以营利为目的,满足不特定他人的性欲的行为(不限于异性),包括与不特定对方性交和实施类似性交的行为。

组织卖淫罪的责任形式为故意。虽然卖淫是以营利为目的,组织卖淫者通常也以营利为目的,但刑法并没有将营利目的规定为本罪的责任要素。从理论上讲,卖淫具有营利目的,不等于组织卖淫具有营利目的。

42
Case Study

深圳市快播科技有限公司、王欣等传播淫秽物品牟利案

制作、复制、贩卖、传播淫秽物品罪

■ 研读指导

1. 认识并区别传播淫秽物品的实行行为与技术提供行为。
2. 互联网时代下的犯罪与牟利。
3. 比较阅读近似案例行为人的责任认定，分析不同与原因。

■ 相关法条

《中华人民共和国刑法》第三百六十三条第一款【制作、复制、出版、贩卖、传播淫秽物品牟利罪】、第三百六十六条【单位犯制作、贩卖、传播淫秽物品罪的处理】

■ 近似案例

唐小明制作、贩卖淫秽物品牟利案（刑事审判参考第664号）
陈乔华复制、贩卖淫秽物品牟利案（刑事审判参考第665号）
李志雷贩卖淫秽物品牟利案（刑事审判参考第666号）
罗刚等传播淫秽物品牟利案（刑事审判参考第669号）
冷继超传播淫秽物品牟利案（刑事审判参考第671号）
北京掌中时尚科技有限公司等传播淫秽物品牟利案（刑事审判参考第691号）

■ 案情介绍

审被告单位深圳市快播科技有限公司（以下简称快播公司）通过免费提供 QSI（QVOD Server Install，即 QVOD 资源服务器程序）和 QVOD Player（快播播放器程序或客户端程序）的方式，为网络用户提供网络视频服务。其通过自身的中心调度服务器在站长与用户、用户与用户之间搭建了一个视频文件传输的平台，同时为提高热点视频下载速度，通过自有或与运营商合作的方式，在全国各地不同运营商处设置缓存服务器 1000 余台。部分淫秽视频因用户的点播、下载次数较高而被缓存服务器自动存储，进一步方便、加速了淫秽视频的下载、传播。2012 年 8 月至 2013 年 10 月，深圳市公安局公安信息网络安全监察分局（以下简称深圳网监）深圳市南山区广播电视局（以下简称南山广电局）对快播公司进行检查，针对该公司未建立安全保护管理制度、未落实安全保护技术措施等问题，给予行政处罚，并责令整改。快播公司成立了信息安全组开展了不到一周的突击工作，投入使用了“110”不良信息管理平台。但在深圳网监验收合格后，信息安全组原有 4 名成员或离职或调到其他部门，“110”平台工作基本搁置，检查屏蔽工作未再有效进行。

2013 年 11 月 18 日，北京市海淀区文化委员会（以下简称海淀文委）在行政执法检查时，从北京网联光通技术有限公司（以下简称光通公司）查获由快播公司管理维护的 4 台服务器。公安机关从服务器里提取了 29,841 个视频文件进行鉴定，认定其中属于淫秽视频的文件为 21,251 个。

被告人王欣为快播公司的法定代表人、股东、执行董事、经理，负责快播公司经营和管理工作。快播公司快播事业部负责公司视频播放器的技术开发和市场推广。被告人吴铭于 2013 年担任快播事业部总经理，负责事业部全面工作。被告人张克东系快播公司股东，于 2012 年担任事业部副总经理兼技术平台部总监，最初开发了快播视频传输和播放的核心软件。被告人牛文举于 2012 年担任事业部副总经理兼运营部总监，2013 年担任事业部市场部负责人，负责信息安全组工作。以上 4 人在明知快播公司擅自从事互联网视听节目服务、提供的视听节目含有色情等内容的情况下，未履行监管职责，放任淫秽视频在快播公司控制和管理的缓存服务器内存储并被下载，导致大量淫秽视频在网上传播。

北京市海淀区人民法院于2016年9月13日作出(2015)海刑初字第512号刑事判决:(1)被告单位深圳市快播科技有限公司犯传播淫秽物品牟利罪,判处罚金人民币1000万元。(2)被告人王欣犯传播淫秽物品牟利罪,判处有期徒刑3年6个月,罚金人民币100万元。(3)被告人张克东犯传播淫秽物品牟利罪,判处有期徒刑3年3个月,罚金人民币50万元。(4)被告人吴铭犯传播淫秽物品牟利罪,判处有期徒刑3年3个月,罚金人民币30万元。(5)被告人牛文举犯传播淫秽物品牟利罪,判处有期徒刑3年,罚金人民币20万元。

宣判后,被告人吴铭不服,提出上诉。

北京市第一中级人民法院经审理后,于2016年12月5日作出(2016)京01刑终592号刑事裁定:驳回吴铭的上诉,维持原判。

■ 案例评析

□ 重点示意图

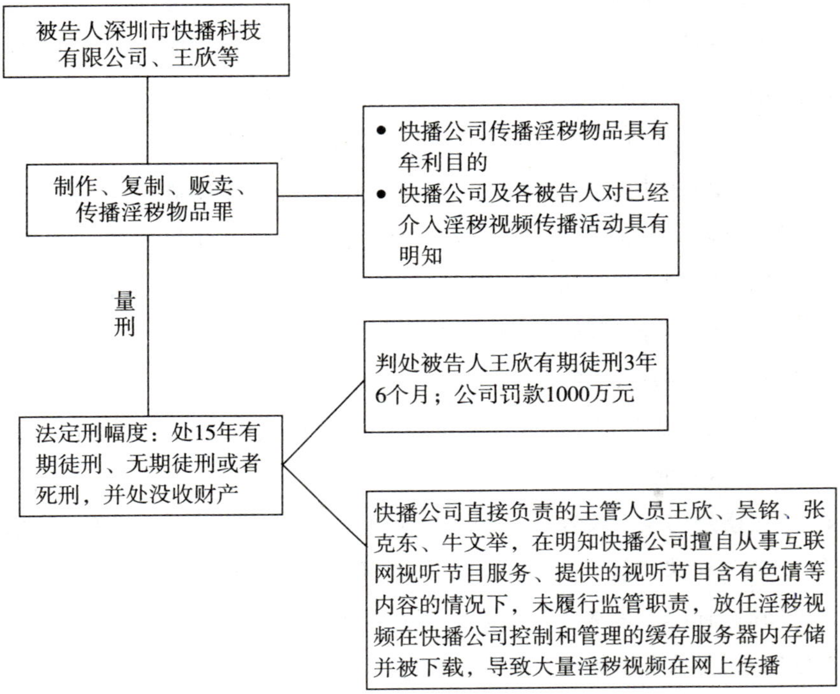

□ 疑难点释析

本案争议焦点主要集中在三个问题:第一,快播公司免费提供快播资源服务器程序和快播播放器程序,并未直接在自己网页上提供淫秽视频连接或者播放服务,是否应该承担传播淫秽物品牟利罪的刑事责任?第二,快播公司作为网络视频缓存加速服务提供者,免费提供视频缓存加速这一技术服务,是否应该适用"技术中立"原则而免责?第三,快播公司作为缓存加速服务提供者参与淫秽视频传播,如何评价其传播淫秽物品牟利的量刑情节?

1. 焦点问题一的疑难点释析

针对第一个问题,认定快播公司是否构成传播淫秽物品牟利罪,客观上要审查快播公司是否存在传播淫秽物品的行为,主观上要审查快播公司和各被告人对参与淫秽视频传播是否存在明知,是否具有非法牟利的目的。

(1)快播公司已经成为淫秽视频的实际传播者。

快播公司的 P2P 技术不仅使用户在下载视频的同时提供了上传视频的服务,而且在用户和用户之间介入了自己控制管理的缓存服务器。快播用户在点播视频过程中,拥有视频的"站长"(或"客户端")、缓存服务器、观看视频的客户端间形成三角关系,快播调度服务器不仅拉拽淫秽视频文件存储在缓存服务器里,也为客户端提供缓存服务器里的淫秽视频文件。这让缓存服务器实际上起到了淫秽视频的下载、储存、分发的作用。正是快播公司提供的这种介入缓存服务器的视频点播服务,以及设立这种"缓存"技术规则,决定了其实质介入了淫秽视频的传播行为。在运用缓存服务器提供加速服务的传播模式下,缓存服务器一旦从网络上下载、存储并根据用户需要上传了淫秽视频,快播公司便成为了淫秽视频的内容提供者,而不仅仅是技术服务的提供者。

(2)主观上,快播公司及各被告人对介入淫秽视频传播存在明知且具有非法牟利目的。具体表现为:

第一,快播公司及各被告人对已经介入淫秽视频传播活动具有明知。刑法意义上的"明知",司法实践中一般从两个角度证明:一是直接证明行为人知道或者因他人告知而知道;二是基于行为人的特定身份、职业、经验等特点推定其知道。对于单位犯罪,要求直接责任人员对单位传播淫秽物品行为明知,并不要求其对单位传播淫秽物品的具体方法、技术等完全知晓。具体到本案,不需要各被告人对快播公司缓存服务器在调度服务器的支配下传播淫秽视频的具体方法和技术有认知,只要求各被告人明确知道快播公司传播淫秽视频这个基本事实。本案证据证明,被告人王欣、张克东,牛文举对于快播缓存服务器实质上介入淫秽视频传播均已知晓,王欣、张克东对于介入传播的具体技术原理更有深入了解。2012 年 8 月,深圳网络监管部门针对快播公司未建立信息安全保护管理制度、未落实安全保护技术措施的情况给予行政处罚警告,快播公司接受整改的主要内容就是审核和过滤淫秽视频。2013 年 8 月,南山广电局执法人员对快播公司现场执法检查,确认快播公司网络上存在淫秽视频内容,随后作出行政处罚决定。基于快播公司两次均接受行政处罚并作出整改,且先后两次整改的内容都是针对传播淫秽视频这一事实,而快播公司的经营者、管理者仍然坚称对公司传播淫秽视频并不知情,这显然不足采信。

第二,快播公司传播淫秽物品具有牟利目的。快播公司明知快播软件和快播网络平台被用于传播淫秽视频而不予监管,反而使用缓存服务器加速传播,致使淫秽视频在互联网大量传播,快播播放器软件借此得到推广,快播公司也因此大量获利。快播公司和各被告人明知其网络系统上淫秽视频的传播和公司盈利增长间的因果关系,仍放任其网络系统被用于传播淫秽视频,应当认定为具有非法牟利目的。

2. 焦点问题二的疑难点释析

对于第二个问题,快播公司能否适用"技术中立"的责任豁免,应该充分考虑到,司法实践对于技术中立的肯定,意在鼓励技术创新和发展。问题在于,技术是人类利用自然规律的成果,一定程度上受到技术提供者和使用者意志的控制和影响,并体现技术提供者和使用者的目的和利益。技术本身的中立性与技术使用者的社会责任、法律责任的关系,主要取决于技术使用方式对社会发展起到了推动还是阻碍作用。依据技术中立原则给予法律责任豁免的情形,通常限于技术提供者,对于技术的实际使用者,则应视其具体行为判断是否符合法律规定。恶意使用技术危害社会或他人的行为,应受法律制裁。本案中,快播公司并不单纯是技术的提供者,"站长"或用户发布或点播视频时,快播公司的调度服务器、缓存服务器参与其中,快播公司构建的 P2P 网络平台和缓存加速服务都让其成为技术的使用者,同时也是网络视频信息服务的内容提供者。快播公司在提供 P2P 视频技术服务和缓存技术服务时，客观上虽然没有对视频内容进行选择，但当其明知自己的 P2P 视频技术服务被他人用于传播淫秽视频，自己的缓存技术服务被利用成为大量淫秽视频的加速传播工具，快播公司本身有义务、有能力阻止而不阻止时，其就不可能再获得技术中立的责任豁免。快播公司出于牟利目的，拒不履行网络安全管理义务，放任他人利用快播网络系统大量传播淫秽视频，且放任自己的缓存服务器介入淫秽视频的传播，在使用技术的过程中明显存在恶意，应当承担相应的法律责任。

3. 焦点问题三的疑难点释析

对于第三个问题，对于快播公司传播淫秽视频牟利行为是否属于“情节严重”，应当从以下几方面考虑：

(1)快播公司的行为不属于相关司法解释规定的传播淫秽物品牟利“情节特别严重”的情形。

根据 2010 年公布的最高人民法院、最高人民检察院《关于办理利用互联网、移动通讯终端、声讯台制作、复制、出版、贩卖、传播淫秽电子信息刑事案件具体应用法律若干问题的解释(二)》(本文以下简称《2010 年解释》)第四条规定，以牟利为目的，网站建立者、直接负责的管理者明知他人制作、复制、出版、贩卖、传播的是淫秽电子信息，允许或者放任他人在自己所有、管理的网站或者网页上发布，达到相应定罪标准的，以传播淫秽物品牟利罪定罪处罚。根据上述司法解释的规定，传播淫秽视频的数量达到 1000 个，即属于“情节特别严重”，应在 10 年有期徒刑以上量刑。本案中，快播公司的行为在放任传播、不作为犯罪、平台责任等方面与上述司法解释的规定虽有相似之处，但在规制对象、行为表现形式等方面仍存在区别。相对于《2010 年解释》第四条规定的情形，快播公司放任传播的行为具有非直观性和更大的技术介入性，不能直接适用该条的规定认定为传播淫秽物品牟利“情节特别严重”。

(2)快播公司放任淫秽视频大量传播并获取巨额非法利益，应当认定为传播淫秽物品牟利“情节严重”。“情节严重”是出于立法技术的考虑而对犯罪情形的综合表述。一方面，立法者无法预见所有情节严重的情形而作出明确、具体的规定；另一方面，即使立法者有所预见，也不能使用冗长表述而使刑法丧失简明价值。

传播淫秽物品牟利罪中的“情节严重”是法定刑升格的依据。司法实践中，这种情节可以根据具体案情综合判定。就本案而言，深圳网络监管部门和南山广电局先后两次针对快播公司存在的网络信息安全问题给予行政处罚，快播公司及各被告人明知这些执法活动的具体指向就是涉嫌传播淫秽视频、侵权等网络违法犯罪行为，仍消极对待整改，继续放任自己控制的缓存服务器为淫秽视频传播提供加速服务。放任快播网络平台大量传播淫秽视频，其主观恶性和社会危害性显然大于一般的传播淫秽物品牟利行为。综合考虑快播公司拒不履行其作为视频信息服务企业的网络安全管理义务，放任其网络系统被用于传播淫秽信息，两次受到行政处罚后仍不积极履行安全管理责任，造成淫秽视频大量传播，间接获取巨额非法利益，故应当依据《刑法》第三百六十三条第一款的规定，认定为传播淫秽物品“情节严重。”

■ 知识点梳理

制作、复制、出版、贩卖、传播淫秽物品牟利罪，是指以牟利为目的，制作、复制、出版、贩卖、传播淫秽物品的行为。根据《刑法》第三百六十七条的规定，“淫秽物品”是指具体描绘性行为或者露骨宣扬色情的淫秽性的书刊、影片、录像带、录音带、图片及其他淫秽物品；有关人体生理、医学知识的科学著作以及包含有色情内容的有艺术价值的文学、艺术作品不被视为淫秽物品。

淫秽物品的具体内容，只能是淫秽物品实质属性的具体化。淫秽物品的内容是：猥亵性地具体描述性行为或露骨宣扬色情淫荡形象。根据1988年国家新闻出版署[1]《关于认定淫秽及色情出版物的暂行规定》第二条规定，淫秽出版物的具体内容包括以下七个方面：(1)淫亵性地具体描写性行为、性交及其心理感受；(2)公然宣扬色情淫荡形象；(3)淫亵性地描述或传授性技巧；(4)具体描写乱伦、强奸或者其他性犯罪的手段过程或者细节，足以诱发犯罪的；(5)具体描写少年儿童的性行为；(6)淫亵性地具体描写同性恋的性行为或者其他性变态行为，或者具体描写与性变态有关的暴力、虐待、侮辱行为；(7)其他令普通人不能容忍的对性

[1] 2013年，将新闻出版总署、广电总局的职责整合，组建国家新闻出版广播电影电视总局。

行为的淫亵性描写。所应注意的是,淫秽物品不限于淫秽出版物。

问题在于,区分淫秽物品和科学艺术作品是一个难点,尤其是有些作品既有淫秽性描写又有科学与艺术价值。根据张明楷教授的理论,正确的判断淫秽物品应当是客观地从作品的整体性、淫秽描写与作品的关联性方面来判断是否属于淫秽物品。判断时应当坚持以下三个原则:(1)整体性原则。就该作品的全体内容进行整体判断。(2)客观性原则。就作品本身的内容进行客观判断。(3)关联性原则。就作品对性的描写能否被其科学性、艺术性、思想性淡化或缓和。

制作、复制、出版、贩卖、传播淫秽物品指以下几种情形:(1)制作淫秽物品的"制作"指生产、录制、摄制、编写、译著、绘画、印刷、刻印、洗印等;(2)复制淫秽物品的"复制"指复印、拓印、翻印、复写、复录、抄写等;(3)出版淫秽物品的"出版"指编辑、印刷等;(4)贩卖淫秽物品的"贩卖"指发行、批发、零售、倒卖等;传播淫秽物品的"传播"指播放、放映、出租、出借、承运、邮寄等。此外,根据"两高"2010 年 2 月 2 日《关于办理利用互联网移动通讯终端声讯台制作、复制、出版贩卖、传播淫秽电子信息刑事案件具体应用法律若干问题的解释(二)》[本文以下简称《淫秽案件解释(二)》]的规定,对下列行为应以本罪论处:(1)网站建立者、直接负责的管理者明知他人制作,复制出版,贩卖传播的是淫秽电子信息,以牟利为目的,允许或者放任他人在自己所有、管理的网站或者网页上发布的;(2)电信业务经营者、互联网信息服务提供者明知是淫秽网站,为其提供互联网接入服务器托管、网络存储空间、通信传输通道、代收费等服务,并收取服务费的;(3)明知是淫秽网站,以牟利为目的,通过投放广告等方式向其直接或者间接提供资金,或者提供费用结算服务的。其中的网站,是指可以通过互联网域名 IP 地址等方式访问的内容提供站点。以制作、复制、出版贩卖、传播淫秽电子信息为目的建立或者建立后主要从事制作复制出版贩卖传播淫秽电子信息活动的网站,为淫秽网站。

构成制作、复制、出版、贩卖、传播淫秽物品罪要求行为人主观上存在故意(包括间接故意)。故意的认识内容包括自己制作、复制、出版、贩卖、传播的是或者可能是淫秽物品的认识。根据《淫秽案件解释(二)》的规定,实施上述行为,具有下列情形之一的,应当认定行为人"明知"(但是有证据证明确实不知道的除外):(1)行政主管机关书面告知后仍然实施上述行为的;(2)接到举报后不履行法定管理职责的;(3)为淫秽网站提供互联网接人、服务器托管、网络存储空间、通信传输通道、代收费、费用结算等服务收取服务费明显高于市场价格的;(4)向淫秽网站投放广告,广告点击率明显异常的;(5)其他人能够认定行为人明知的情形。

构成制作、复制、出版、贩卖、传播淫秽物品罪还要求行为人具有牟利目的。判断其是否具有牟利目的,要从行为人制作、复制、出版、贩卖淫秽物品的数量、向他人传播淫秽物品的人次与组织播放的次数、获利的数额等方面进行判断。牟利目的不限于通过淫秽物品的对价得以实现。例如,利用网络传播淫秽物品时,意图通过广告、流量等获利的,也属于以牟利为目的。

图书在版编目(CIP)数据

刑法分论案例研习 / 吴之欧，吴立欧编著. -- 北京：法律出版社，2019
ISBN 978 - 7 - 5197 - 3489 - 3

Ⅰ. ①刑… Ⅱ. ①吴… ②吴… Ⅲ. ①刑法－分则－案例－中国 Ⅳ. ①D924.305

中国版本图书馆 CIP 数据核字(2019)第 092712 号

刑法分论案例研习
XINGFA FENLUN ANLI YANXI

吴之欧　吴立欧 编著

责任编辑 郑怡萍
装帧设计 凌点工作室

编辑统筹 法律教育出版分社
出版 法律出版社
开本 710 毫米 × 1000 毫米　1/16
总发行 中国法律图书有限公司
印张 21
经销 新华书店
字数 319 千
印刷 固安华明印业有限公司
版本 2019 年 8 月第 1 版
责任印制 沙　磊
印次 2019 年 8 月第 1 次印刷

法律出版社/北京市丰台区莲花池西里 7 号(100073)
网址/www. lawpress. com. cn
投稿邮箱/info@ lawpress. com. cn
销售热线/400 - 660 - 8393
举报维权邮箱/jbwq@ lawpress. com. cn
咨询电话/010 - 63939796

中国法律图书有限公司/北京市丰台区莲花池西里 7 号(100073)
全国各地中法图分、子公司销售电话：
统一销售客服/400 - 660 - 8393/6393
第一法律书店/010 - 83938432/8433　西安分公司/029 - 85330678　重庆分公司/023 - 67453036
上海分公司/021 - 62071639/1636　深圳分公司/0755 - 83072995

书号：ISBN 978 - 7 - 5197 - 3489 - 3　**定价**：42.00 元